民國文存

30

# 程伊川年譜

姚名達 著

知識產權出版社

本書以程伊川先生的生平、學問、交遊與從政爲線索，結合史書、文集、筆記與書信等資料，以編年的方式總結程頤的學問成就。書中引用大量原文，將程頤的學術主張、他人的評價、程氏弟子的後期活動一一羅列，自程頤以來的宋明理學的大致脈絡得以清晰呈現。

本書適合對宋明理學感興趣者及相關研究者閱讀。

**責任編輯**：羅　慧　　**責任校對**：董志英　　**動態排版**：賀　天

**特約編輯**：王孟希　　**責任出版**：盧運霞

**圖書在版編目（CIP）數據**

程伊川年譜/姚名達著.—北京：知識產權出版社，2012.10

（民國文存）

ISBN 978-7-5130-1509-7

Ⅰ.①程…　Ⅱ.①姚…　Ⅲ.①程頤（1033~1107）—年譜　Ⅳ.①B244.6

中國版本圖書館CIP數據核字（2012）第213175號

**程伊川年譜**

Cheng Yichuan Nianpu

姚名達　著

**出版發行**：知識產權出版社

| | |
|---|---|
| **社　址**：北京市海澱區馬甸南村1號 | **郵　編**：100088 |
| **網　址**：http://www.ipph.cn | **郵　箱**：bjb@cnipr.com |
| **發行電話**：010-82000860 轉 8101/8102 | **傳　真**：010-82005070/82000893 |
| **責編電話**：010-82000860 轉 8345 | **責編郵箱**：luohui@cnipr.com |
| **印　刷**：北京中獻拓方科技發展有限公司 | **經　銷**：新華書店及相關銷售網站 |
| **開　本**：720 mm×960mm　1/16 | **印　張**：15.5 |
| **版　次**：2013年7月第一版 | **印　次**：2013年7月第一次印刷 |
| **字　數**：183千字 | **定　價**：48.00元 |

ISBN 978-7-5130-1509-7/B・058(4358)

# 民國文存

（第一輯）

# 出版前言

民國時期，社會動亂不息，內憂外患交加，但中國的學術界卻大放異彩，文人學者輩出，名著佳作迭現。在炮火連天的歲月，深受中國傳統文化浸潤的知識份子，承當著西方文化的衝擊，內心洋溢著對古今中外文化的熱愛，他們窮其一生，潛心研究，著書立說。歲月的流逝、現實的苦樂、深刻的思考、智慧的光芒均流淌於他們的字裡行間，也呈現於那些細緻翔實的圖表中。在書籍紛呈的今天，再次翻開他們的作品，我們仍能清晰地體悟到當年那些知識分子發自內心的真誠，蘊藏著對國家的憂慮，對知識的熱愛，對真理的追求，對人生幸福的嚮往。這些著作，可謂是中華歷史文化長河中的珍寶。

民國圖書，有不少在新中國成立前就經過了多次再版，備受時人稱道。許多觀點在近一百年後的今天，仍可說是真知灼見。眾作者在經、史、子、集諸方面的建樹成為中國學術研究的重要里程碑。蔡元培、章太炎、陳柱、呂思勉、謝無量、錢基博等人的學術研究今天仍為學者們津津樂道；魯迅、周作人、沈從文、丁玲、梁遇春、李健吾等人的文學創作以及傅抱石、豐子愷、徐悲鴻、陳從周等人的藝術創想，無一不是首屈一指的大家名作。然而這些凝結著汗水與心血的作品，有的已經罹於戰火，有的僅存數本，成為圖書館裡備受愛護的珍本，或成為古玩市場裡待價而沽的商品，讀者很少有隨手翻閱的機會。

鑑此，為整理保存中華民族文化瑰寶，本社從民國書海裡，精心挑出了一批集學術性與可讀性於一體的作品予以整理出版，以饗讀者。這些書，包括政治、經濟、法律、教育、文學、史學、哲學、藝術、科普、傳記十類，綜之為民國文存。每一類，首選大家名作，尤其是對一些自新中國成立以后沒有再版的名家著作投入了大量的精力，進行了整理。在版式方面有所權衡，基本採用化豎為橫、保持繁體的形式，標點符號則用現行的規範予以替換，一者考慮了民國繁體文字可以呈現當時的語言文字風貌，二者顧及到今人從左至右的閱讀習慣，以方便讀者翻閱，使這些書能真正走入大眾。然而，由於所選書籍品種較多，涉及的學科頗為廣泛，限於編者的力量，不免有所脫誤遺漏及不妥當之處，望讀者予以指正。

# 目　錄

# 小序

八年前，何柏丞先生嘗與予討論浙東史學，徵得王岫廬先生同意，爰有《中國史學叢書》之撰輯計畫；予於數年之間，分撰宋濂、劉宗周、黃宗羲、邵廷采、朱筠、章學誠諸年譜，概已成書。後經一·二八之難，宋黃二譜被燬。個人對史學之觀念既已轉向唯物方面，進而創爲唯利史觀之說；而近五年來，又瘁精神於大學教課，無復餘力以治著作。去年春，岫廬先生重提舊事，命撰《程頤年譜》；中經愛妻心勉之喪，悲怛過甚，雖已着手而或作或輟，不克如期完成。搜史料於杭州，寫正稿於普陀；歷時年餘，始得殺青。覆檢一遍，深深自慚！論考據之精審，既無以逾於舊著諸譜；而史觀之發揮，更未表絲毫於簡端；使親我者謬以年譜專家相謚，仇我者更遠斥之出史學之門：此皆予之罪也。然洋海之量，固不可升斗量；以管窺天，謂天小者，非天之罪，乃窺管者之陋耳。予之學固未有成，然篤志苦讀，精思力索，則向未敢後人，假我十年，庶幾可雪斯恥耳。彼徒騖虛名攘實利者，予固不屑與之爭也。

二十五年八月一日序於普陀山報本堂

## 程氏世系表

茲據歐陽修《冀國公碑》、程琳《世錄》、程珦《自撰墓誌》、程頤《明道行狀》，列程氏世系圖於後：——表父子……表祖孫懸隔數代。

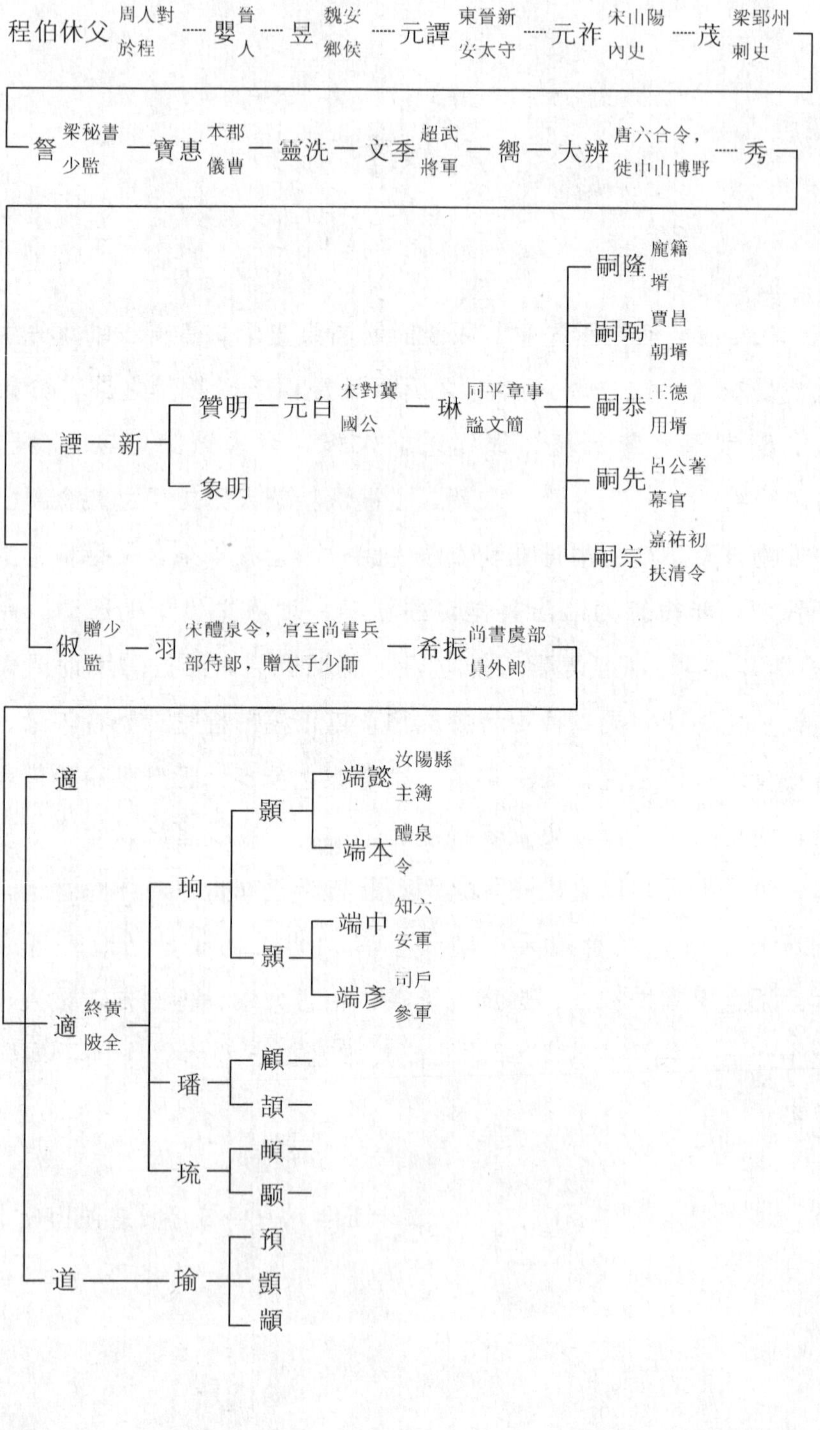

# 本編

先生姓程，名頤，字正叔，據朱譜，《宋史》本傳。一字正道。據《南陽集·程伯淳墓誌銘》。學者稱爲伊川先生，本傳。後世稱爲小程夫子，《朱子大全》。本書概稱“先生”。

父珦，字伯溫，洛陽人。景德三年，生於京師賜邸。天聖中，任黃陂縣尉，任滿後，以有家累，不赴調，閑居安貧，以待諸弟之長。年二十八，生先生。後官至太中大夫，其事蹟略見本書元祐五年。本書稱爲“太中公”。據《文集》卷十二《先公太中家傳》。

母侯氏，太原盂縣[1]人。以三十歲生先生。其事蹟略見本書皇祐四年。據《文集》卷十二《上谷郡君家傳》。

兄顥字伯淳，長先生一歲。據《文集》卷十二《明道先生行狀》。學者稱爲明道先生，據《文集》卷十一《明道先生墓表》。後世稱爲大程夫子，《朱子大全》。本書稱爲“明道”。其事蹟除分見本書各年，並綜述於元豐八年。

---

❶ 夾註中《文集》指《河南程氏文集》。——編者註

## 宋仁宗明道二年癸酉 中華民國紀元前八七九年西曆一〇三三年

先生生於黃州黃陂縣寓舍，據朱譜，《先公太中家傳》，《明道先生行狀》。月日不詳。

同時有關係之名臣或學者：呂夷簡五十六歲，太平興國二年生。范仲淹四十三歲，端拱二年生。孫復三十四歲，淳化三年生。胡瑗三十三歲，淳化四年生。富弼三十歲，景德元年生。文彥博二十八歲，景德三年生。歐陽修，張方平，二十七歲，景德四年生。韓琦二十六歲，太中祥符元年生。❶蘇洵二十五歲，太中祥符二年生。邵雍二十三歲，太中祥符四年生。陳升之二十三歲，太中祥符四年生。韓絳二十二歲，太中祥符五年生。周敦實十七歲，即敦頤，天禧元年生。陳襄，韓維，亦十七歲。呂公著十六歲，天禧二年生。司馬光，曾鞏，王珪，皆十五歲。天禧三年生。張載十四歲，天禧四年生。吳充，王安石，十三歲，天禧五年生。呂大防，范純仁，七歲，天聖五年生。范純禮三歲。天聖九年生。

〔時事〕三月甲午，皇太后死。四月，皇帝始知爲李宸妃所生。始親攬政權。罷免呂夷簡、夏竦等，以張士遜同中書門下平章事，昭文館大學士。下文簡稱首相。李迪同中書門下平章事，集賢殿大學士。下文簡稱次相。十月，又罷張士遜而用呂夷簡。十二月，廢皇后郭氏。御史中丞孔道輔率諫官范仲淹等呼門請對，不得，反被調出京外。據《宋史》卷十《仁宗本紀》。

## 宋仁宗景祐元年甲戌 民前八七八年*西一〇三四年 先生二歲

---

❶“太中祥符”指宋仁宗大中祥符的年號，本書原稿均寫做“太中祥符”，下文不另作註。——編者註

* “民前”指民國紀元前，“西”指西曆，下不另註。——編者註

## 宋仁宗景祐二年乙亥民前八七七年 西一〇三五年先生三歲

〔時事〕二月，皇帝以王曾爲相。據《宋史》卷十。

## 宋仁宗景祐三年丙子民前八七六年 西一〇三六年先生四歲

〔時事〕五月，范仲淹、余靖、尹洙、歐陽修皆因譏刺大臣，補外官。皇帝詔戒百官越職言事，據《宋史》卷十。此年，蘇軾生。

## 宋仁宗景祐四年丁丑民前八七五年 西一〇三七年先生五歲

〔時事〕四月，呂夷簡、王曾等罷，王隨、陳堯佐爲相。據《宋史》卷十。此年，朱光庭生。

## 宋仁宗寶元元年戊寅民前八七四年 西一〇三八年先生六歲

〔時事〕三月，王隨、陳堯佐等罷，張士遜、章得象爲相。十二月，趙元昊反，皇帝命夏竦、范雍等警戒西邊。據《宋史》卷十。

## 宋仁宗寶元二年己卯民前八七三年 西一〇三九年先生七歲

〔時事〕正月，趙元昊稱帝改元，立夏國於夏州。據《東都事略》卷五，《宋史》卷十。六月，皇帝削元昊官爵，除屬籍。據《宋史》卷十。此年，蘇轍生。

## 宋仁宗康定元年庚辰（民前八七二年 西一〇四〇年）先生八歲

〔時事〕五月，張士遜致仕，用呂夷簡爲首相，此年，趙元昊迭陷西邊城砦。（據《宋史》卷十。）

## 宋仁宗慶曆元年辛巳（民前八七一年 西一〇四一年）先生九歲

〔時事〕此年，趙元昊迭破好水川、麟府州、金明砦、寧遠砦、豐州、知州等處宋軍。（據《宋史》卷十一。）范祖禹生。

先生一生不曾看《莊子》《列子》。非禮不動，非禮不視，出於天與，從小便有如此才識。（據《遺書》卷❶六二先生語。）但亦"不排釋老"。（據仝上，按此語非真，先生語錄常有排釋❷老語。）

## 宋仁宗慶曆二年壬午（民前八七〇年 西一〇四二年）先生十歲

〔時事〕三月，契丹乘夏寇正劇，遣使來求割地。四月，帝遣富弼使契丹，婉言拒絕。契丹集兵幽州，聲言來侵，北邊警備。七月，富弼再往契丹。九月，兩國和協，契丹撤兵。趙元昊仍寇西邊。十一月，帝命韓琦、范仲淹、龐籍等領兵備西邊。（據《宋史》卷十一。）

## 宋仁宗慶曆三年癸未（民前八六九年 西一〇四三年）先生十一歲

〔時事〕正月，趙元昊納款請和。二月，帝賞韓琦等。三月，呂

---

❶《遺書》，指《河南程氏遺書》。——編者註

❷"仝上"即"同上"，下不另註。——編者註

夷簡罷，章得象、晏殊爲相。四月，封元昊爲夏國主。以韓琦、范仲淹爲樞密副使。九月，呂夷簡致仕。據《宋史》卷十一。夷簡子公著與先生友善，後爲相。

太中公似於此年調任潤州觀察支使。據《先公太中家傳》推算。

## 宋仁宗慶曆四年甲申民前八六八年西一〇四四年先生十二歲

〔時事〕正月，宜州蠻歐希範叛。據《東都事略》卷六。三月，詔州縣立學，更定科舉法。九月，晏殊罷，杜衍爲次相。十月，帝命范仲淹提舉三館秘閣，繕校書籍。據《宋史》卷十一。

## 宋仁宗慶曆五年乙酉民前八六七年西一〇四五年先生十三歲

〔時事〕正月，范仲淹、富弼罷樞副，杜衍罷次相，賈昌朝代之。三月，韓琦亦罷。宜州蠻歐希範被捕。四月，章得象罷相，賈昌朝、陳執中爲相。據《宋史》卷十一，《東都事略》卷六。此年，游酢生。

## 宋仁宗慶曆六年丙戌民前八六六年西一〇四六年先生十四歲

太中公在若干年前，因長弟與從弟皆得官，娶婦，二妹已嫁，乃復赴調，授吉州廬陵縣尉。《先公太中家傳》。任滿，赴調，寓居歷陽，會其弟亦解掾毗陵，娶口甚衆，儲備不足，賴夫人經營轉易，得不困乏。《上谷郡君家傳》。太中公再調潤州觀察支使，《先公太中家傳》。寓丹陽。《上谷郡君家傳》。改大理寺丞，空銜。知虔州興國縣事。虔人素號難治，而邑之衣錦鄉尤爲稱首，公善告諭之，人遂信服。在邑幾二年，而獄空者歲餘。江西狡民善爲古券契田訟，最爲難辨，而虔尤甚。旁邑似即南安。有爭，積十餘歲不能決，部使者以委公，公盡得其情，遂皆服。《先公太中家傳》。

先生兄弟幼時，隨侍父母，流寓廬陵、歷陽、丹陽、興國等縣。至今各處仍有三程古蹟及祠宇。據各縣志。

此年，朱譜引《哲宗徽宗實録》。太中公代理《先公太中家傳》。南安軍通判，《宋史·周敦頤傳》，《呂氏童蒙訓》。先生兄弟從往南安。推知。有道州人《宋史》。周敦實，後因避宋英宗舊諱，被人改名敦頤。字茂叔，爲南安軍司理參軍，即獄掾。年甚少，不爲長官所知。太中公視其氣貌非常人，與語，果爲學知道者，因與爲友，《先公太中家傳》。且使其二子——明道及先生——往受學焉。濂溪事狀，朱譜引《哲宗徽宗實録》，《宋史·周敦頤傳》。

明道自十五六聞敦實論道，遂厭科舉之業，慨然有求道之志；然未知其要，泛濫於諸家，出入於釋老者幾十年，返求諸《六經》而後得之。見《明道行狀》。明道日後嘗曰："昔受學於周茂叔，每令尋顏子、仲尼樂處所樂何事。"見《遺書》呂與叔《東見録》，清人李光地云："周程授受第一義。"《張子語録》云："二程十四五時，便鋭然欲學聖人。"《呂氏童蒙訓》云："二程先生自小刻勵，推明道要，以聖學爲己任。"劉立之云："明道從周茂叔問學，窮性命之理，率性會道，體道成德，出入孔孟，從容不勉。"《文集》附録。 但先生撰《先公太中家傳》，直稱周敦實之姓名，且不記從遊之事。他日偶有稱道，亦衹稱"周茂叔"，不稱"先生"。而稱胡瑗，則曰"安定先生"。一疏一親，頗可怪異。明道則云："吾學雖有所受，天理二字卻是自家體貼出來。"《外書》上蔡書録。又云："頤自再見茂叔後，吟風弄月以歸，有吾與點也之意。"《遺書·謝顯道記》。似明道所得於周敦實者，較伊川先生略多；然亦非敦實所能範圍也。

冬，周敦實改任郴州桂陽令，據《宋史·周敦實傳》，《周子年譜》。先生嘗見郴守李初平向敦實問學，據《遺書》卷二十二，唐棣所記《伊川雜録》據此，似先生嘗隨敦實到郴州。

## 宋仁宗慶曆七年丁亥民前八六五年 西一〇四七年先生十五歲

〔時事〕三月，賈昌朝罷相，陳執中夏竦爲相，文彥博爲樞密副使，竦旋改爲樞密使，彥博旋改爲參知政事。據《宋史》卷十一。

先生兄弟仍從周敦實學。據朱譜引《哲宗徽宗實錄》，《文集·明道先生行狀》。

此年或明年，先生似曾到醴泉舊寓。據《文集》卷十二《家世舊事》。

## 宋仁宗慶曆八年戊子民前八六四年 西一〇四八年先生十六歲

〔時事〕正月，文彥博安撫河北，旋爲次相。二月，夏主趙元昊死，其子諒祚立。五月，宋庠代夏竦爲樞密使。據《宋史》卷十一。

## 宋仁宗皇祐元年己丑民前八六三年 西一〇四九年先生十七歲

〔時事〕八月，文彥博代陳執中爲首相。宋庠爲次相。龐籍爲樞密使。九月，廣源州蠻寇邕州，帝詔江南福建等路發兵以備之。據《東都事略》卷六，《宋史》卷十一加“儂智高”三字似誤。

先生嘗言：“頤自十七八，讀《論語》，當時已曉文義。讀之愈久，但覺意味深長。《論語》有讀了後全無事者，有讀了後其中得一二句喜者，有讀了後知好之者，有讀了後不知手之舞之，足之蹈之者。”據《遺書》卷十九《唐遵道錄》。

## 宋仁宗皇祐二年庚寅民前八六二年 西一〇五〇年先生十八歲

〔時事〕五月，廣源州蠻遁去。九月，皇帝大饗天地於明堂，以太祖太宗真宗配，如圜丘。大赦，百官進秩一等。據《宋史》卷十二。

此年，謝良佐字顯道。生。

太中公移知龔州事，遷太子中舍。空銜。明堂覃恩，改殿中丞。亦空銜。據《文集》卷十二《先公太中家傳》。

〔考證〕按《家傳》未載明何年到龔州，但已記明：在龔州時，因明堂覃恩，改殿中丞。考《宋史，》知大饗明堂，百官進秩，是此年之事。據以確定太中公於此年調往龔州，似近是。

## 宋仁宗皇祐三年辛卯民前八六一年西一〇五一年先生十九歲

〔時事〕三月，宋庠罷次相。八月，帝遣使安撫京東、淮南、兩浙、荊湖、江南饑民。十月，文彥博罷，龐籍代爲首相。據《宋史》卷十二。

太中公在龔州二歲，冬，任滿，代還。據《先公太中家傳》推。

## 宋仁宗皇祐四年壬辰民前八六〇年西一〇五二年先生二十歲

〔時事〕四月，廣源州蠻儂智高反。五月，智高陷邕州，連陷橫、貴、龔、藤、梧、封、康、端八州，進圍廣州，七月，始引去。九月，帝命狄青南征智高。十月，智高回師入賓州。據《東都事略》卷六，《宋史》卷十二。

代太中公和龔州者，以州城被陷得罪，貸死，羈置。人皆以公獲免爲積善之報。《先公太中家傳》。

二月二十八日，先生之母侯夫人病沒於江寧。其生平梗概如下。

家世：姓侯，太原盂縣人，行第二，世爲河東大姓。父道濟，始以儒學中科第，爲潤州丹徒縣令。母刁氏。夫人以景德元年甲辰十月十三日生於太原，年十九，歸太中公。

學識：夫人幼而聰悟過人，女功之事，無所不能。好讀書史，博知古今。父愛之，過於子，每以政事問之，所言雅合其意。常歎曰：“恨汝非男子。”好文而不爲辭章。見世之婦女以文章筆札傳於人者，深以爲非。平生所爲詩，不過三十篇，皆不存。惟在歷陽時，太中公覲親河朔，夫人夜聞鳴雁，嘗爲詩曰：“何處驚飛起，雝雝過草堂。早是愁無寐，忽聞意轉傷。良人沙塞外，羈妾守空房。欲寄迴文信，誰能付汝將？”讀史，見姦邪逆亂之事，常掩卷憤歎；見忠孝節義之士，則欽慕不已！嘗稱唐太宗得禦戎之道。其識慮高遠，有英雄之氣。夫人之弟可，世稱名儒，才智甚高，嘗自謂不如夫人。夫人又有知人之鑒。姜應明中神童第，人競觀之，夫人曰：“非遠器也。”後果以罪廢。兩子幼時，夫人勉之讀書，因書綫貼上曰：“我惜勤讀書兒。”又並書二行曰：“殿前及第程延壽”，“處士”。延壽，明道幼時名也，後果登第。而先生罷應科舉，悉如夫人之預言。

性格：夫人事舅姑，以孝謹稱。與太中公相待如賓客。德容之盛，內外親戚，無不敬愛。衆人遊觀之所，往往捨所觀而觀夫人。太中公賴其內助，禮敬尤至。而夫人謙順自牧，雖小事未嘗專，必稟而後行。仁恕寬厚，撫愛諸庶，不異己出。治家有法，不嚴而整。不喜笞扑奴婢，視小臧獲如兒女；諸子或加呵責，必戒之曰：“貴賤雖殊，人則一也。汝如此大時，能爲此事否？”道路遺棄小兒，屢收養之。好爲藥餌以濟病者。太中公凡有所怒，必爲之寬解。安於貧約，服用儉素。觀親族間紛華相尚，如無所見。鎮靜和平，不畏怪異。待人有恩，人人樂爲之用。

家庭教育：夫人育男子六人，所存惟二；然於教之之道，不少假也。纔數歲，行而或踣，家人走前扶抱，恐其驚啼，夫人未嘗不呵責曰：“汝若安徐，寧至踣乎？”飲食，常置之坐側；嘗食絮羹，皆叱止之曰：“幼求稱欲，長當如何？”雖使令輩，不得以惡言罵之。故先生兄弟平生於飲食衣服無所擇，不能惡言罵人；非性然也，教使之然也。諸子偶與人爭忿，雖直不右，曰：“患其不能屈，不患其不能伸。”有過，則不掩也。常曰：“子之所以不肖者，由母蔽其過而父不知也。”及稍長，常使從善師友游。雖居貧，或欲延客，則喜而爲之具。其教女，常以曹大家《女誡》。居常教告家人曰：“見人善，則當如己善，必共成之。視他物，當如己物，必加愛之。”

晚景：夫人自少多病，好方餌修養之術，甚得其效。從太中公官嶺外，偶迎涼露寢，遂中瘴癘。及北歸，道中病革，終於江寧。享年四十九。——初封壽安縣君，追封上谷郡君。《文集》卷十二，《上谷郡君家傳》。

後建中靖國初年，有門人問《左傳》可信否？先生說：“不可全信，信其可信者耳。頤年二十時，看《春秋》。黃聱隅名晞。問頤如何看？答之曰：‘有兩句法云：“以傳考經之事跡，以經別傳之真僞。”’又問：‘《公羊》《穀梁》如何？’曰：‘又次於《左氏》。’‘左氏即是丘明否？’曰：‘傳中無丘明字，不可考。’”據《遺書》卷二十周伯忱所錄。延平答問亦引此兩句法。

先生嘗言：“頤年二十時，解釋經義，與今無異。然思今日，覺得意味與少時自別。”據《遺書》卷十八劉元承手編。

此年或明年，太中公被任知徐州沛縣事。據《先公太中家傳》推。

十月，孫沔奉命南征，見《明道文集》。先生之舅侯可從行。先生有《聞舅氏侯無可應辟南征詩》。見《文集》卷十二，原註時年十八，似誤。

## 宋仁宗皇祐五年癸巳民前八五九年 西一〇五三年先生二十一歲

〔時事〕正月，狄青敗儂智高於邕州，智高逃去。四月，青還，五月，爲樞密使。孫沔爲副。七月，龐籍罷，陳執中梁適爲相。據《宋史》卷十二。 此年，楊時字中立。生。

## 宋仁宗至和元年甲午民前八五八年 西一〇五四年先生二十二歲

六月，先生作《養魚記》，見《文集》卷八。表現“養物而不傷”之意。後二十餘年，元豐已未，正月戊戌，偶於舊稿中發現此文，跋其後云：“竊自歎少而有志，不忍毀去。觀昔日之所知，循今日之所至，愧負初心，不幾於自棄者乎？”見同上。

〔時事〕七月，梁適罷相。八月丙午，劉沆爲相。帝命修起居注官侍經筵。據《宋史》卷十二。

## 宋仁宗至和二年乙未民前八五七年 西一〇五五年先生二十三歲

〔時事〕三月丁卯，詔修起居注立於講讀官之次。六月，陳執中罷，文彥博代爲首相。劉沆監修國史。富弼爲次相。據《宋史》卷十二。

## 宋仁宗嘉祐元年丙申民前八五六年 西一〇五六年先生二十四歲

太中公爲國子博士，賜緋魚袋。先生兄弟隨至京師，入國子監讀書。

〔考證〕此兩事，究係何年發生，頗難確定。據《文集》卷四

《顔子所好何學論》題下小註："先生始冠，遊太學，胡安定以是試諸生。"似是二十歲之事。但是年方丁母憂，不應出遊。遺書附錄中劉立之所述："踰冠應書京師"，亦未確指何年。但從下列三證，可斷定爲嘉祐元年之事。一、《龜山語錄》明載"伊川年二十四五時，呂原明首師事之"。二、《呂氏童蒙訓》記滎陽公（卽呂原明）在太學，與先生鄰齋，首以師禮事之。"三、《文集》卷十二《先公太中家傳》旣言"遷國子博士，歸監，在京西染院。"又明言："嘉祐初，公卜葬祖考於伊川，始居河南。"可見太中公在國子監乃嘉祐初之事，而先生兄弟入國子監，當亦同時也。

國子監直講胡瑗嘗以"顔子所好何學論"試諸生，得先生所作論文，大大驚異，卽刻延見，授以學職。據朱譜及《文集》卷八題下小註。此文是先生發表思想之第一聲，關係頗大，摘錄於下：

"聖人之門，其徒三千，獨稱顔子爲好學。夫詩書六藝，三千子非不習而通也。然則顔子所獨好者，何學也？學以至聖人之道也。"

"聖人可學而至歟？曰：然。學之道如何？曰：天地儲精，得五行之秀者，爲人，其本也，真而靜；其未發也，五性具焉，曰：仁，義，禮，智，信。形旣生矣，外物觸其形，而動於中矣。其中動而七情出焉，曰：喜，怒，哀，樂，愛，惡，欲。情旣熾而益蕩，其性鑿矣。是故覺者約其情，使合於中。正其心，養其性。故曰性其情。愚者則不知制之，縱其情而至於邪僻，梏其性而亡之。故曰情其性。凡學之道，正其心，養其性而已。中正而誠，則聖矣。君子之學，必先明諸心，知所養，一作往。然後力行以求至。所謂自明而誠也。故學必盡其心，盡其心則知其性，知其性，反而誠之，聖人也。故《洪範》曰：思曰睿，睿作聖。誠之之道，在乎信道篤。信道篤，則行之果。行之果，則守之固。仁義忠信，不離乎心。造次必於是，顛沛必於是，出處語默必於是。久而弗失，則居之安。動容周旋中禮，而邪僻之心無自生矣。”

“故顔子所事，則曰：‘非禮勿視，非禮勿聽，非禮勿言，非禮勿動。’仲尼稱之，則曰：‘得一善則拳拳服膺而弗失之矣。’又曰：‘不遷怒，不貳過。有不善，未嘗不知。知之未嘗復行也。’此其好之篤，學之之道也。視聽言動皆禮矣，所異於聖人者，蓋聖人則不思而得，不勉而中，從容中道。顔子則必思而後得，必勉而後中。故曰：顔子之於聖人，相去一息。孟子曰：‘充實而有光輝之謂大，大而化之之謂聖，聖而不可知之謂神。’顔子之德，可謂充實而有光輝矣，所未至者守之也，非化之也。以其好學之心，假之以年，則不日而化矣。故仲尼曰：‘不幸短命死矣！’蓋傷其不得至於聖人也。所謂化之者，入於神而自然，不思而得，不勉而中之謂也。孔子曰：‘七十而從心所欲，不踰矩。’是也。”

“或曰：聖人生而知之者也。今謂可學而至，其有稽乎？曰：然。孟子曰：‘堯，舜，性之也。湯，武，反之也。性之者，生而知之者也。反之者，學而知之者也。’又曰：‘孔子則生而知也。孟子則學而知也。’後人不達，以謂聖本生知，非學可至，而爲學之者遂失，不求諸己而求諸外，以博聞強記巧文麗辭爲工，榮華其言，鮮有至於道者。則今之學，與顔子所好，異矣。”見《文集》卷八明人劉宗周言：“此伊川得統於濂溪處。”

同學呂希哲字原明，公著子。少先生纔數歲，與先生鄰齋，察其議論大異，首以師禮事之。其後，楊國寶字應之、邢恕字和叔、呂希純字子進皆師尊之。四方之士，從遊者日益衆。孫朴對希哲譏笑先生，希哲云：“正叔有多少好事，公都不說。只揀他疑似處非笑，何也？”朴釋然心服，不敢復議。希哲嘗言：“先生自小說話過人，嘗笑人專取有行。不論知見者。又說世人喜說某人，只是說得。先生言：只說得好話，亦大難。好話亦豈易說也？”希哲以爲二程遠過衆人者，學皆類此。據《呂氏家傳》，《呂氏童蒙訓》，《龜山語錄》。

張載字子厚。在京師，坐虎皮說《周易》，聽者甚衆，一夕，先生兄弟至，與之論《易》。次日，載撤去虎皮，曰：“我平日爲諸公說者，皆亂道。有二程近到，深明《易》道，我所弗及，汝輩可師之。”據《河南程氏外書》卷十二和《靖語錄》。

載學成德尊，識者謂與孟子比；然猶祕其學，不多爲人講。明道謂之曰：“道之不明於天下久矣！人善其所習，自謂至足。必欲如孔門‘不憤不啟，不悱不發’，則師資勢隔，而先王之道，或幾乎息矣！趣今之時，且當隨其資而誘之，雖識有明暗，志有淺深，亦各有得焉。而堯舜之道，庶可馴致。”載用其言，故關中學者躬行之多，與洛人並。推其所自，蓋明道發之也。據游酢《明道先生行狀書》後。按此條與上條衝突，姑並存之。

太中公歸監，在京西染院。卜葬祖考於伊川，始居河南。據《文集·先公太中家傳》。

先生似曾到醴泉，驢足病，呼醫治之。問知姓程，辭錢不受。因先生之高祖羽曾爲醴泉縣令，惠愛及人至深。據《文集》卷十二《家世舊事》推定。

〔時事〕此年四月，江河決溢，河北尤甚。六月己卯，詔羣臣實對言時政闕失，並命監司振錢，蠲租，貸麥種。八月，狄青罷，韓琦爲樞密使。十二月，劉沆罷。據《宋史》卷十二。

## 宋仁宗嘉祐二年丁酉民前八五五年西一〇五七年先生二十五歲

〔時事〕三月，皇帝殿試進士：程顥、張載、朱光庭、蘇軾、蘇轍、曾鞏等，並登第。呂大鈞亦登乙科。共八百七十七人。十二月，詔：“自今間歲貢舉天下進士，諸科解舊額之半。”據《宋史》卷十二，程朱闕里志。按解額減半，實爲先生次科不能登科之原因。

先生《與方元寀手帖》：

“聖人之道如大路，學者病不得其門耳。得其門，無遠之不可到也。求入其門，不由於經乎？今之治經者亦衆矣，然而買櫝還珠之弊，人人皆是。經所以載道也。誦其言辭，解其訓詁，而不及道，乃無用之糟粕耳。覬足下由經以求道，勉之、又勉，異日見卓爾有立於前，然後不知手之舞，足之蹈，不加勉而不能自止矣。”見《程氏遺文》。

周敦實任合州，據《周子年譜》。先生兄弟似曾往訪。據周譜引傳伯成答書。

先生文集卷一有《上仁宗皇帝書》，當是此年所作。此書可見先生少年氣盛時之政治思想。雖未得皇帝之答覆，但亦頗有關係。摘錄於下：

“草莽賤臣程頤謹昧死再拜上書皇帝闕下：……臣請自陳所學，然後以臣之學，議天下之事。”

“臣所學者，天下大中之道也。聖人性之爲聖人，賢者由之爲賢者，堯舜用之爲堯舜，仲尼述之爲仲尼。其爲道也至大，其行之也至易。三代以上，莫不由之。至秦而下，衰而不振。魏晉之屬，去之遠甚。漢唐小康，行之不醇。自古學之者衆矣，而其考得者蓋寡焉。”

“道必充於己而後施以及人；是故道非大成，不苟於用。然亦有不私其身，應是而作者也。出處無常，惟義所在；所謂道非大成，不苟於用，顏回曾參之徒是也。天之大命，在天子矣。故彼得自善其身，非至聖人，則不出也。在於平世，無所用者，亦然；所謂不私其身，應時而作者；諸葛亮及臣是也。亮感先主三顧之義，閔生民塗炭之苦，思致天下於三代，義不得自安而作也。如臣者，生逢聖明之主，而天下有危亂之虞，義豈可苟善其身而不以一言悟陛下哉？故曰出處無常，惟義所在。”

“臣請議天下之事：不識陛下以今天下爲安乎？危乎？治乎？亂乎？烏可知危亂而不思救之之道？如曰安且治矣，則臣請明其未然：方今之勢，誠何異於抱火厝之積薪之下，而寢其上，火未及，然因謂之安者乎？《書》曰：‘民惟邦本，本固，邦寧。’竊惟固本之道，在於安民。安民之道，在於足衣食。今天下民力匱竭，衣食不足；春耕而播，延息以待；一歲失望，便須流亡。以此而言，本未得爲固也。臣料陛下仁慈，愛民如子，必不忍使之困苦一至於是。臣竊疑左右前後，壅蔽陛下聰明，使陛下不得而知。今國家財用，常多不足，不足則責於三司，三司責諸路轉運。轉運何所出？誅剝於民爾。或四方有事，則多非時配卒，毒害尤深。急令誅求，竭民膏血。往往破產亡業，骨肉離散，衆人觀之，猶可傷痛；陛下爲民父母，豈不惻哉？”

“民無儲備，官廩復空。臣觀京師緣邊，以至天下，率無二年之備。卒有連歲凶災，如明道中，不知國家何以待之？坐食之卒，計踰百萬，旣無以供費，將重斂於民，而民以散矣。強敵乘隙於外，姦雄生心於內，則土崩瓦解之勢，深可虞也。太寧之世，聖人猶不忘爲備，必有九年之蓄，以待凶歲。況今百姓困苦愁怨之氣，上衝於天，災沴凶荒，是所召也。陛下能保其必無乎？”

“中民之家，有十金之產，子孫不能守，則人皆謂之不孝。陛下承祖宗基業，而前有土崩瓦解之勢，可不懼哉？”

“戎狄強盛，自古無比。幸而目前尚守盟誓，果能以金帛厭其欲乎？能必料其常爲今日之計乎？則夫沿邊豈宜無備？益以兵，則用不足；省其戍，則力弗支：皆非長久之策也。前者昊賊叛逆，西垂用兵，數年之間，天下大困。蓋內外經制，多失其宜，陝西之民，苦毒尤甚，及多逃散；重以軍法禁之，以至人心大怨，皆有思寇之言，悖逆之深，不敢以聞聖聽，顧恐陛下亦頗知之。故曰：無恆產而有恆心者，惟士爲能。彼庶民者，飢寒既切於內，父子不相保，尚能顧忠義哉？非民無良，政使然也。當時秦中寇盜屢起，儻稽撲滅，必多響應，幸而尋時盡能誅翦，尚賴社稷之福。西虜亦疲，彼知未可遠圖，遂且詭辭稱順。向若更相牽制，未得休兵，內釁將生，言之可駭。今天下勞敝，不比景祐以前，復有如曩時之役，臣愚竊恐不能堪矣。况爲患者，豈止西戎？臣每思之，神魂飛越！不知朝廷議者以爲如何？亦嘗置之慮乎？其謂制之無術乎？”

“臣竊謂今天下猶無事，人命未甚危，陛下宜早警惕於衷，思行王道。不然，臣恐歲月易失，因循不思事勢觀之理無常爾。雖我太祖之有天下，救五代之亂，不戮一人，自古無之，非漢唐可比，固知趙氏之祀，安於泰山。然而損陛下之聖明，陷斯民於荼毒，深可痛也。臣料羣臣必未嘗有爲陛下陳王道者。以陛下聖明，豈有言而不行者乎？”

“竊惟王道之本，仁也。臣觀陛下之仁，堯舜之仁也。然而天下未治者，誠由有仁心而無仁政爾。故孟子曰：‘今有仁心仁聞而民不被其澤，不可法於後世者，不行先王之道也。’陛下精心庶政，常懼一夫不獲其所，未嘗以一喜怒殺一無辜；官吏有犯入人罪者，則終身棄之。是陛下愛人之深也。然而凶年飢歲，老弱轉死於溝壑，壯者散而之四方，爲盜賊，犯刑戮者，幾千萬人矣。豈陛下愛人之心哉？必謂歲使之然，非政之罪歟？則何異於刺人而殺之曰：‘非我也，兵也。’三代之民，無是病也。豈三代之政，不可行於今邪？州縣之吏，有陷人於辟者，陛下必深惡之。然而民不知義，復迫困窮，放辟邪侈，而入於罪者，非陛下陷之乎？必謂其自然，則教化聖人之妄言邪？”

“天下之治，由得賢也。天下不治，由失賢也。世不乏賢，顧求之之道如何爾。今夫求賢，本爲治也。治天下之道，莫非五帝、三王、周公、孔子治天下之道也。求乎明於五帝、三王、周公、孔子治天下之道者，各以其所得大小而用之。有宰相事業者，使爲宰相。有卿大夫事業者，使爲卿大夫。有爲郡之術者，使爲刺史。有治縣之政者，使爲縣令。各得其任，則無職不舉。然而天下弗治者，未之有也。國家取士，雖以數科。然而賢良方正，歲止一二人而已，又所得不過博聞強記之士爾。明經之屬，唯專念誦，不曉義理，尤無用者也。最貴盛者，唯進士科，以詞賦聲律爲工。詞賦之中，非有治天下之道也。人學之以取科第，積日累久，至於卿相；帝王之道，教化之本，豈嘗知之？居其位，責其事業，則未嘗學之。譬如胡人操舟，越客爲御，求其善也，不亦難乎？往者丁度建言：祖宗以來，得人不少，愚瞽之甚，議者至今切齒。使墨論墨，固以墨爲善矣。今天下未治，誠由有君而無臣也。豈世無人，求之失其道爾。苟欲取士必得，豈無術哉？王道之不行，二千年矣。後之愚者，皆云時異事變，不可復行。此則無知之深也，然而人主往往惑於其言。今有人得物於道，示玉工，曰：‘玉也。’示衆人，曰：‘石也。’則將以玉工爲是乎？以衆人爲然乎？必以玉工爲是矣。何則？識與不識也。聖人垂教，思以治後世，而愚者謂不可行於今，則將守聖人之道乎？從衆人之言乎？謂衆人以王道可行，其猶詰瞽者以五色之鮮，諭聾者以八音之美，其曰不然，宜也。彼非憎五色而惡八音，聞見限也。”

“臣觀陛下之心，非不憂慮天下也。以陛下憂慮天下之心行王道，豈難乎哉？孟子曰：‘以齊王，猶反手也。’又曰：‘師文王，大國五年，小國七年，必爲政於天下矣。’以諸侯之位，一國之地，五年可以王天下。況陛下居天子之尊，令行四海，如風之動；苟行王政，奚啻反手之易哉？昔者大禹治水，八年於外，三過其門而不入，思以利天下，雖勞苦不避也。今陛下行王政，非有苦身體勞思慮之難也，何憚而不爲哉？《孝經》曰：‘立身行道，揚名於後世，以顯父母，孝之終也。’匹夫猶當行道以顯父母；況陛下貴爲天子，豈不發憤求治，思齊堯舜，納民仁壽，上光祖考，垂休無窮。凡所謂孝，無大於此者也。”

“臣以謂治今天下，猶理亂絲，非持其端，條而舉之，不可得而治也。故臣前所陳，不及歷指政治之闕，但明有危亂之虞，救之當以王道也。然而行王之道，非可一二而言，願得一面天顔，罄陳所學。如或有取，陛下其置之左右，使盡其誠。苟實可用，陛下其大用之。若行而不效，當服罔上之誅，亦不虛受陛下爵祿也。陛下問羣臣，羣臣必謂寒賤之士未可使近上側。自臣思之，以爲不然。臣高祖羽，太祖朝年六十餘，爲縣令，一言遭遇，聖祖特加拔擢，攀附太宗，終於兵部侍郎。顧遇之厚，羣臣無比，備存家牒，不敢繁述。臣曾祖希振，既以父任後，祖遹復被推恩，國家錄先世之勳，臣父珦又蒙延賞，今爲國子博士。非有横草之功，食君祿四世一百年矣。臣料天下受國恩之厚，無如臣家者，臣自識事以來，思爲國家盡死，未得其路爾。則臣進見，宜無疑也。或者更爲强詞，言其不可，此乃自負陰私，懼防詆訐者也。伏望陛下出於聖斷，勿徇衆言，以王道爲心，以生民爲念，黜世俗之論，期非常之功。昔漢武笑齊宣王不行孟子之説，自致不王，而不用仲舒之策。隋文笑漢武不用仲舒之策，不至於道，而不聽王通之言。二主之昏，料陛下亦嘗笑之矣。臣雖不敢望三子之賢，然臣之所學，三子之道也。陛下勿使後之視今，猶今之視昔，則天下不勝幸甚！望陛下特留意焉……”《文集》卷五《上仁宗皇帝書》。

〔考證〕按《宋史》本傳載：“年十八，上書闕下，欲天下黜世俗之論，以正道爲心。”當是依據朱熹《伊川先生年譜》所載：“皇祐二年，年十八，上書闕下，勸仁宗以王道爲心，生靈爲念，黜世俗之論，期非常之功，且乞召對，面陳所學，不報。”此書題下亦注：“皇祐二年”，似已無可疑惑矣。然此書謂：“臣父珦父蒙延賞，今爲國子博士。”考太中公爲國子博士，在知沛縣之後，而知沛縣又在知龔州之後。上文已考出知龔州時在皇祐二年，卸任北歸則在皇祐三年。再須經歷沛縣二年，始得遷爲博士。此書若係皇祐二年所上，則不應提及父爲國子博士，既已提及父爲博士，則決非皇祐二年所上。

此書又言：“食君祿四世一百年矣。”考宋太祖建隆元年至嘉祐四年，適爲百年。據此，此書似應列於嘉祐四年。然古人言及數目，喜言整數，不計奇零。不及百年，亦可言百年。若遽據此推定，似亦不合。

諸星杓《程子年譜》仍列此書於皇祐二年，似嫌過於謹慎。然其小注已“疑皇祐爲嘉祐之誤”。且引宗稷辰云：“此必至太學後，已受學職後所上。朱子文必誤刻，宜改正。”此見極是。自建隆至嘉祐二年，計九十八年，混稱百年，固無不可。而皇祐與嘉祐祇有一字之差，題下小注偶爾誤刻，朱熹據以推定爲“年十八”，而《宋史》遂沿訛襲誤，固在情理之中也。

是年，邵伯溫生。

## 宋仁宗嘉祐三年戊戌民前八五四年西一〇五八年先生二十六歲

〔時事〕六月丙午，文彥博、賈昌朝罷，富弼、韓琦代爲相。據《宋史》卷十二。

## 宋仁宗嘉祐四年己亥民前八五三年西一〇五九年先生二十七歲

〔時事〕二月己巳，罷榷茶。三月，詔賜進士諸科及第出身三百三十九人。《宋史》卷十二。

先生嘗舉進士，是年，廷試報罷，遂不復試。其後太中公屢當得任子恩，輒推與族人。據《先公太中家傳》，《上谷郡君家傳》，《涪陵記善錄》，朱譜。

明道任鄠縣主簿。據明道行狀。明道生有妙質，聞道甚早。張載友而師之，虛心求益，意懇懇如不及。明道出京後，載猶時時通信，以“定性未能不動”致問。明道爲破其疑，使外內動靜通爲一。據《遺書》附錄游酢《書明道行狀後》。

答書曰：

“承教諭以定性未能不動，猶累於外物。此賢者慮之熟矣，尚何俟小子之言。然嘗思之矣，敢貢其說於左右。”

“所謂定者，動亦定，靜亦定，無將迎，無內外。苟以外物爲外，牽己而從之，是以己性爲有內外也。且以性爲隨物於外，則當其在外時，何者爲在內？是有意於絕外誘，而不知性之無內外也；既以內外爲二本，則又烏可遽語定哉？”

“夫天地之常，以其心普萬物而無心。聖人之常，以其情順萬事而無情。故君子之學，莫若廓然而大公，物來而順應。《易》曰：‘貞吉悔亡，憧憧往來，朋從爾思。’苟規規於外誘之除，將見滅於東而生於西也。非惟日之不足，顧其端無窮，不可得而除也。”

“人之情，各有所蔽，故不能適道，大率患在於自私而用智。自私則不能以有爲爲應迹，用智則不能以明覺爲自然。今以惡外物之心而求照無物之地，是反鑑而索照也。”

“《易》曰：‘艮其背，不獲其身；行其庭，不見其人。’孟氏亦曰：‘所惡於智者，爲其鑿也。’與其非外而是內，不若內外之兩忘也。兩忘則澄然無事矣。無事則定，定則明，明則尚何應物之爲累哉？”

“聖人之喜，以物之當喜。聖人之怒，以物之當怒，是聖人之喜怒，不繫於心而繫於物也。是則聖人豈不應於物哉？烏得以從外者爲非，而更求在內者爲是也。”

“今以自私用智之喜怒而視聖人喜怒之正，爲何如哉？夫人之情，易發而難制者，惟怒爲甚！第能於怒時遽忘其怒，而觀理之是非，亦可見外誘之不定惡，而於道思過半矣！……”見《明道先生文集》卷三《答橫渠張先生書》。

〔備考〕朱熹云：“此書自胸中瀉出，如有物在後逼逐他相似，所謂造道之言也。大綱在‘廓然而大公，物來而順應’二句，緊要在‘怒時遽忘其怒，而觀理之是非’一句。‘遽忘其怒’，便是‘廓然大公’，‘觀理之是非’便是‘物來順應’。先生言語渾淪，子細看，節節有條理。”又云：“定性書是正心誠意以後事。”明人劉宗周云：“此先生發明主靜立極之說，最爲詳盡而無遺也。主靜之說，本千古祕密藏，即橫渠得之，不能無疑。向微先生發明至此，幾令千古長夜矣。”但朱熹誤謂“定性書是二十二三時作”，不合事實。

是年，胡瑗卒。其人對先生之思想，頗有影響。茲略記其事蹟於後：

瑗字翼之，泰州海陵人，以經術教授吳中。景祐初，年四十餘，以范仲淹薦，與阮逸同較鐘律，分造鐘磬，更定雅樂，但未實行。授職試祕書省校書郎。仲淹經略陝西時，辟丹州推官。後以保寧節度推官，教授湖州，教人有法，科條纖悉備具，以身先之，雖盛暑，必公服坐堂上，嚴師弟子之禮，視諸生如其子弟。諸生亦信愛如其父兄，從之游者常數百人。慶曆中，朝廷興太學，命湖州官吏取其教法，著爲令，在太學實行。屢被召，不就任。皇祐中，再應召，與阮逸更鑄太常鐘磬。歲餘，授光祿寺丞，國子監直講。樂成，遷大理寺丞。瑗既居太學，其徒益衆，太學至不能容，乃取旁官舍以居之。禮部所得士，瑗弟子十常居四五。隨材高下，喜自修飾，衣服容止，往往相類，人遇之，雖不識，皆知其爲胡瑗弟子。嘉祐初，擢太子中允，天章閣侍講，仍治太學。既而疾，不能入朝，以太常博士致仕，歸老於家。諸生與朝士祖餞於東門外，時人以爲榮。卽卒，詔賻其家。據《宋史》卷四百三十二。先生嘗言："凡從安定先生學者，其醇厚和易之氣望，之可知也。"據《邵氏聞見錄》。又言："《易》有百餘家，難爲遍觀；如素未讀，不曉文義，且須看王弼，胡先生，荊公三家，理會得文義，且要熟讀，然後却有用心處。"見《遺書》卷十九。其學說略於《宋元學案》卷一。所著有《周易口義》、《洪範口義》、《中庸義》、《論語說》、《春秋說》、《景祐樂議》。見《宋元學案》卷一。

## 宋仁宗嘉祐五年庚子民前八五二年西一〇六〇年先生二十八歲

〔時事〕五月己酉，召王安石入爲三司度支判官。七月戊戌，翰林學士歐陽修上《新修唐書》。八月壬申，詔求逸書。十一月辛丑，歐陽修、陳升之爲樞副。《宋史》卷十二。

## 宋仁宗嘉祐六年辛丑民前八五一年西一〇六一年先生二十九歲

〔時事〕三月己亥，富弼以母喪去位。四月庚長，包拯代陳升之爲樞密副使。詔出諫官唐介、趙抃，御史范師道、呂誨。六月丙子，以司馬光知諫院，入對。戊寅，以王安石知制誥。閏八月，以韓琦、曾公亮爲相。據《宋史》卷十二。

是年，尹焞生。

明道調任江寧府上元縣主簿。據《明道行狀》。是時有謝景溫字師直。爲江東轉運判官。常與明道談論，說及《春秋》，伯淳猶時有所取。至言《易》，則皆曰"非是"。後景溫爲河南尹，嘗與先生談經，亦不合。據《家世舊事》。

## 宋仁宗嘉祐七年壬寅民前八五〇年西一〇六二年先生三十歲

〔時事〕八月己亥，帝立皇侄宗實爲皇子，旋改名曙。據《宋史》卷十二。是年，陳瓘生。

先生之叔父瑜病死於京師。據《明道文集》。

明道攝上元縣事。據《明道行狀》。

## 宋仁宗嘉祐八年癸卯民前八四九年西一〇六三年先生三十一歲

〔時事〕三月辛未，皇帝病卒。在位共四十二年。廟號仁宗。四月朔，皇子曙卽皇帝位。五月戊午，以富弼爲樞密使。十二月，己酉，初御邇英閣，召侍臣講讀經史。據《宋史》卷十二，十三。

太中公原任權判鴻臚寺，以英宗嗣位覃恩，遷庫部員外郎。此後若干年，知磁州事。至神宗即位後，始任滿代還。據《文集·先公太中家傳》。

## 宋英宗治平元年甲辰民前八四八年 西一〇六四年先生三十二歲

〔時事〕是年，京師以南，江淮大水。據《宋史》卷十三。四月，帝命天章閣待制兼侍講呂公著同修起居注。據《續通鑑長編》。

不久，公著又奉命判國子監，命衆博士到先生寓所，敦請爲學正。先生固辭，公著即命駕過訪。據《呂申公傳》。先生函謝，即《文集》卷五《謝呂晦叔待制相見書》。云："……今……干進者顯榮，守道者沉晦！頤……才微學寡，不敢枉道妄動。雖親戚鄉閭間，鮮克知其所存者……而公獨降禮以就之，非好賢樂善之深，孰能如是乎？……"據此，先生是年曾到京師，但似未就學正之職。

明道罷上元縣，至磁州省親。是時，太中公知磁州事。邢恕字和叔。嘉祐初，早從先生學，是年，又從明道於磁州。據《遺書》附錄邢恕敘述，《文集·先公太中家傳》。

## 朱英宗治平二年乙巳民前八四七年 西一〇六五年先生三十三歲

〔時事〕四月戊戌，詔議崇奉濮安懿王典禮。六月己酉，詔尚書集三省御史台議奉濮安懿王典禮。甲寅，罷尚書省集議，令有司博求典故，務在合經。七月癸亥，富弼罷。庚辰，文彥博代張昪爲樞密使。《宋史》卷十三。

先生於四月間《代彭思永上論濮王典疏》，大意謂"濮王之生陛下，而仁宗皇帝以陛下爲嗣，承祖宗大統，則仁廟陛下之皇考，陛下仁廟之適子。濮王陛下所生之父，於屬爲伯。陛下濮王出繼之子，於屬爲姪。此天地大義，生人大倫，如乾坤定位，不可得而變易者也。固非人意所能推移；苟亂大理，人理滅矣"。主張"以濮王之子襲爵奉祀，尊稱濮王爲濮國太王"。見《程氏文集》卷五。思永是時權御史中丞。諫官，御史，反對尊濮王爲皇帝者，六七人，皆得罪去。思永力陳其不可，且請召還言事者，皇帝不聽。再上疏極諫，亦不悟。據《明道文集·彭侍郎行狀》。

八月庚寅，京師大雨水。乙未，以雨災詔責躬乞言。《宋史》卷十三。先生代父應詔上書，略曰：

“臣珦言：……臣聞水旱之沴，由陰陽之不和。陰陽不和，繫政事之所致。……臣竊維天下之勢，所甚急者，在安危治亂之機。……所謂安危治亂之機，臣請條其大端。”

“所謂安且治者，朝廷有綱紀權持，總攝百職庶務。天下之治，如網之有綱，裘之有領，舉之而有條，委之而不紊也。郡縣之官，得人而職修，惠養有道，朝廷政化宣達于下也。百姓安業，衣食足而有恆心，知孝悌忠信之教，率之易從，勞之不怨，心附於上，固而不可搖也。化行政肅，無姦宄盜賊之患；設有之，不足爲慮；蓋有殲滅之備，而無嚮應之虞也。民心和而陰陽順，無水旱蟲螟之災；雖有之，不能爲害；蓋倉廪實而府庫充，官用給於上，民食足於下也。武備修而威靈振，蠻夷戎狄，無敢不服；雖有之，不足爲憂；蓋甲兵利而儲備豐，將善謀而士素練也。此六者，所謂安且治者。”

“今之事，一皆反是。朝廷紀綱，汗漫離散，莫可總攝。本原如此，治將安出？郡縣之官，選不以道。更易之數，雖時謂才者，尚莫能稱其職；况庸常者乎？循常苟安，狃以成俗，舉世以爲常然。政治廢亂，生民困苦。朝廷雖有惠澤，孰能宣布以達于下？所與共理者如此，天下斯可知矣。百姓窮蹙，日以加甚。而重斂繁賦，消削之不息。天下户口雖衆，而自足者益寡。司牧者治其事爾，非有師保左右之也。其善惡勤惰，趨利避害，或昧而反之，一從其自然，而困之陷之之道，又非一途。人用無聊，苟度歲月。驅之於治則難格，率之於惡則易摇。'民惟邦本'，本根如是，邦國奈何？民無生業，極困則慮生。不惭善教，思利而志動。乘閒隙則萌姦宄，逼凍殍則爲盜賊。今茲幸無大故，尚爾苟安；設或遇大饑饉，有大勞役，姦雄一呼，所在必應。以今無事之時，尚恐力不能制；況勞擾多事之際乎？天下安危，實繫於此。保民之道，以食爲本。今自京師至于天下，計平時之用，率無三年之蓄。民間空匱，則又甚焉。以萬室之邑觀之，有厚蓄者百無二三，困衣食者十居六七。統而較之，天下虚竭可知矣。豐年樂歲，飢寒見於道路，一穀不稔，便致流轉。卒有方數千里，連數年之水旱。不知何以待之？姦盜蜂起於內，夷狄乘隙於外，雖欲爲之，末如何矣。戎狄强盛，古未有比。歲輸金帛以修好，而好不可恃。窮天下之力以養兵，而兵不足用。尚幸二虜無謀，厭小欲而忘大利，故我得以紓朝夕之急。若其連衡而來，則必興數十萬之衆，宿於邊境；饋餉不繼，財用不充，將何以濟乎？驕惰之兵，縱無奔潰之患；曠日持久，終有窮極之虞。又況征斂興發，而民人轉亡；饑饉愁怨，而姦雄競起：事至於此，興衰可知。以今觀之，天下之勢，安乎？危乎？凡此數端，皆有危亡之虞。而未至於是者，不識朝庭制置能使之然邪？抑亦天幸而偶然邪？幸然之事，其可常乎？先皇帝至仁格天地，保持之以至於今；歷時既已久，言者既已多，朝廷遂以爲果不足憂也。可以常然，姑維持之而已。雖聞至深至切之言，不爲動也。嗚呼！貽天下之患，必由於是乎！今天下尚無事，朝庭宜急思所以救時之道。不然，臣恐因循歲月，前之所陳者，一事至則爲之晚矣。"

"今言當世之務者，必曰：所先者，寬賦役也，勸農桑也，實倉廪也，備災害也，修武備也，明教化也。此誠要務，然猶未知其本也。臣以爲所尤先者有三焉，請爲陛下陳之：一曰立志，二曰責任，三曰求賢。今雖納嘉謀，陳善算，非君志先立，其能聽而用之乎？君欲用之，非責任宰輔，其孰承而行之乎？君相協心，非賢者任職，其能施于天下乎？三者本也，制於事者用也。有其本不患無其用。”

“三者之中，復以立志爲本，君志立而天下治矣。所謂立志者，至誠一心，以道自任，以聖人之訓爲可必信，先王之治爲可必行。不狃滯於近規，不遷惑於衆口，必期致天下如三代之世。此之謂也。夫以一夫之身立志不篤，則不能自修；况天下之大，非體乾剛健，其能治乎？自昔人君孰不欲天下之治，然而或欲爲而不知所措，或始鋭而不克其終，或安於積久之弊而不能改爲，或惑於衆多之論而莫知適用，此皆上志不立故也。臣觀朝廷每有善政，鮮克堅守，或行之而天下不從，請舉近年一二事以明之。朝廷以今之任人，未嘗選擇，一用薦舉之定式，患所舉不得其人也，故詔以飭之，非不丁寧。然而當其任者，如弗聞也。陛下以爲自後所舉，果得其人乎？曾少異於舊乎？又以守令數易之害治也，詔廉察之官，舉其有善政者，俾之再任。于今未聞有應詔者。豈天下守令，無一人有善政邪？苟誠無之，朝廷負生民，不已甚乎？且以爲善而行之，何不使天下奉承明見其效？若曰‘非不欲必行也，奈天下不從何？’如此則是政令不行矣。將如天下何？此亦在陛下而已。苟陛下之志先立，奮其英斷以必行之，雖彊大諸侯，跋扈藩鎮，亦將震懾莫敢違也，况郡縣之吏乎？故臣願陛下以立志爲先，如臣前所陳，法先王之治，稽經典之訓，篤信而力行之，救天下深沈固結之弊，爲生民長久治安之計。勿以變舊爲難，勿以衆口爲惑。則三代之治可望於今日也。”

“所謂責任者：夫以海宇之廣，億兆之衆，一人不可必獨治，必賴輔弼之賢，然後能成天下之務。自古聖王，未有不以求任輔相爲先者也。……夫圖任之道，以慎擇爲本。擇之慎故知之明，知之明故信之篤，信之篤故任之專，任之專故禮之厚而責之重。擇之慎則必得其賢，知之明則仰成而不疑，信之篤則人致其誠，任之專則得盡其才，禮之厚則體貌尊而其勢重，責之重則其自任切而功有成。是故推誠任之，待以師傅之禮，坐而論道，責之以天下治，陰陽和。故當之者自知禮尊而任專，責深而勢重，則挺然以天下爲己任，故能稱其職也。雖有姦諛巧佞，知其交深而不可閒，勢重而不可搖，亦將息其邪謀，歸附於正矣。……願陛下如臣前所陳，既堅求治之志，則以責任宰輔爲先，待之盡其禮，任之盡其誠，責之盡其職，不患其不爲，患其不能爲，不患其不能爲，患其不得爲。蓋不爲者可責之必爲，不能者可勉求而能，惟不得爲則已矣。所謂不得爲者，君臣之志不通，懷顧慮而不肯自盡，此由失待任之道也。今執政大臣，皆先朝之選，天下重望，在陛下責任之而已。臣願陛下召延宰執，從容訪問，今天下之事，爲安，爲危，爲治，爲亂？當維持以度歲月乎？當有爲以救其弊乎？如曰當爲，則願示之以必爲之意，詢之以所爲之政，審慮之，力行之，時不可後，事不可緩也。……”

“所謂求賢者：夫古之聖王，所以能致天下之治，無他術也。朝廷至於天下，公卿大夫，百職羣僚，皆稱其任而已。何以得稱其任？賢者在位，能者在職而已。何以得賢能而任之？求之有道而已。……今取士之弊，議者亦多矣。臣不暇條析，而言大概：投名自薦，記誦聲律，非求賢之道爾。求不以道，則得非其賢。間或得才，適由偶幸，非知其才而取之也。朝廷選任，盡自其中，曾不虞賢俊之棄遺于下也。果天下無遺賢邪？抑雖有之，吾姑守法於上，不足以爲意邪？將科舉所得之賢，已足致治，而不乏邪？臣以爲治天下今日之弊，蓋由此也。以今選舉之科，用今進任之法，而欲得天下之賢，興天下之治，其猶北轅適越，不亦遠乎？臣願陛下如臣前所陳，既立求治之志，又思責任之道，則以求賢爲先。苟不先得賢，雖陛下焦心勞思，將安所施？誠得天下之賢，置之朝廷，則端拱無爲，而天下治矣。此所謂勞於求賢，逸於得人也。……若曰，非不欲賢也，病求之之難也。臣以爲不然。夫以人主之勢，心之所嚮，天下風靡景從。……若使存好賢之心，如是則何巖穴之幽不可求？何山林之深不可致？所患好之不篤爾。……今朝廷未嘗求賢，公卿大臣亦不以求賢士爲意。相先引彙，世所罕聞。訪道求師，貴達所恥。大率以爲任己可也，士將安補？今世無賢，求之何益？……陛下誠能專心致志，孜孜不倦，以求賢爲事，常恐天下有遺棄之才；朝庭之上，推賢援能者登進之，蔽賢自任者疏遠之：自然天下嚮風，自上及下，孰不以相先爲善行，薦達爲急務？搜羅既廣，雖小才片善，無所隱晦，如此則士益貴而守益堅，廉恥格而風教厚矣。天下之賢，其有遺乎？既得天下之賢，則天下之治不足道也。今世人情淺近，積慣成俗。朝庭進人，苟循常法，則雖千百而取羣伍，而用庸恶混雜，曾不以爲非。設或拔一賢，進一善，出於不次，則求摭小差，衆議囂沸。如真廟擢种放，先朝用范仲淹是也。設非君心篤信，寧免疑惑，反自以爲過？此所以非常之舉，曠久不聞也。伏見近日陛下不由言薦，擢范純仁，置之言路。在今世爲非常之舉。純仁名臣之子，有才名，在位多言其能，陛下擢之，當也。然臣顧陛下自信勿疑，純仁果賢，則陛下知人之明也。如用之而無顯效，則亦曰：吾勞心任人，雖未得其效，亦無媿於天下矣。設或大敗厥職，則亦曰：吾知之失也，當益務選擇，期於得人爾，蓋拔十得五，才不可勝用。求賢而失，尚愈於不求。誠持是心，何患不得賢也？……”

“臣前所陳三者，治天下之本也。臣非不知有興利除害之方，安國養民之術，邊境備禦之策，教化根本之論，可以爲陛下陳之。顧三者不先，徒虛言爾。三者既行，不患爲之無術也。願陛下以社稷爲心，以生民爲念，鑒苟安之弊，思永世之策，賜之省覽，察其深誠。萬一有毫髮之補於聖朝，臣雖被妄言之誅，無所悔恨。……”見《程氏文集》卷五。

此種意見之未能得皇帝之嘉納，自在意中。

明道調任晉城令。治績見《文集》卷十二明道行狀。任期內曾作《晉城縣令題名記》，可窺見其對史學之見解，摘錄於下：

“古者諸侯之國，各有史記，故其善惡皆見於後世。自秦罷侯，置守令，則史亦從而廢矣。其後自非傑然有功德者，或記之循吏；與夫凶忍殘殺之極者，以酷見傳；其餘則泯然無聞矣。如漢唐之有天下，皆數百年，其間郡縣之政可書者宜亦多矣，然其見書者率纔數十人。使賢者之政，不幸而無傳；其不肖者，復幸而得蓋其惡；斯與古史之意異矣。”

“夫圖治於長久者，雖聖知爲之，且不能倉卒，苟簡而就，蓋必本之人情而爲之法度，然後可使去惡而從善；則其紀綱條教必審定而後下，其民之服循漸漬，亦必待久乃淳固而不變。今之爲吏，三歲而代者，固已遲之矣。使皆知禮義者，能自始至卽皇皇然圖所施設，亦教令未熟，民情未孚，而吏書已至矣。倘後之人所志不同，復有甚者，欲新己之政，則盡其法而去之，其迹固無餘矣，而況因循不職者乎？”

“噫！以易息之政，而復無以託其傳，則宜其去皆未幾而善惡無聞焉。故欲聞古史之善而不可得，則因謂令有題前政之名氏以爲記者，尚爲近古，而斯邑無之。乃考之案牒，訪之吏民，纔得自李君而降，二十一人，第其歲月之先後而記之，俾民觀其名而不忘其政，後之人得從而質其是非，以爲師戒云耳。來者請嗣書其次。”見《明道文集》卷二。

## 宋英宗治平三年丙午民前八四六年西一〇六六年先生三十四歲

九月，呂公著出知蔡州，將行，奏曰：

“伏見南省進士程頤年三十有四，特立之操，出羣之姿。嘉祐四年，已與殿試。自後絕意進取，往來太學，諸生願得以爲師。臣方領國子監，親往敦請，卒不能屈。臣嘗與之語，洞明經術，通古今治亂之要，實有經世濟物之才。非同迂士曲儒，徒有偏長。使在朝廷，必爲國器。伏望特以不次旌用。”據《呂申公雜記》。

先生亦自以爲學問不足，不願出仕。據朱譜。

明道仍在晉城，嘗三次食韭黃，初食懷州韭，次食澤州韭，後食并州韭，因知數百里間氣候差三個月。嘗曰：“若都以此差之，則須爭半歲。如是則有在此冬至，在彼夏至者。”據此，明道似已恍惚明白地球南北半球，此寒彼熱，此熱彼寒，遞相變易之理。惜其不能實驗，故又云：“雖然，又沒此事。只是一般爲冬爲夏而已！”據《遺書》卷二呂與叔《東見錄》。

〔時事〕是年正月癸酉，契丹改國號曰遼。帝黜御史呂誨、范純仁、呂大防等。二月，又黜諫官傅堯俞，御史趙鼎、趙瞻。據《宋史》卷十三。

## 宋英宗治平四年丁未民前八四五年 西一〇六七年先生三十五歲

正月丁巳，皇帝病卒，廟號英宗。長子頊即皇帝位，據《宋史》卷十三。欲厚葬英宗，先生代父親撰《上皇帝論薄葬書》，大意謂厚葬是“違先帝之儉德，損陛下之孝道，無益於實，有累於後，非所宜也。伏願陛下抑至情，深爲遠慮，承奉遺詔，嚴飭有司，凡百規模，盡依魏文之制，明器所須，皆以瓦木爲之，金銀銅鐵珍寶奇異之物，無得入壙”。見《程氏文集》卷五。

神宗即位，太中公覃恩，遷司門郎中，時仍在磁州，任滿始代還。據《文集·先公太中家傳》。

先生兄弟隨侍太中公往漢州，中途宿一僧寺，入門後，明道從右廡，從者皆隨之；先生從左廡，獨行，無隨之者。先生自謂：“此是頤不及家兄處。”蓋明道和易，人皆親近；先生嚴重，人不敢近也。據《伊洛淵源錄》引《涪陵記善錄》。

先生兄弟嘗侍父遊成都，一日，見治篾箍桶者挾冊，就視之，則《易經》也。欲擬議致詰，而篾者先曰：“若嘗學此乎？”因指“未濟男之窮”，以發問。先生等遜而問之，則曰：“二陽皆失位。”先生煥然，有所省。據《宋史·譙定傳》,《外書·時勢芝集》。

〔時事〕是時朝廷大臣爲韓琦、曾公亮、文彥博、富弼、歐陽修、陳升之等。三月，壬申，歐陽修出知亳州。閏三月癸卯，王安石出知江寧府。四月，帝詔令張公平、司馬光詳定內外所上封事以聞。御史中丞王陶以過毀大臣出知陳州。七月己丑，命趙抃、陳薦同詳定內外封事。九月辛卯，以富弼爲首相。戊戌，以王安石爲翰林學士。辛丑，司空兼侍中韓琦罷，出判相州。壬寅，必曾公亮爲尚書左僕射，文彥博爲司空。癸卯，以權御史中丞司馬光爲翰林學士。十月丁未，富弼罷相，出判河陽。甲寅，製《資治通鑑序》，賜司馬光。據《宋史》卷十四。

## 宋神宗熙寧元年戊申民前八四四年 西一〇六八年先生三十六歲

先生在漢州，爲太中公撰《請宇文中允典漢州學書》。見《文集》卷八。《再請宇文中允典漢州學書》仝上。宇文之邵，字公南，漢州綿竹人。去年上書神宗，論時政，不報。以太子中允致仕。見《宋史》卷四五八。有云：

"……竊以生民之道，以教爲本。……後世不知爲治之本，不善其心，而驅之以力，法令嚴於上而教不明於下，民放僻而入於罪，然後從而刑之！噫！是可以美風俗而成善治乎？……"

又爲太中公作《試漢州學策問》三首。見《文集》卷八。

"問：士之所以貴乎人倫者，以明道也。若止於治聲律，爲祿利而已，則與夫工技之事，將何異乎？"

"夫所謂道，固若大路然。人皆可勉而至也。如不可學而至，則古聖人何爲教之勤勤若是？豈其斯後世耶？然學之之道當如何？"

"後之儒者，莫不以爲文章，治經術爲務：文章則華靡其詞，新奇其意，取悦人耳目而已；經術則解釋辭訓，較先儒短長，立異説以爲己工而已。如是之學，果可至於道乎？仲尼之門，獨稱顔子爲好學，則曰：'不遷怒，不貳過'也。與今之學，不其異乎？"

"或曰：如是，則在修身謹行而已，夫檢於行者，設曰勉強之可也；通諸心者，姑謹修而可能乎？況無諸中不能強於外也。此爲儒之本，諒諸君之所素存也。幸明辨而詳著於篇。"以上第一問。

"問：聖人之道，傳諸經學者，必以經爲本。然而諸經之奥，多所難明。今取其大要，各舉其一以言之。"

"夫《易》卦之德曰元亨利貞；或爲四曰：元也，亨也，利也，貞也；或爲二曰：大亨也，利於貞也。其詞既同，義可異乎？所以異者何謂？”

“《春秋》垂褒貶之法，所貶則明矣，所褒者何事？”

“《詩》之美刺，聖人取其止乎禮義者，以爲法於後世。晉武公身爲并奪無衣，美之，其教安在？”

“《書》爲王者軌範，不獨著聖王之事必爲法也，亦存其失以示戒爾，《五子之歌》是也。如盤庚之遷國，穆王之訓刑，爲是而可法耶？爲非而可戒耶？”

“《禮記》雜出於漢諸儒所傳，謬亂多矣。考之完合於聖人者，其篇有幾？”

“夫古人之學，貴專，不以泛濫爲賢，諸君之於經，必各有所治，人言其所學可也，惟毋泛毋略。”以上第二問。

“問儒者積學於己，以待用也。當世之務，固當講明。若夫朝廷之治，君相謨之，斯無間矣。以一郡而言，守之職豈不以養人爲本？然而民產不制，何術以濟乎困窮？吏繇有數，何道以寬乎力役？比閭無法，教化何由而可行；衣食不足，風俗何緣而可厚？”

“自唐而上，世有循吏，著之史冊。何今世獨無其人？豈古之治不可行於今耶？抑爲之者不得其道耶？”

“思欲仰希前哲之爲，上副聖道之寄，何所施設而能及斯？”

“諸君從事於學既勤且久，爲政之方，固當明其體要。至於民俗利病，皆耳目之所接也。願陳高論，得以矜式。”以上第三問。

〔時事〕是年正月丁酉，詔修《英宗實錄》。四月乙巳，詔翰林學士王安石越次入對。六月辛卯，詔諸路興水利。丙寅，命司馬光、滕甫裁定國用。七月，陳升之知樞密院事。據《宋史》卷十四。按升之安石皆變法要人。

## 宋神宗熙寧二年己酉民前八四三年 西一〇六九年先生三十七歲

〔時事〕二月己亥，以富弼同中書門下平章事。庚子，以王安石參知政事。命翰林學士呂公著修《英宗實錄》。甲子，陳升之、王安石創置三司條例，議行新法。三月乙酉，詔漕運鹽鐵等官各具財用利害以聞。四月丁巳，遣使往諸路察農田水利賦役。六月丁巳，右諫議大夫御史中丞呂誨以論王安石罷知鄧州。以呂公著爲御史中丞。七月，詔御史中丞舉推直官及可兼權御史者。辛巳，立淮、浙、江、湖六路均輸法。己丑，韓琦上《仁宗實錄》，曾公亮上《英宗實錄》。八月癸卯，侍御史劉琦，御史裏行錢顗，以論王安石貶官。乙巳，殿中侍御史孫昌齡以論新法貶官。丙午，同修起居注范純仁以言事多忤王安石，罷同知諫院，旋出知河中府。戊申，河徙，東行。辛酉以祕書省著作佐郎程顥王子韶並爲太子中允權監察御史裏行。九月，立常平給斂法。以祕書省著作佐郎呂惠卿爲太子中允，崇政殿說書。十月丙申，富弼罷，出判亳州。曾公亮陳升之並同中書門下平章事。戊午，宗諤復平章事。十一月乙丑，命韓絳制置三司條例。丙子，罷諸路提刑武臣，頒農田水利約束。閏十一月壬子，置交子務。是月，又差官提舉諸路常平廣惠倉，兼管句農田水利差役事。據《宋史》卷十四。

四月，明道爲農田水利使。據《明道行狀》。

八月，明道以御史中丞呂公著薦，授太子中允，權監察御史裏行。皇帝素知其名，召對之日從容咨訪。據《明道行狀》。問所以爲御史，明道對曰：“使臣拾遺補闕，裨贊朝廷，則可。使臣掇拾臣下短長，以沽直名，則不能。”皇帝歎賞，以爲得御史體。據劉立之敘述。比二三見，遂期以大用。每將退，必曰：“頻求對來，欲常相見爾。”一日，論議甚久，日官報午正，明道遽求退，庭中中人相謂曰："御史不知上未食耶？" 前後進説甚多，大要以正心，窒欲，求賢，育材爲先。不飾辭辯，獨以誠意感動人主。皇帝嘗使推擇人才，明道所薦數十人，而以父表弟張載及先生爲首。嘗言人主當防未萌之欲，皇帝俯身拱手曰："常爲卿戒之。" 及因論人才，曰："陛下奈何輕天下士？" 皇帝曰："朕何敢如是？朕何敢如是？" 時王安石日益信用，明道每進見，必爲皇帝陳君道，以至誠仁愛爲本，未嘗及功利。皇帝始疑其迂，而禮貌不衰。嘗極陳治道，皇帝曰："此堯舜之事，朕何敢當？" 明道愀然曰："陛下此言，非天下之福也。" 據《明道行狀》。一日，皇帝縱言及於辭命，明道曰："人主之學，惟當務是急，辭命非所先也。" 帝爲之動顔。據游酢《書明道行狀後》。

明道所上奏疏，摘要於下：

《論王霸疏》略曰："臣伏謂得天理之正，極人倫之至者，堯舜之道也。用其私心，依仁義之偏者，霸者之事也。……二者其道不同，在審其初而已。……故治天下者，必先立其志。正志先立，則邪説不能移，異端不能惑。故力進於道，而莫之禦也。……陛下……必以堯舜之心自任，然後爲能充其道。……惟陛下稽先聖之言，察人事之理，知堯舜之道備於己，反身而誠之，推之以及四海，擇同心一德之臣，與之共成天下之務……" 見《明道文集》卷一。朱熹評曰："王霸劄子説得好。自古論王霸，至此無遺蘊矣。"

《論君道疏》略曰："臣伏謂君道之大，在乎稽古正學，明善惡之歸，辨忠邪之分，曉然趨道之正。故在乎君志先定。君志定而天下之治成矣。所謂定志者，一心誠意，擇善而固執之也。夫義理不先盡，則多聽而易惑；志意不先定，則守善而或移。惟在以聖人之訓爲必當從，先王之治爲必可法，不爲後世駁雜之政所牽制，不爲流俗因循之論所遷惑，自知極於明，信道極於篤，任賢勿貳，去邪勿疑，必期致世如三代之隆而後已也。

“然天下之事，患常生於忽微，而志亦戒乎漸習。……伏願陛下禮命老成賢儒，不必勞以職事，俾日親便座，講論道義，以輔養聖德。又擇天下賢俊，使得陪侍法從，朝夕延見，開陳善道，講磨治體，以廣聞聽。如是，則聖智益明，王猷充塞矣。……”見《明道文集》卷一。朱熹評曰：“明道進說，只以聖人之說爲必可信，先生之道爲必可行，必期致天下如三代之世。如說與學者，也只得教他依聖人言語做去，待他做工夫。有見處，自知得聖人確然恁地。”

《請修學校尊師儒取士疏》關係較大，全錄於下：

“臣伏謂治天下以正風俗，得賢才爲本。宋興百餘年，而教化未大醇，人情未盡美，士人微謙退之節，鄉閭無廉恥之行，刑雖繁而奸不止，官雖冗而材不足者；此蓋學校之不脩，師儒之不尊，無以風勸養勵之使然耳。竊以去聖久遠，師道不立；儒者之學，幾於廢熄。惟朝廷崇尚教育之，則不日而復古者，一道德以同俗。苟師學不正，則道德何從而一？方今人執私見，家爲異說；支離經訓，無復統一；道之不明不行，乃在於此。臣謂宜先禮命近侍賢儒，各以類舉；及百執事，方岳州縣之吏，悉心推訪。凡有明先王之道，德業充備，足爲師表者；其次有篤志好學，材良行修者；皆以名聞，其高蹈一作尚。之士，朝廷當厚禮延聘；其餘命州縣敦遣；萃於京師，館之寬閑之宇，豐其廩餼，卹其家之有無。以大臣之賢典領其事，俾羣儒朝夕相與講明正學。其道必本於人倫，明乎物理。其教自小學灑掃應對以往，修其孝悌忠信，周旋禮樂。其所以誘掖激厲，漸摩成就之道，皆有節序。其要在於擇善修身，至於化成天下，自鄉人而可至於聖人之道。其學行皆中於是者爲成德。又其次取材識明達可進於善者，使日受其業。稍久則舉其賢傑，以備高任。擇其學業大明，德義可尊者，爲太學之師。次以分教天下之學。始自藩府，至於列郡，擇士之願學，民之俊秀者，入學；皆優其廩給，而蠲其身役。凡其有父母骨肉之養者，亦通其優游往來，以察其行。其大不率教者。斥之從役。漸自太學，及州郡之學，擇其道業之成，可謂人師者，使教於縣之學，如州郡之制。異日則十室之鄉，達於黨遂，皆常修其庠序之制，爲之立師，學者以次而察焉。縣令每歲與學之師以鄉飲之禮，會其鄉老。學者衆推經明行，修材能可任之士，升與州之學，以觀其實。學荒行虧者，罷歸，而罪其吏與師。其升於州而當者，復其家之役。郡守又歲與學之師，行鄉飲酒之禮，大會郡士，以經義性行材能三物，賓興其士於太學。太學又聚而教之。其學不明，行不修，與材之下者，罷歸，以爲郡守學師之罪。升於太學者，亦聽其以時還鄉里，復來於學。太學歲論其賢者能者於朝，謂之選士。朝廷問之經以考其言，試之職以觀其材，然後辨論其等差，而命之秩。凡處郡縣之學與太學者，皆滿三歲，然後得充薦。其自州郡升於太學者，一歲而後薦。其有學行超卓，衆所信服者，雖不處于學，或處學而未久，亦得備數論薦。凡選士之法，皆以性行端潔，居家孝悌，有廉恥禮遜，通明學業，曉達治道者。在州縣之學，則先使其鄉里長老，次及學衆推之。在太學者，先使其同黨，次及博士推之。其學之師與州縣之長，無或專其私。苟不以實，其懷姦罔上者，師長皆除其仕籍，終身不齒。失者亦奪官二等，勿以赦及去職論州。縣之長，涖事未滿半歲者，皆不薦士。師，皆取學者成否之分數，爲之賞罰。凡公卿大夫之子弟，皆入學。在京師者入太學，在外者各入其所在州之學，謂之國子。其有當補蔭者，並如舊制。惟不選於學者，不授以職。每歲，諸路別言一路國子之秀者，升於太學。其升而不當者，罪其監司，與州郡之師。太學歲論國子之有學行材能者於朝，共在學，賓興，考試之法，皆如選士。國子自入學中外，通及七年，或太學五年，年及三十，以所學不成者，辨而爲二等。上者聽授以筦庫之任，自非其後學業修進，中於論選，則不復使親民政。其下者罷歸之。雖歲满，願留學者，亦聽。其在外學七歲而不中升選者，皆論致太學而考察之，爲二等之法。國子之大不率教者，亦斥罷之。凡有職任之人，其學業材行，應薦者，諸路及近侍以聞，處之太學。其論試，亦如選士之法，取其賢能而進用之。凡國子之有官者，中選則增其秩。臣謂既一以道德仁義教養之，又專以行實材學升進，去其聲律小碎，糊名謄錄，一切無義理之弊。不數年間，學者靡然丕變矣。豈惟得士浸廣？天下風俗將日入淳正。王化之本也。臣謂帝王之道，莫尚於此。願陛下特留宸意，爲萬世行之。”《明道文集》卷一。朱熹評曰：“明道所論學制，最爲有本。每讀其書，觀其論講學處，未嘗不慨然發歎，憾不生於彼時也。明道所言始終本末，次序甚明。”

《論十事疏》，一曰師傅，二曰六官，三曰經界，四曰鄉黨，五曰貢士，六曰兵役，七曰民食，八曰四民，九曰山澤，十曰分數。此疏可見明道對政治經濟之主張，全錄於後：

“臣竊謂：聖人創法，皆本諸人情，極乎物理。雖二帝三王，不無隨時因革，踵一作稱。事增損之制。然至乎爲治之大原，牧民之要道，則前聖後聖，豈不同條而共貫哉？蓋無古今，無治亂，如生民之理有窮，則聖王之法可改。後世能盡其道則大治，或用其偏則小康，此歷代彰灼著明之效也。苟或徒知泥古，而不能施之於今，姑欲循名而遂廢其實，此則陋儒之見，何足以論治道哉？然儻謂今人之情皆已異於古，先王之迹不可復於今，趣便目前，不務高遠，則亦恐非大有爲之論，而未足以濟當今之極弊也。謂如衣服飲食宮室器用之類，苟便於今而有法度者，豈亦遽當改革哉？惟其天理之不可易，人所賴以生，非有古今之異。聖人之所必爲者，固可概舉。然行之有先後，用之有緩速。若夫裁成運動，周旋曲當，則在朝廷講求設施如何耳。”

“古者自天子達於庶人，必須師友以成就其德業。故舜禹文武之聖，亦皆有所從學。今師傅之職不修，友臣之義未著，所以尊德樂善之風未成於天下。此非有古今之異者也。”

“王者必奉天建官，故天地四時之職，歷二帝三王，未之或改，所以百度修而萬化理也。至唐猶僅存其略；當其治時，尚得綱紀小正。今官秩淆亂，職業廢弛，太平之治，所以未至。此亦非有古今之異也。”

“天生蒸民，立之君，使司牧之，必制其恒產，使之厚生。則經界不可不正，井地不可不均。此爲治之大本也。唐尚能有口分授田之制。今則蕩然無法，富者跨州縣而莫之止，貧者流離餓殍而莫之恤。幸民雖多，而衣食不足者，蓋無紀極。生齒日益繁，而不爲之制，則衣食日蹙，轉死日多。此乃治亂之機也，豈可不漸圖其制之之道哉？此亦非有古今之異者也。”

“古者政教始乎鄉里，其法起於比閭族黨，州鄉酇遂，以相聯屬統治。故民相安而親睦，刑法鮮犯，廉恥易格。此亦人情之所自然，行之則效。亦非有古今之異者也。庠序之教，先王所以明人倫，化成天下。今師學廢而道德不一，鄉射亡而禮義不興，貢士不本於鄉里而行實不修。秀民不養於學校而人材多廢。此較然之事，亦非有古今之異者也。”

“古者府史胥徒，受祿公上，而兵農未始判也。今驕兵耗匱。國力亦已極矣。臣謂禁衛之外，不漸歸之於農，則將貽深慮。府史胥徒之役，毒遍天下，不更其制，則未免大患。此亦至明之理，非有古今之異者也。”

“古者民必有九年之食，無三年之食者，以爲國非其國。臣觀天下耕之者少，食之者衆，地力不盡，人功不勤，雖富室強宗，鮮有餘積，況其貧弱者乎？或一州一縣，有年歲之凶，卽盜賊縱横，飢羸滿路。如不幸有方三二千里之災，或連年之歉，則未知朝廷以何道處之？則其患不可勝言矣。豈可曰：‘昔何久不至是’，因以幸爲可恃也哉？固宜漸從古制，均田務農，公私交爲儲粟之法，以爲之備。此亦無古今之異者也。”

“古者四民各有常職，而農者十居八九，故衣食易給，而民無所苦困。今京師浮民，數逾百萬，游手不可貲度。觀其窮蹙辛苦，孤貧疾病，變詐巧僞，以自求生，而常不足以生，日益歲滋，久將若何？事已窮極，非聖人能變而能通之，則無以免患。豈可謂‘無可奈何’而已哉？此在酌古變今，均多恤寡，漸爲之業以救之耳。此亦非有古今之異者也。”

“聖人奉天理物之道，在乎六府。六府之任，治於五官。山虞澤衡，各有常禁。故萬物阜豐，而財用不乏。今五官不修，六府不治，用之無節，取之不時，豈惟物失其性？材木所資，天下皆已童赭，斧斤焚蕩，尚且侵尋不禁。而川澤漁獵之繁，暴殄天物，亦已耗竭。則將若之何？此乃窮弊之極矣。惟修虞衡之職，使將養之，則有變通長久之勢。此亦非有古今之異者也。”

“古者冠婚喪祭，車服器用，等差分别，莫敢踰僭。故財用易給，而民有恒心。今禮制未修，奢靡相尚。卿大夫之家，莫能中禮；而商販之類，或踰王公。禮制不足以檢飭人情，名數不足以旌别貴賤。旣無定分，則奸詐攘奪，人人求厭其欲而後已，豈有止息者哉？此爭亂之道也。則先王之法，豈得不講求而損益之哉？此亦非有古今之異者也。”

“此十者，特其端緒耳。臣特論其大端，以爲三代之法，有必可施行之驗。如其綱條度數，施爲注措之道，則審行之，必也稽之，經訓而合，施之人情而宜，此曉然之定理。豈徒若迂疏無用之說哉？惟聖明裁擇。”《明道文集》卷一。黄百家評曰：“明道所陳治法十事，按其時勢，悉中肯綮，無一語非本此中之至誠流露也。此眞明體達用之言。”胡敬齋評曰：“若依他做，三代之治可運之掌。惜乎神宗惑於王安石，而不能用也。”

《論養賢疏》略曰：“臣竊以議當代者皆知得賢則天下治，而未知所以致賢之道也，是雖衆論紛紛，未極其要，朝廷亦以行之爲艱而不爲也。……今天下之大，豈爲乏賢，而朝廷無養賢之地以容之，徐察其器識高下而進退之也。臣今欲乞朝廷設延英院以待四方之賢。凡公論推薦及岩穴之賢，必招致優禮，視品給祿，而不可遽進以官，止以應詔命名，凡有政治則委之詳定，凡有典禮，則委之討論，經畫得以奏陳，而治亂得以講究也。俾羣居切磨，日盡其材，行其志。使政府及近侍之臣，互與相接，陛下時賜召對，詢以治道，可觀其材識器能也。察以累歲，人品益分，然後使賢者就位，能者任職，或委付郡縣，或師表士儒。其德譽尤異，漸進以帥臣職司之任，爲輔弼，爲公卿，無施之不稱也。……”《明道文集》卷一。

王安石置條例司，用明道爲屬官。一日，盛暑，安石與明道對語，其子雱囚首跣足攜婦人冠以出，問安石曰：“所言何事？”安石曰：“新法數爲人阻，與程君議。”雱箕踞以坐，大言曰：“梟韓琦、富弼之首於市，則新法行矣。”安石遽曰：“兒誤矣。”明道正色曰：“方與參政論國事，子弟不可預。姑退！”雱不樂而去。明道自此與安石不合。據《邵氏見聞錄》。

安石嘗與明道論事不合，因謂之曰：“公之學如上壁”，言難行也。明道曰：“參政之學如捉風。”其後安石逐不附己者，而獨不怨明道，且曰：“此人雖未知道，亦忠信人也。”據《遺書·楊遵道錄》。

皇帝嘗稱安石之學，明道對曰：“安石之學不是。”帝愕然問曰：“何故？”對曰：“臣不敢遠引，止以近事明之。臣嘗讀詩，言周公之德云：‘公孫碩膚，赤舄几几’，周公盛德，形容如是之盛。如王安石，其身猶不能自治，何足以及此？”又曰：“安石博學多聞，則有之；守約則未也。”據《遺書》呂與叔《東見錄》。

十一月，置諸路提舉官王廣淵在京東，一等戶給十五千，等而下之，至五等猶給一千。民間喧然。廣淵入奏，謂民皆歡呼感德。明道論廣淵抑配掊克，迎朝廷旨意，以困百姓。會河北轉運劉庠不散青苗錢，奏適至，王安石奏曰：“廣淵力主新法而遭劾，劉庠故坯新法而不問，舉事如此，安得人無向背？”明道之言由此不行。《宋史》卷三二二。

閏十一月，張載被召入對，除崇文殿說書。朝廷令往勘苗振獄，明道上疏言：“倘使之講求議論，則足以盡其所至。……治獄正可試諸能吏，非所以盡儒者之事業。”執政不聽，竟使之往。據《明道文集》卷一。載平反振獄，罪止罰金。據《邵氏見聞錄》。

先生答張載書曰：

“累書所論，病倦不能詳說。試以鄙見道其略，幸不責其妄易。”

“觀吾叔之見，至正而謹嚴。如虛無卽氣則虛無之語，深探遠賾，豈後世學者所嘗慮及也。餘所論，以大概氣象言之，則有苦心極力之象，而無寬裕溫厚之氣，非明睿所照而考察至此，故意屢偏而言多窒，小出入時有之。明所照者，如日所觀，纖微盡識之矣。考索至者，如揣料於物，約見髣髴爾，能無差乎？更願完養思慮，涵泳義理，他日自當條暢。何日得拜見，當以來書爲據，句句而論，字字而議，庶及精微。牽強病軀，不能周悉。”……

“昨書中所示之意，於愚意未安，敢再請於左右。今承盈幅之諭，詳味三反，鄙意益未安。此非侍坐之間，從容辨析，不能究也。豈尺書所可道哉？況十八叔，大哥，皆在京師，相見且請熟議，異日當請問之。內一事云：已與大哥議而未合者，試以所見言之。

“所云孟子曰：‘必有事焉而勿正，心勿忘，勿助長也。’此信乎入神之奧，若欲以思慮求之，是旣已自累其心於不神矣，惡得而求之哉？頤以爲有所事乃有思也，無思則無所事矣。孟子之是言，方言養氣之道如是，何遽及神乎？氣完則理正，理正則不私，不私之至，則神。自養氣至此猶遠，不可驟同語也。以孟子觀之，自見其次第也。當以‘必有事焉而勿正’爲句，心字屬下句。此說與大哥之言，固無殊，但恐言之未詳爾。……所諭‘勿忘者，但不舍其虛明善應之心爾，’此言恐未便。旣有存於心，而不舍，則何謂虛明？安能善應耶？虛明善應，乃可存而不忘乎？”見《文集》卷九《答橫渠書》，再書。按《遺書》卷一亦有此說。

〔備考〕楊時（龜山）《跋橫渠先生書》曰：“橫渠之學，其源出於程氏，而關中諸生，尊其書，欲自爲一家。故余錄此簡，以示學者，使知橫渠雖細務必資於二程，則其他故可知。”諸星杓攷此跋書於大觀元年八月己卯，餘杭，在伊川先生未歿前二十餘日。朱熹云：“橫渠有一簡與先生，問其叔父葬事，末有‘提耳懇激’之言。”疑龜山所跋，卽是此簡。

## 宋神宗熙寧三年庚戌民前八四二年西一〇七〇年先生三十八歲

〔時事〕正月乙卯，詔諸路散青苗錢，禁抑配。戊午，張方平罷，知陳州。二月壬申，以翰林學士司馬光爲樞密副使，九辭，乃罷。三月丙申，孫覺、呂公著、張戩、程顥、李常，上疏極言新法，皇帝不聽。己亥，始策進士，罷詩賦論三題。戊申，李常言青苗斂散不實，帝詔具析，翰林學士兼知通進銀台司范鎮以爲不當，封還詔書，因此罷職，仍守本官。丙辰，立試刑法。丙辰，右正言孫覺貶官。四月，戊辰，御史中丞呂公著貶知潁州。己卯，趙抃罷，知杭州。以韓絳參知政事。監察御史裏行程顥罷爲京西路同提點刑獄。壬午，李常、張戩、王子韶貶官。癸未，侍御史知雜事陳襄罷爲同修起居注。程顥再貶簽書鎮寧軍節度判官公事。五月壬寅，詔令司馬光詳定轉對封事。甲辰，詔罷制置三司條例，歸中書。七月壬辰，呂公弼罷。九月，韓絳罷爲陝西宣撫使。己亥，始試法官。庚子，曾公亮罷爲河陽三城節度使。辛丑，以馮京參知政事。癸丑，司馬光罷，知永興軍。十月戊寅，陳升之以母憂去位。十二月己未，詔立《諸路更戍法》。乙丑，立《保甲法》。丁卯，以韓絳、王安石，並同中書門下平章事，王珪參知政事。戊寅，初行《免役法》。庚辰，命王安石提舉編修三司令式。是年西夏又寇西邊，兵連不决。據《宋史》卷十五。

明道《諫新法疏》，其一爲三月四日所上：

“臣近累上言，乞罷預俵青苗錢利息及汰去提舉官事，朝夕以覬，未蒙施行。臣竊謂明者見於未形，智者防於未亂。況今日事理，顯白易知？若不因機亟决，持之愈堅，必貽後悔。悔而後改，則爲害已多。蓋安危之本，在乎人情。治亂之機，繫乎事始。衆心睽乖，則有言不信。萬邦協和，則所爲必成。固不可以威力取強，語言必勝。而近日所聞，尤爲未便。伏見制置條例司疏駁大臣之奏，舉劾不奉行之官，徒使中外物情，愈致驚駭。是乃舉一偏而盡沮公議，因小事而先失一作動。衆心。權其輕重，未見其可。臣竊謂陛下固已燭見事體，究知是非，在聖心非吝改張，由柄臣尚持固必。是致輿情大鬱，衆論益讙。若欲遂行，必難終濟。伏望陛下奮神明之威斷，審成敗之先機，與其遂一失而廢百爲，孰若沛大恩而新衆志？外汰使人之擾，亟推去息之仁。況糴糶之法兼行，則儲蓄之資自廣。在朝廷未失於舉措，使議論何名而沸騰？伏乞檢會臣所上言，早賜施行，則天下幸甚。”《明道文集》卷一。

其二爲四月十七日所上：

“臣聞天下之理，本諸簡易，而行之以順道，則事無不成。故曰智者若禹之行，水行其所無事也。舍而至於險阻，則不足以言智矣。蓋自古興治，雖有專任獨決，能就事功者。未聞輔弼大臣，人各有心，睽戾不一，致國政異出，名分不正，中外人情，交謂不可，而能有爲者也。況於措置失宜，沮廢公議，一二小臣，實與大計，用賤陵貴，以邪妨正者乎？凡此皆天下之理，不宜有成，而智者之所不行也。設令由此僥倖，事小有成，而興利之臣日進，尚德之風浸衰，尤非朝廷之福。矧復天時未順，地震連年，四方人心，日益搖動。此皆陛下所當仰測天意，俯察人事者也。臣奉職不肖，議論無補。望允前奏，早賜降責。”《明道文集》卷二。

皇帝語及此疏，王安石曰：“顥至中書，臣略諭以‘方鎮沮毀朝廷法令，朝廷申明使知法意，不得謂之疏駁大臣章奏’。顥乃言‘大臣論列，事當包含’。此言尤爲害理。若不申明法意，使中外具知，則是縱使邪說誣民，而令詔令本意更不明於天下，如此則異議何由帖息？”

時安石侵行其說，明道意多不合，事出必論列，數月之間，章數十上。安石與明道雖道不同，而嘗謂其忠信。明道每與論事，心平氣和，安石多爲之動。而言路好直者，必欲力攻取勝，由是安石遂與言者爲敵矣。明道言既不行，懇求外補；皇帝猶重其志；上章及而請至十數，不許；遂闔門侍罪。皇帝將黜諸言者，命執政除明道監司，明道復上章力辭既而皇帝手批暴白同列之罪，獨於明道無責，改差簽書鎮寧軍節度判官事。據《明道行狀》。

明道立朝九月，共二百六十三日。

陳襄領國子監時，嘗薦先生。見《陳古靈集》。

邵雍寄一詩與先生，有“嚴親出守劍門西，色養歡深世表儀”之句。見《擊壤集》。

先生自少時未嘗乘轎。是年在蜀，與二使者遊三峽，使者相強乘轎，先生不可曰：“頤不忍乘。分明以人代畜！若疾病及泥濘，則不得已也。”既至，二使者題壁間，先生曰：“毋書頤名！”竟不留名而去。據《外書》卷十。

## 宋神宗熙寧四年辛亥民前八四一年 西一〇七一年先生三十九歲

〔時事〕正月壬辰，鬻天下廣惠倉田，爲三路及京東常平倉本。二月丁巳，罷詩賦及明經諸科，以經義論策試進士。置諸路學官，使之教導。辛酉，詔治吏沮《青苗法》者。三月辛卯，遣使察奉行新法不職者。丁未，韓絳坐興師敗衄，罷相，以本官知鄧州。王安石獨相，專權。癸酉，司馬光權判西京留臺。五月，詔許富弼養病於西京。六月甲子，歐陽修致仕。甲戌，富弼坐格《青苗法》，徙判汝州。七月丁酉，劉摯、楊繪貶官。八月庚申，復《春秋三傳》明經取士。十月壬子，罷差役法，使民出錢募役。立選人及任子出官試法。據《宋史》卷十五。

明道自去年奉命簽判鎮寧軍，在澶州歲餘。八月，河溢澶州曹村，明道督工堵塞決口。據《宋史》卷十五《文集》《明道行狀》及邢恕敘述。

太中公自前年知漢州事，遷庫部郎中。空銜。蜀俗輕浮，而公臨之以安靜。大興州學，親視敦勉，士人從化者甚衆。漢守有園圃公田之入，素稱優厚，至者無不厚藏而歸。公始被命，親舊以其素貧，皆爲之喜，公擇而取之，終任，所獲布數百匹而已。時方議行新法，州縣囂然，皆以爲不可；公未嘗談論也。及法出，爲守令者，奉行惟恐後。成都一道，抗議指其有未便者，獨公一人。時李元瑜爲使者，挾朝廷勢，淩蔑州郡，沮公以爲妄議。公奏請不俟滿罷去，不報。乃移疾，乞授代。不復視事。據《文集·先公太中家傳》。

〔考證〕家傳記太中公爲李元瑜所沮，乃移疾去。考《續通鑑長編》："熙寧四年二月，陳經爲成都府轉運使，仍令密體量監司范純仁、謝景初燕飲踰違事，以李元瑜言故也。"《范忠宣公行狀》："公言新法不便，仍戒州縣不得遽行，以待報。安石怒，命其客李元瑜爲提舉常平官，且伺察公，將遂害之。卒無所得。元瑜以是年六月死。"據此，則太中公移疾去漢州，在李元瑜未死之前，當是是年春夏間事。

范純仁字堯夫攝帥成都，先生將告歸，一作"時先王隨侍過成都"。別焉。純仁曰："願少留，純仁將別。"先生曰："既別矣，何必復勞輿衛？"遂行。純仁使人要於路曰："願一見也。"既見曰："先生何以教我？"先生曰："公嘗言：'爲將帥，當使士卒視己如父母，然後可用'，然乎？"純仁曰："如何？"先生曰："公言是也！然公爲政不若是，何也？"純仁曰："可得聞歟？"先生曰："舊帥新亡，而公張樂大饗將校於府門，是教之視帥如父母乎？"純仁曰："亦疑其不可，使屬官攝主之也。"先生曰："是尤不可也！公與舊帥，同僚也。失同僚之義，其過小。屬官於主帥，其義重。"純仁曰："廢饗而頒之酒食，如何？"先生曰："無頒也！武夫視酒食爲重事，弗頒則必思一誤作使。其所以而知事帥之義，乃因事而教也。"純仁曰："若從先生言而不來，則不聞此矣。"其喜聞義如此。據《遺書·張思叔錄》。

先生後嘗言："范公堯夫之寬大也！昔余過成都，公時攝帥。有言公於朝者，朝廷遣中使降香峨眉，實察之也。公一日訪予款語，予問曰：'聞中使在此，公何暇也？'公曰：'不爾，則拘束矣。'已而中使果怒，以鞭傷傳言者耳。屬官喜謂公曰：'此一事足以塞其謗。請聞於朝。'公旣不折言者之爲非，又不奏中使之過也。其有量如此。"據《遺書·張思叔錄》。

先生過成都時，轉運判官韓宗道。綜子。議減役至三，大戶亦減一人。先生曰："只聞有三大戶，不聞兩也。"宗道曰："三亦可，兩亦可。三之名不從天降地出也。"先生曰："乃從天降地出也。古者朝有三公，國有三老；三人占，則從二人之言；三人行，則必得我師焉。若止二大戶，則一人以爲是一人以爲非，何從而決？三則從二人之言矣。雖然，近年諸縣有使之分治者，亦失此意也。"據《遺書·張思叔錄》。按《韓宗道墓誌銘》："熙寧初，知巴州，會叔父康公去相位，擢成都轉運判官，兼管農田水利差役事。凡有改爲，蜀人不知其擾。"蓋即先生所論減役事也。

富弼辭疾歸第，以其俸券還河南府，府尹李中師受之。先生曰："受其納券者，固無足議。然納者亦未爲得也。留之而無請，可矣。"據《續通鑑長編》,《遺書》附師說後。但池譜繫此事於明年，非也。

## 宋仁宗熙寧五年壬子民前八四〇年 西一〇七二年先生四十歲

〔時事〕三月戊戌，富弼致仕。三月丙午，以內藏庫錢置市易務。五月丙午，行《保馬法》。六月壬子，曾公亮致仕。乙亥，置武學。七月庚戌，遣中書檢正官章惇察訪湖北路。八月甲申，歐陽修卒。丁亥，詔求修所撰《五代史》。甲辰，頒《方田均稅法》。十二月壬午，陳升之爲樞密使。據《宋史》卷十五。

太中公自蜀歸朝後，願就閑局。是年或去年，得管勾西京嵩山崇福宮。據《先公太中家傳》。

十二月，郊祀霈恩。明道曰：“吾罪滌矣！可以去矣！”遂求監局，以便養親。得罷歸。據《明道行狀》。既歸洛，從容親庭，日以讀書勸學爲事。明道經術通明，禮義精微，樂告不倦。士大夫從之講學者，日夕盈門。虛往，實歸，人得所欲。據《遺書》附錄劉立之敍述。自此以後，居洛陽殆十餘年。自熙寧五年至十年元豐三年至七年。與弟伊川先生講學於家，化行鄉黨。家貧，蔬食或不繼，而事親務養其志，賙贍族人必盡其力。士之從學者，不絕於館，有不遠千里而至者。據《遺書》附錄范祖禹敍述。

先生是年應在洛陽。但似嘗到醴泉一次。據《家世舊事》。但所記瑣事，不復錄。

## 宋神宗熙寧六年癸丑民前八三九年西一〇七三年先生四十一歲

〔時事〕二月壬寅，以韓絳知大名府。三月庚戌，置經局，命王安石提舉。六月己亥，置軍器監。七月乙巳，詔京西六路各置鑄錢監。八月戊戌，復比閭族黨之法。九月壬寅，置兩浙和糴倉，立《斂散法》。戊申，詔興水利。戊午，王韶率軍入岷州，木令征降。據《宋史》卷十五。

先生年四十以後，記性愈進。據《外書》震澤語錄。

二月，韓維字持國。帥許州，據《續通鑑長編》。先生往見，謂維曰：“適市中聚浮圖，何也？”維曰：“爲民祈福也。”先生曰：“福斯民者，不在公乎？”據《遺書·張思叔錄》。維使掾爲亭，成而蓮已生其前，蓋椽盆植而置之。維甚喜。先生曰：“斯可惡也！使之爲亭，而更爲此以說公，非端人也。”維曰：“奈何人見之則喜。”據仝上。

六月七日，周敦頤卒。據《周子年譜》。

敦頤字茂叔，道州營道人。初爲分寧主簿。調南安軍司理參軍。移郴之桂陽令。徙知南昌。歷合州判官，通判虔州。熙寧初，知郴州。用趙抃及呂公著薦，爲廣東轉運判官，提點刑獄。以疾求知南康軍。因家廬山蓮花峯下，前有谿，合於湓江，取營道所居濂谿以名之。卒年五十七。

黃庭堅稱其人品甚高，胸懷灑落，如光風霽月，廉於取名而鋭於求志，薄於徼福而厚於得民，菲於奉身而燕及煢嫠，陋於希世而尚友千古。

著《太極圖》，明天理之根源，究萬物之終始。其説曰："無極而太極。太極動而生陽，動極而靜，靜而生陰，靜極復動。一動一靜，互爲其根。分陰分陽，兩儀立焉。陽變陰合，而生水、火、木、金，土。五氣順布，四時行焉。五行，一陰陽也。陰陽，一太極也。太極，本無極也五。行之生也，各一其性。無極之眞，二五之精，妙合而凝。乾道成男，坤道成女，二氣交感，化生萬物。萬物生生，而變化無窮焉。惟人也，得其秀而最靈。形旣生矣，神發知矣。五性感動而善惡分，萬事出矣。聖人定之以中正仁義，而主靜立人極焉。故聖人與天地合其德，日月合其明，四時合其序，鬼神合其吉凶。君子修之，吉；小人悖之，凶。故曰：立天之道，曰陰與陽。立地之道，曰柔與剛。立人之道，曰仁與義。又曰：原始反終，故知死生之説。大哉易也，斯其至矣。"

又著《通書》四十篇，發明太極之藴。序者謂其言約而道大，文質而義精，得孔孟之本源，大有功於學者也。

嘉定十三年，賜謚曰元公。淳祐元年，封汝南伯，從祀孔子廟庭。摘錄《宋史》卷四二七周敦頤傳。

〔備考〕朱熹嘗云："周子自少卽以學行有聞於世，而莫或知其師傳之所自。獨以河南兩程夫子嘗受學焉，而得孔孟不傳之正統，則其淵源因可概見。然所以指夫仲尼顔子之樂，而發其吟風弄月之趣者，亦不可得而悉聞矣。所著《易通》與《太極圖説》，並出程氏，以傳於世。程先生兄弟語及性命之際，亦未嘗不因其說。觀《通書》之誠動靜理性命等篇，及程氏書《李仲通銘》，《程邵公誌》，顔子好學等篇，則可見矣。”（見《朱子文集》）

又，紹興甲子，尹焞門人祁寬跋《通書》：“……《通書》卽其所著也。始出於程門。侯師聖傳之荊門高元舉朱子發。寬初得於高，後得於朱。又後得和靖尹先生所藏，亦云得之程氏。今之傳者是也。逮卜居九江，得舊本於其家。比前所見，無《太極圖》。或云：圖乃手授二程，故程本附之卷末也。此書字不滿三千，道德，性命，禮樂，刑政，悉舉其要；而又名之以通，其示人至矣。學者宜盡心焉。”

黄百家按：“朱子云：‘元公不由師傳，默契道體，建圖屬書，根極要領。當時見而知之者有程氏，遂廣大而推明之，而周孔孟氏之傳渙然復明。’此定論也。顧二程雖受學濂溪，而大程德性寬洪，規模闊廣，以光風霽月爲懷。小程氣質剛方，文理密察，以峭壁孤峯爲體。其道雖同，而造德自各有殊也。”（見《宋元學案》）

全祖望《周程學統論》略云：“明道先生傳在《哲宗實錄》中》乃范學士冲作；伊川先生傳在《徽宗實錄》中，乃洪學士邁作；並云從學周子。兩朝史局所據，恐亦不祇呂芸閣《東見錄》一書。觀明道之自言曰：‘自再見茂叔，吟風弄月以歸，有“吾與點也。”之意。’則非於周子意無所得者。《明道行狀》雖謂其‘泛濫於諸家，出入於佛老者幾十年，反求諸六經而後得之；’而要其慨然求道之志，得於茂叔之所聞者，亦不能沒其自也。若遺書中直稱周子之字，則吾疑以爲門人之詞，蓋因其師平日有‘獨得遺經’之言，故遂欲略周子而過之也。周子所得，其在聖門，幾幾顔子之風。二程之所以未盡其蘊者，蓋其問學在慶曆六年，周子卽以是歲

遷秩而去，追隨不甚久也。潘興嗣志墓，其不及二程子之從游者，亦以此。”（見《鮚埼亭集》）

陸世儀云：“兩程之學，本於周子。或謂伊川作《明道行狀》，言‘明道得不傳之學於遺經，’不言周子。此不善讀書者也。明道自言‘見周茂叔後，吟風弄月以歸。’《定性書》即周子‘定之以仁義，中正而主靜’之旨。至伊川《顏子所好何學論》‘惟人得其秀而最靈，’皆周子《太極圖》之言也。豈得云不本於周子？所謂‘得不傳之學於遺經’者，大抵聖賢之人，一經指點，他自會去尋頭路讀書，終不然，只守定這幾句師說，亦不善學者矣。”

〔考證〕二先生受學於周敦頤時，年僅十四五，如此髫齡，所習不過經義章句，縱有所得，亦復有限。此先生作《明道行狀》所以云：“未知其要”也。明道之學，“泛濫於諸家，出入於釋老者幾十年返求諸六經而後得之。”固非敦頤所能限束。全祖望陸世儀等所曲辭強辯者，固屬多事耳。至於先生祕傳敦頤太極圖之說，出自祁寬《通書跋》，其言已錄見前文，一則曰“《通書》始出於程門，”再則曰“和靖所藏亦云得之程氏，”三則曰“《太極圖》或云乃手授二程。”考寬跋《通書》時，和靖後已二年，和靖是否藏有《通書》？《通書》是否有《太極圖》？《太極圖》是否周敦頤所作，二程所傳？皆屬莫大之疑問。緣祁寬原屬道家者流，其所記尹和靖語，如王子眞預知先生去訪之語，皆妄誕不可信。又如俞琰《席上腐》《談載》：“尹和靖先生焞字彥明，語門人祁寬云：‘伊川因遠行，晚憩一古寺，設臥具於佛座前，未寢，聞若鼠囓聲，熟視之，果有鼠在佛腹小竅中銜一文字欲出復入，伊川起視之。則見佛腹竅中有文字一卷，取而讀之，乃丹方，而其首曰《不換世間術》。伊川過目，悉能了其意，遂錄一本，仍以原紙納竅中。後因郊居，嘗煅此丹。其法火養四十九日乃成。煅近三十日，遇夜則四野來問之，宅中不遺火，某等皆見火發。如此數四，恐驚衆，遂取出焚，試以粟粒置銀盂中，凡丹到處皆成黃金。崇寧間，盂尚在。其金如線，圈轉數匝，皆丹著處也。其丹半成者，封裹於衣箱中，以其近怪，故終不以告人。某嘗乘間問伊川，伊川曰：“此外丹也。若人內丹成，服之可以長年。點化五金，不足道也。”某曰：“胡不服之？”伊川曰：“這箇肚皮裏便着此物。”晚年，許傳此方與一道士，未傳而伊川卒。後月餘，道士至，則無及矣。'”由此一段故事，足知祁寬眼中之先生亦不過道家者流，以鍊丹延年爲事者耳。先生本人從未言及周敦頤傳《太極圖》之事，有關係之直接史料亦無一字述及之。直至先生死後三十七年始由未嘗及門之祁寬揭發其祕，可謂奇矣。據此論斷，則直謂先生未嘗傳太極圖，祕傳之說乃祁寬臆造，可也。

## 宋神宗熙寧七年甲寅民前八三八年 西一〇七四年先生年四十二歲

〔時事〕二月癸未，詔三司歲會天下財用出入之數以聞。三月己未，行《方田法》。四月癸酉，以旱，罷《方田法》。王韶破西蕃於結河川，旋進築珂諸城，木征降服。丙戌，王安石罷，知江寧府。以韓絳同中書門下平章事，監修國史。翰林學士呂惠卿參知政事。據《宋史》卷十五。是年，各地大旱大蝗爲災，屢詔諸路出米振災。仝上。九月二十二日，胡安國生。據《伊洛淵源錄》卷十三《胡文定公行狀》。

先生同朱光庭訪邵雍，因以論道。先生指面前食桌曰：“此桌安在地上，不知天地安在甚處？”邵雍爲之極論天地萬物之理，以及六合之外。先生歎曰：“平生惟見周茂叔論至此。”見《易學辨惑》。

〔備考〕朱熹曰：“此康節之子伯溫所記。但云‘極論’，而不言其所謂云何。今按康節之書，有曰：‘天何依？曰：依乎地。曰：地何附？曰：附乎天。曰：天地何所依附？曰：自相依附。天依形，地附。氣其形也有涯，其氣也無涯。’竊恐當時康節所論，與伊川所聞於周先生者，亦當如此。因附見之。”

先生又同張子堅訪雍，方春時，雍率同遊天門街看花。先生辭曰：“平生未嘗看花”雍曰：“庸何傷乎？物物皆有至理。吾儕看花，異於常人。自可以觀造化之妙。”先生曰：“如是，則願從先生遊。”亦見《易學辨惑》。

邵雍謂先生曰：“子雖聰明，然天下之事亦衆矣，子能盡知耶？”先生曰：“天下之事，頤所不知者固多。然堯夫所謂不知者何事？”是時適雷起，雍曰：“子知雷起處乎？”先生曰：“頤知之。堯夫不知也。”雍愕然曰：“何謂也？”先生曰：“既知之，安用數推也？以其不知，故待推而後知。”雍曰：“子以爲起於何處？”先生曰：“起於起處。”雍瞿然稱善。據《遺書·張思叔錄》。

明道家居歲餘，得監西京洛河竹木務。據《明道行狀》。王安石既罷相，陳襄薦司馬光及明道等三十三人。帝不能用。據《陳古靈集》。

一日，先生兄弟侍太中公訪雍於天津之廬，雍擕酒飲月陂上，歡甚，語其平生學術出處之大致。明日，明道悵然謂門人周純明道：“昨從堯夫先生遊，聽其議論，振古之豪傑也。惜其無所用於世。”純明問曰：“所言何如？”明道曰：“內聖外王之道也。”據《邵氏聞見錄》。

明道嘗論邵雍曰：“堯夫豪傑之士，根本不帖帖地。”嘗戲以亂世之姦雄中，道學之有所得者。又曰：“堯夫之學，先從理上推意言象數。言天下之理，須出於四者。推到理處，曰：‘我得此大者，則萬事由我，無有不定。’然未必有術。要之，亦難以治天下國家。其爲人，則直是無禮不恭，惟是侮玩，雖天地亦爲之侮玩。如《無名公傳》，言：‘問諸天地，天地不對。弄丸餘暇，時往時來’之類。堯夫詩：‘雪月風花未品題’，他便把這些事便與堯舜三代一般。此等語，自孟子後，無人曾敢如此言來。直是無端。又如言‘文字呈上堯夫’，皆不恭之甚。‘須信畫前元有《易》，自從刪後更無詩。’這個意思，古元未有人道來。”據呂與叔《東見錄》。

明道嘗曰：“顥接人多矣。不雜者三人：張子厚，載。邵堯夫，雍。司馬君實。光。”據《東見錄》。

## 宋仁宗熙寧八年乙卯民前八三七年西一〇七五年先生四十三歲

〔時事〕二月癸酉，以王安石同中書門下平章事。乙酉，初行河北《戶馬法》。三月，置經義局。閏四月，陳升之罷，出判揚州。六月己酉，頒王安石《詩》、《書》、《周禮義》於學官。辛亥，以安石爲尚書左僕射，兼門下侍郎。下文簡稱左相。戊午，韓琦卒。八月庚戌，韓絳罷。九月庚申，王安石兼修國史。立《武舉絕倫法》。十月庚寅，呂惠卿罷知陳州。乙未，彗出軫。己亥，詔以災異數見，求直言。壬寅，罷《手實法》。十一月，交阯陷欽州、廉州。壬午，立陝西《蕃丁法》。十二月，壬寅，元絳參知政事。據《宋史》卷十五。

太中公以年及七十，乞致仕。家貧口衆，仰祿以生；據禮引年，略不以生事爲慮：人皆服公勇決。後來兩經南郊恩，以子敘遷中散大夫中大夫。據《先公太中家傳》。明道以祿養親，族大食衆，菽粟僅足，而老幼各盡其歡。中外孤幼窮無託者皆收養之。撫育誨養。期於成人。嫁女娶婦，皆先孤遺而後及己子。食無重肉，衣無兼副。女長過期，至無貲以遣。據劉立之敘述。

皇帝猶念明道，會修《三經義》，嘗語執政當是王安石曰：“程顥可用。”執政不對。又嘗有登對者，自洛至，帝問曰：“程顥在彼否？”連稱“佳士”。據《明道行狀》。十月，明道應詔論朝政極切，還朝。執政屢進擬，皇帝皆不許，既而手批與府界知縣，差知扶溝縣事。明道詣執政復求監局，執政諭以上意，不可改。據《明道行狀》。

四月甲申，叔父璠字仲韞，太中公仲弟，官至通判隰州。事詳《明道文集·程郎中墓誌》。卒於河南。

十月，先生代呂公著應詔上書皇帝。略云：

“伏覩今月十三日詔勑：以彗出東方，許中外臣僚直言朝廷闕失。……臣伏觀前史所載，彗之爲變多矣，鮮有無其應者，蓋上天之意，非徒然也。今陛下既有警畏之言，當思消弭之道。且以今日之變，孰從而來？《書》曰：‘天視自我民視，天聽自我民聽’，豈非政之所致歟？如曰：非政之由，則經爲誣矣。臣復何言？詔之所求，亦爲虛設。若以爲政，之所致則改而順天，在陛下而已。晏子所謂‘可祝而來，亦可禳而去’也。《傳》曰：‘天之有彗。以除穢也。’又曰：‘所以除舊布新。’臣願陛下祗若天戒，思當除者何事，而當新者何道。如曰：舊政既善，無所可除，則天爲誣矣。臣復何言？若以爲當求自新，則在陛下思之而已。自非大無道之世，何嘗不遇災而懼？然而能自新者蓋寡，大率蔽於所欲，惑於所任，明不足以自辨也。視是而爲非，以邪而爲正，敗亡至而不寤，天亦不能戒也。豈其惡存而好亡，憎治而喜亂哉？亦惑而不能辨爾。臣以爲辨之非艱，顧不得其道也。誠能省己之存心，考己之任人，察己之爲政，思己之自處，然後質之人言，何惑之不可辨哉？能辨其惑，則知所以應天自新之道矣。臣請爲陛下辨之。”

“所謂省己之存心者：人君因億兆以爲尊，其撫之治之之道，當盡其至誠惻怛之心，視之如傷，動敢不慎，兢兢然惟懼一政之不順於天，一事之不合於理，如此，王者之公心也。若乃恃所據之勢，肆求欲之心，以嚴法令，舉條綱爲可喜，以富國家，強兵甲爲自得，銳於作爲，快於自任，貪惑至於如此，迷錯豈能自知？若是者，以天下徇其私欲者也。勤身勞力，適足以致負（一作貪）敗；夙興夜寐，適足以招後悔；以是而致善治者，未之聞也。願陛下內省於心，有近於是者乎？苟有之，則天之所戒也，當改而自新者也。”

“所謂考己之任人者：夫王者之取人，以天下之公，而不以己；求其見正，而不求其從欲；逆心者，求諸道；巽志者，察其非；尚孜孜焉懼或失也，此王者任人之公也。若乃喜同而惡異，偏信而害明，謂彼所言者，吾之所大欲也，悅而望之，信而惑之，至於甚惡而不察，恣欺而不悟。推是而往，鹿可以爲馬矣。願陛下考己之任人，有近於是者乎？苟有之，則天之所戒也，當改而自新者也。方陛下思治之初，未有所偏主；好惡取舍，一以公議；天下謂之賢，陛下從而賢之者衆矣，進之於朝者有矣。及乎旣有爲也，皆以不合而去之，更用後來之人，皆昔未嘗以爲賢者也，然後議論無違，始之所賢者皆愚，始之未嘗賢者皆賢，此爲天下之公乎？己意之私乎？自論議無違之後，逆耳怫心之言，亦罕聞矣。夫以居至尊之位，負出世之資，而不聞怫逆之言，可懼之大者也。知人之難，雖至明不能無失。然至於朝合則爲不世之賢，暮隙則有（一作爲）無窮之罪，顛錯亦已甚矣。在任人之道，當改亦明矣。”

“所謂察己之爲政者：爲政之道，以順民心爲本，以厚民生爲本，以安而不擾爲本。陛下以今日之事，方於卽位之初，民心爲歡悅乎？爲愁怨乎？民生爲阜足乎？爲窮蹙乎？政事爲安之乎？爲擾之乎？億兆之口，非不能言也，顧恐察之不審爾。苟有不察，則天之所戒也，當改而自新者也。”

“所謂思己之自處者：聖人謂‘亡者保其存者也，亂者有其治者也’，陛下必不必斯言爲妄。自古以來，何嘗有以危亡爲憂而至危亡者乎？惟其自謂治安而危亡卒至者則多矣。不識陛下平日自處，以天下爲如何？聖心所自知也。苟有憂危恐懼之心，常慮所任者非其人。所由者非其道，唯恐不聞天下之言，如此則聖王保天下之心也，上帝其鑒之矣。或以爲已安且治，所任者當矣，所爲者至矣，天下之言不足恤矣，如此則天之所戒也，當改而自新者也。”

“所謂質之人言者：當有其方，欲詢之於衆人乎？衆人之言，可使同也。欲訪之下民乎？下民之言，亦可爲也。察之以一人之心，而蔽之以衆人之智，其可勝乎？是不足以辨惑，而足以固其蔽爾。臣以爲在外一二老臣，事先朝數十年，久當大任，天下共知其非欺妄人也，知其非覆敗邦家者也，臣願陛下禮而問之，宜可信也。及天下所謂賢人君子，陛下聞之於有爲之前，而不在今日利害之間者，亦可訪也。以是數者參考之，則所當改者何事，所當新者何道，固可見矣。”

“天下之人，一聞詔音，莫不鼓舞相慶，謂陛下必能上應天心，召迎和氣。臣以爲唯至誠可以動天，在陛下誠意而已。……” 見《程氏文集》卷五。《通鑑長續編》別載呂公著❶疏，與此篇不同，當是先屬先生代作，既而不用也。

## 宋神宗熙寧九年丙辰民前八三六年 西一〇七六年先生四十四歲

〔時事〕正月，交阯陷邕州、溪州。二月帝遣郭逵南征。五月丙寅，分兩浙爲東西兩路。十月丙午，王安石罷，判江寧府。以吳充監修國史。王珪爲集賢殿大學士，並同中書門下平章事。十二月，郭逵敗交阯於富良注，李乾德降。據《宋史》卷十五。

❶《通鑑長續編》應爲《續通鑒長編》。——編者註

吳充與安石連姻，而心不善安石所爲，欲有變革，乞召還司馬光、呂公著、韓維、蘇頌，又薦孫覺、李常及明道。據《續通鑑長編》。

張載弟戩字天祺卒。先生嘗言：“天祺自然有德氣，似個貴人氣象，只是卻有氣短處，規規太以事爲重，傷於周至，卻是氣局小。景庸薛昌朝，張載門人，嘗爲御史，論新法。則只是才敏。須是天祺與景庸相濟，乃爲得中也。《遺書》呂與叔《東見錄》。

## 宋神宗熙寧十年丁巳民前八三五年 西一〇七七年先生四十五歲

〔時事〕二月甲申，以宗旦同中書門下平章事。五月戊午，詔修《仁宗英宗史》。六月癸巳，王安石以使相爲集禧觀使。乙亥，郭逵以安南失律，貶官。據《宋史》卷十五。

春，呂公著起知河陽，河南尹賈昌衡率司馬光及明道等餞於福先寺上東院。席上公著與光各辨論出處不已，明道以詩解之。據《邵氏見聞錄》。贈公著詩曰：“曉日都門颭旆旌，晚風鐃吹入三城。知公再起爲蒼生，不是尋常刺史行。”贈光詩曰：“二龍閑臥洛波清，此日都門獨餞行，願得賢人均出處，始知深處在蒼生。”人或問二程以二公出處爲有優劣。二程先生曰：“正不如此。呂公，世臣也，不得不歸見上。司馬公，爭臣也，不得不退處。”據《呂氏童蒙訓》。

三月，張載應同知太常禮院召，過洛。先生與載書曰：“堯夫說《易》好，今夜試來聽他說看。”（一作“說先天之圖，甚有理，可試往之，聽他說看”。）據《朱子語類》。

〔備考〕惠棟《易漢學辨》，兩儀四象，“案：《朱子語類》言‘程子說《易》只云三畫上疊成六畫，八卦疊成六十四卦，與邵子說異。蓋康節不曾說與程子，程子亦不曾問之，故一向隨他所見去。’又云：‘《伊川易傳》有未盡處，當時康節傳得數甚佳，卻輕之不問。’又云：‘邵子所謂《易》，程子多理曾他不得。’棟謂邵子一分爲二，二分爲四，四分爲八之説，漢唐言《易》者不聞有此。程子非不能理會《邵易》，但以之解《周易》，恐其說之未必然也”。

五月，明道以知河南府賈昌衡，西京北路轉運副使李南公等奏薦“博通古今，行誼修潔，改官八年，未嘗磨勘”；得改官太常丞。據《續通鑑長編》。

七月，邵雍病且革，先生往視之。因警之曰：“堯夫平日所學，今日無事否？”雍氣微不能答。次日見之，卻有聲如絲髮大，答曰：“你道生薑樹上生，我亦只得依你說。”是時諸友皆在廳上議後事，各欲遷葬城中。雍在房間便聞得，令人喚伯溫來云：“不得遷葬。”已自爲塋。衆議始定。諸友恐喧聲擾之，盡出外說話，但雍皆聞得，人皆以爲怪。先生則謂：“此只是心虛而明，故聽得。”據《遺書》劉元承編。先生又謂雍曰：“從此與先生永訣矣，更有可以見告者乎？”雍聲氣已微，舉張兩手以示之。先生曰：“何謂也？”曰：“前面路徑須常令寬。路徑窄，則自無著身處，況能使人行也？”據《易》學辨惑。

七月癸丑，邵雍卒於洛。其子伯溫、仲良以墓誌屬明道，明道許之，太中公及先生皆不欲，因步月於庭，明道曰：“顥已得之矣：堯夫之學，可謂安且成。”太中公乃許之。據《外書》時紫芝集。

邵雍係先生摯友，其學說自成一派，茲記其生平於下：雍字堯夫，其先范陽人。據《宋史》卷四二七。

大王父令進始家衡漳，祖德新，父古，皆隱德不仕。雍幼從父徙共城。《明道文集》卷四《邵堯夫墓誌銘》。年三十，游河南，葬其親伊水上，遂爲河南人。《宋史》卷二十七。

少時自雄其才，慷慨欲樹功名，於書無所不讀。始爲學，卽堅苦刻厲，寒不爐，暑不扇，夜不就席者數年。已而歎曰：“昔人尚友於古，而吾獨未及四方。”於是踰河汾，涉淮漢，周流齊魯宋鄭之墟。久之，幡然來歸，曰：“道在是矣！”遂不復出。《宋史》。

北海李之才字挺之攝共城令，聞雍好學，嘗造其廬，謂曰：“子亦聞物理性命之學乎？”雍對曰：“幸受教！”乃事之才，受《河圖》、《洛書》宓羲八卦六十四卦圖像。之才之傳，遠有端緒。而雍探賾索隱，妙悟神契，洞徹蘊奥，汪洋浩博，多其所自得者。乃其學益老，德益邵，玩心高明，以觀夫天地之運化，陰陽之消長，遠而古今世變，微而走飛草木之性情，深造曲暢，庶幾所謂不惑，而非依倣象類，億則屢中者。遂衍宓羲先天之旨，著書十餘萬言，曰《皇極經世》,《觀物內外篇》,《漁樵問對》。凡十餘萬言；又有詩二千篇，曰伊川擊壤集；皆行於世。《宋史》。

在洛幾三十年。始至，蓬蓽環堵，不蔽風雨，躬爨以養其父母，居之裕如。墓誌銘。及執親喪，哀毁盡禮。富弼司馬光呂公箸等退居洛中，雅敬雍，恆相從游，爲市園宅。雍歲時耕稼，僅給衣食。名其居曰安樂窩，因自號安樂先生。旦則焚香燕坐；晡時酌酒三四甌，微醺卽止，常不及醉也。興至，輒哦詩自詠。病畏寒暑，常以墓誌銘春秋時出遊城中，風雨常不出，出則乘小車，一人挽之，惟意所適，士大夫家識其車音，爭相迎候，童孺廝隸皆驩相謂曰：“吾家先生至也。”不復稱其姓字。或留信宿乃去。好事者別作屋，如雍所居，以候其至，名曰行窩。司馬光兄事雍，而二人純德尤鄉里所慕嚮，父子兄弟每相飭曰：“毋爲不善，恐司馬端明邵先生知。”士之道洛者，有不往公府而必往雍之廬。雍德氣粹然，望之知其賢。然不事表襮，不設防畛。正而不諒，通而不汙，墓誌銘。羣居燕笑，終日不爲甚異。與人言，必依於孝弟忠信，墓誌銘。樂道其善而隱其惡。有就問學則答之，未嘗強以語人。而就問者日衆。鄉里化之，遠近尊之。墓誌銘。人無貴賤少長，一接以誠。故賢者悦其德，不賢者服其化。一時洛中人才特盛，而忠厚之風聞天下。《宋史》。

嘉祐詔求遺逸，留守王拱辰以雍應詔，授將作監主簿，復舉逸士，補穎州團練官，皆固辭，乃受命，竟稱疾，不之官。《宋史》。

雍高明英邁，迥出千古，而坦夷渾厚，不見圭角，是以清而不激，和而不流。人與交久，益尊信之。知慮絕人，遇事能前知。當時學者因雍超詣之識，務高雍所爲，至謂雍有玩世之意。又因雍之前知，謂雍於凡物聲氣之所感觸，輒以其動而推其變焉。於是摭世事之已然者，皆以雍言先之。雍蓋未必然也。《宋史》。

明道論其學曰："先生淳一不雜，汪洋浩大，乃其所自得者多矣。然而名其學者，豈所謂門戶之衆，各有所因而入者歟？語成德者，昔難其居。若先生之道，就所至而論之，可謂安且成矣。"墓誌銘。

明道嘗云："堯夫數欲傳與顥兄弟，顥兄弟那得工夫？要學須是二十年工夫。"但明道聞其説甚熟，一日，因監試無事，以其説推算之，皆合。出謂堯夫曰："堯夫之數，只是加一倍法。以此知太玄都不濟事！"堯夫驚撫其背曰："大哥！你恁地聰明？"他日，伊川先生問明道加倍之數，則曰："都忘之矣。"據《伊洛淵源錄》

先生論堯夫對上之詞，言陛下富國強兵後，待做甚，以爲非是。此言安足諭人主？如《周禮》豈不是富國之術存焉？據《遺書》蘇季明記洛陽議論。

張載於三月應詔入京，過洛，先生有簡召載來聽邵雍説《易》。見《朱子語類》。載至京師，七月乙卯，兼知太常禮院，議禮不合，據《續通鑑長編》。不久移病罷太常禮院，歸關中，過洛而見先生，先生曰："比太常禮院所議，可得聞乎？"載曰："大事皆爲禮房檢正所奪，所議惟小事爾。"先生曰："小事謂何？"載曰："如定謚及龍女衣冠"。先生曰："龍女衣冠如何？"載曰："當依夫人品秩。蓋龍女本封善濟夫人。”先生曰：“頤則不能。旣曰龍，則不當被人衣冠。矧大河之塞，本上天降祐，宗廟之靈，朝廷之德，而吏士之勞也。龍何功之有？又聞龍有五十三廟，皆曰三娘子。一龍耶？五十三龍耶？一龍則不當有五十三廟，五十三廟不當盡爲三娘子也。”載默然。據《遺書·張思叔錄》。

載謂昔嘗謂伯淳即明道優於正叔，即先生。今見之，果然。其救世之志甚誠切，亦於今日天下之事儘記得熟。據《遺書》蘇季明錄洛陽議論。

載嘗於學堂雙牖，右書《訂頑》，左書《砭愚》。先生曰：“是起爭端”，改之曰《東銘》，《西銘》。見《外書》時紫芝集。明道嘗曰：“《訂頑》之言，極純無雜，秦漢以來學者所未到”。又曰：“《訂頑》一篇，意極完備，乃仁之體也。學者其體此意，令有諸己。其地位已高，到此地位，自別有見處，不可窮高極遠，恐於道無補也。”見《遺書》呂與叔《東見錄》。又曰：“《西銘》顥得此意，只是須得他子厚有如此筆力，他人無緣做得。孟子以後未有人及此。得此文字，省多少言語。要之，仁孝之理，備於此。須臾而不於此，則便不仁不孝也。孟子而後，只有《原道》一篇，其間固多病，然大要儘近理。若《西銘》，則是原道之宗祖也。”又曰：“訂頑立心，便達得天德。”見》遺書?卷五。

明道言井田：“今取民田，使貧富均，則願者衆，不願者寡。”先生言：“亦未可言民情怨怒，止論可不可爾。須使上下都無怨怒，方可行。議法旣大備，卻在所以行之之道。”載言：“豈敢？載近欲成書，庶有取之者。”先生言：“不行於當時，行於後世一也。”見《遺書》蘇季明記洛陽議論。

先生嘗言：“頤接人治經論道者亦甚多，肯言及治體者，誠未有如子厚。”同上。

載言：“關中學者用禮漸成俗。”先生言：“自是關中人剛勁敢爲。”載言：“亦是自家規矩太寬。”《遺書》蘇季明記洛陽議論。

載言：“十詩之作，止是欲驗天心於語默間耳。”先生謂：“若有他言語，又烏得已也。”載言：“十篇次序固自有先後。”同上。

先生言：“洛俗恐難化於秦人。”載言：“秦俗之化，亦先自和叔呂大鈞有力焉，亦是士人敦厚，東方亦恐難肯向風。”同上。

載言：“今日之往來，俱無益，不如閒君與學者講論，資養後生，卻成得事。”先生言：“何必然，義當來則來，當往則往爾。”同上。

十二月乙亥，張載病卒於臨潼館舍。呂大臨《横渠先生行狀》。

呂大臨作横渠行狀有“見二程，盡棄其學”之語，其後，尹焞言之，先生曰：“表叔平生議論，謂頤兄弟有同處則可。若謂學於頤兄弟，則無是事。頃年屬與叔刪去，不謂尚存斯言，幾於無忌憚。。見《外書》時紫芝集。

張載字子厚，先世大梁人，僑寓於鳳翔郿縣横渠鎮之南大振谷口。嘉祐二年登進士第。始仕祁州司法參軍，遷丹州雲巖縣令，又遷著作佐郎，簽書渭州軍事判官公事。熙寧二年冬以呂公著薦，被召入對，除崇文院校書。明年，移疾。十年春，復召還館，同知太常禮院。冬謁告西歸，病卒旅次。年五十八。載少與邠人焦寅游，喜談兵，上書謁范仲淹，仲淹責之曰：“儒者自有名教，何事於兵。”因勸讀《中庸》。載遵其言，猶未以爲足，又訪諸釋老之書，盡究其說無所得，反而求之《六經》。嘉祐初，見二程先生於京師，共語道學之要，乃涣然自信曰：“吾道自足，何事旁求？”乃盡棄異學，淳如也！一本作“盡棄其學而學焉”。間起從仕。載氣質剛毅，德盛貌嚴。隱居横渠時，志道精思未嘗須臾忘息。熙寧九年秋，集歷年致思之所得，謂之《正蒙》。其教人以禮爲先，大要欲得正容謹節，使學者先有所據守。其意謂世人汗漫無守，便當以禮爲地，使其在上面用功。然其門人卻下梢頭，溺於刑名度數之間，困無所見，更乏滋味，遂生厭倦。故其初雖風動關中，然卒無傳之者。據《伊洛淵源錄》引呂大臨《橫渠行狀》，又《遺書》。

先生謂明道曰：“吾兄弟近日說話太多。”明道曰：“使見呂晦叔，公著。則不得不少。見司馬君實，光。則不得不多。”見《外書》晁氏客語。

## 宋神宗元豐元年戊午民前八三四年 西一〇七八年先生四十六歲

〔時事〕正月乙卯，皇帝以王安石爲尚書左僕射，舒國公，集禧觀使。閏月辛巳，以翰林侍讀學士呂公著兼端明殿學士。己亥，曾公亮卒。四月庚申，詔除九經外，餘書不得出界。八月戊午，以翰絳爲建雄軍節度使。九月乙酉，以呂公著薛向並同知樞密院事。據《宋史》卷十五。

明道奉命知扶溝縣。治績見《明道行狀》。先生侍大中公同往扶溝，居數月而還。據《明道行狀》，《扶溝縣志》，《黃涪翁集》。先生兄弟方以倡明道學爲己任，設庠序，聚邑人子弟教之。召游酢字定夫來職學事，酢欣然往從之，得其微言，於是盡棄其學而學焉。據楊時《龜山集》。

謝良佐，字顯道。習舉業，已知名，往扶溝，見明道及先生，受學，志甚篤。據尹和靖語。明道語人曰：“此秀才展拓得開，將來可望。”每進語相契，明道必曰：“更須勉力！”據《外書》《上蔡語錄》。一日謂之曰：“汝輩在此相從，只知學顥言語，故其學心口不相應，盍若行之？”良佐問如何行？明道曰：“且靜坐！”尹和靖語。良佐初以記聞爲學，自負該博，對明道舉史書，成篇不遺一字。明道曰：“賢卻記得許多？可謂玩物喪志！”良佐聞此語，汗流浹背，面發赤。及看明道讀史，又卻逐行看過，不遺一字。良佐甚不服。後來省悟，卻將此事做話頭，接引博學之士。據《胡氏傳家錄》。

良佐後來追憶明道教語，茲摘錄數條於後：

“昔先生教誨，只管著他言語。先生曰：‘與賢説話，卻似扶醉漢，救得一邊，倒了一邊，只怕人執著一邊。’”

“學者先學文，鮮有能至道。至如博觀泛覽，亦自爲害。先生教余嘗曰：‘賢讀書慎不要尋行數墨。’”

“吾嘗習忘以養生。先生曰：‘施之養生則可，於道則有害。習忘可以養生者，以其不留情也。學道則異於是。“必有事焉而勿正”，何謂乎？且出入起居，寧無事者？正心待之，則先事而迎。忘則涉乎去念，助則近於留情。故聖人心如鑑。孟子所以異於釋氏，此也。’”

“先生教人，以忠信爲先。”

“先生終日坐，如泥塑人。然接人渾是一團和氣。所謂：‘望之儼然，卽之也溫。’”

“或問先生：‘如何斯可謂之恕？’先生曰：‘充擴得去，則爲恕。’‘心如何是充擴得去底氣象？’曰：‘天地變化，草木蕃。’‘充擴不去時如何’？曰：‘天地閉，賢人隱。’”以上見《上蔡語錄》。

“吾從洛中學時，錄古人善行，別作一冊。先生見之云：‘是玩物喪志。’”據《遺書》註鄭轂語。《遺書》卷三所錄，此不錄。

良佐又記憶先生語，摘錄於此：

“孟子言性，當隨文看。不以告子‘生之謂性’爲不然者，此亦性也。彼命受生之後謂之性耳，故不同。繼之以‘犬之性猶牛之性，牛之性猶人之性歟’？然不害爲一。若乃孟子之言善者，乃極本窮源之性。”

“性不可以內外言。”

“禪家之言性，猶太陽之下置器，其間方圓小大不同，特欲傾此於彼耳。然在太陽幾時動。又其學善遁，若人語以此理，必曰：'我無修無證。'"

"先生少時，多與禪客語，欲觀其所學淺深。後來更不問。蓋察言不如觀貌，言猶可以所開強勉，至於貌則不可强。"

"入道莫如敬，未有能致知而在敬者。今人主心不定，視心如寇賊，而不可制，不是事累心，乃是心累事。當知天下无一物，是合少得者，不可惡也。"

"仁道難名，惟公近之，非以公便爲仁。"

"'感而遂通天下之故'，以其寂然不動，小則事物之至，大則無時而不感。"

"大抵人有身，便有自私之理，宜其與道難一。"

"須是識在所行之先，譬如行路，須得光照。"見《遺書》卷三，但非此年所說。

但先生未到扶溝以前，因事至京師，一見游酢，謂其資可與適道。故召往扶溝。據《楊龜山集》。後酢記錄二先生教語，頗重要，摘錄先生語數條於後：

"論性不論氣，不備；論氣不論性，不明。二之則不是。"

"無妄之謂誠。不欺，其次矣。"

"語學者以所見未到之理，不惟所聞不深徹，反將理低看了。"見《遺書》卷六，疑是游酢所錄，但未必是年所說。

或謂佛之理比孔子爲徑。先生曰："天下果有經理，則仲尼豈欲使學者迂遠而難至乎？故外仲尼之道而由徑，則是冒險阻，犯荊棘而已！"

先生不好佛語，或曰："佛之道是也，其迹非也。"曰："所謂迹者，果不出於道乎？然吾所攻者其迹耳，其道則吾不知也。使其道不合於先王，固不願學也。如其合於先王，則求之六經足矣，奚必佛？”

“君子之遇事，無巨細，一於敬而已。簡細故以自祟，非敬也。飾私智以爲奇，非敬也。要之，無敢慢而已！語曰：‘居處恭，執事敬，雖之夷狄，不可棄也’。然則執事敬者，固爲仁之端也。推是心而成之，則篤恭而天下平矣。”

“道之外無物，物之外無道，是天地之間，無適而非道也。卽父子而父子在所親，卽君臣而君臣在所嚴。以至爲夫婦，爲長幼，爲朋友，無所爲而非道。此道所以不可須臾離也。然則毀人倫，去四大者，其分於道也遠矣。故君子之於天下也，無適也，無莫也，義之與比。若有適有莫，則於道爲與有間，非天地之全也。彼釋氏之學，於‘敬以直內’則有之矣。‘義以方外’，則未之有也。故滯固者入於枯槁，疏通者歸於肆恣，此佛之教所以爲隘也。吾道則不然，率性而已。斯理也，聖人於《易》備言之。”

“窮經將以致用也。如‘誦詩三百，授之以政，不達，使於四方，不能專對，雖多，亦奚以爲’？今世之號爲窮經者，果能達於政事專對之間乎？則其所謂窮經者，章句之末耳，此學者之大患也。”以上見《遺書》卷四，當是先生所說。

## 宋神宗元豐二年己未民前八三三年 西一〇七九年先生四十七歲

正月戊戌，先生跋少年所作《養魚記》。見《文集》卷八。

三月上巳，知河南府陳公廙首修禊事，所會皆儒學之士，賦詩屬和，先生不能詩，作《禊飲詩序》。見《文集》卷八。陳公廙是尹焞舅氏。

〔時事〕四月己未，陳升之卒。五月甲申，元絳罷，知亳州。戊子，以御史中丞蔡確參知政事。八月甲寅，詔增太學生名額二千三百人。十月乙卯，太皇太后卒。據《宋史》卷十五。

先生上書富弼，請弼上疏皇帝，請“奉太皇太后合祔昭陵”。此因英宗葬仁宗於昭陵時，“以巨木架石爲之屋，計不百年，必當損墜壙中。又爲鐵罩，重且萬斤；以木爲骨，大止數寸；不過二三十年，決須摧毀。梓宮之厚，度不盈尺；異日以億萬鈞之石，自高而墜，其將奈何”；故欲因合葬之便，“因得徹去鐵罩，用厚陵石藏之制，仍更別加裁處，使異日雖木壞石墜，不能爲害，救仁皇必至之禍”。富弼前此未嘗見先生，既得先生書，立卽延見，留賜酒食，並請先生代撰奏疏，準備上奏。先生辭謝再三，不得，乃代撰疏。而富弼躊躇數日，遂生顧慮，竟未上疏皇帝。此因英宗乃仁宗之繼嗣，神宗則英宗之嫡子；英宗既草葬仁宗，富弼自然不敢逆神宗之意。但弼事仁宗“三十餘年，位至宰相”，竟“不能極言”；無怪先生斥爲“忠孝罪人”矣。見《程氏文集》卷五《代富弼上神宗皇帝論永昭陵疏》，卷九《上富鄭公書》，《答富公小簡》。

富弼嘗語先生曰：“先生最天下閑人。”先生曰：“頤做不得天下閑人，相公，將誰作天下最忙人？”弼曰：“先生試爲我言之。”先生曰：“禪伯是也”。弼曰：“禪伯行住坐臥，無不在道，何謂最忙？”先生曰：“相公所言乃忙也，今市井賈販人，至夜亦息。若禪伯之心，何時休息？”據《遺書》唐彥思錄。

呂大忠字進伯呂大臨字與叔呂大鈞字和叔兄弟是年入洛，見先生兄弟，此後記錄先生教語，曰《東見錄》茲摘錄數條於後：

先生曰：

“一人之心，卽天地之心；一物之理，卽萬物之理。一日之運，卽一歲之運。”

“志道懇切，固是誠意。若迫切不中理，則反爲不誠。蓋實理中自有緩急，不容如是之迫。觀天地之化，乃可知。”

“學者須敬守此心，不可急迫。當栽培深厚，涵泳於其間，然後可以自得。但急迫求之，只是私己，終不足以達道。”

“賢者惟知義而已，命在其中。中人以下，乃以命處義。如言求之有道，得之有命，是求無益於得。知命之不可求，故自處以不求。若賢者，則求之以道，得之以義，不必言命”。朱熹云：“程子言義不言命之說，有功於學者，亦前聖所未發之一端。”

“人之於患難，只有一個處置：盡人謀之後，卻須泰然處之。有人遇一事，則心心念念不肯捨。畢竟何益若不會處置了，放下便是。無義無命也。”

“橫渠教人，本只是謂世學膠固，故說一個清虛一大。只圖得人稍損得沒去就道理來。然而人又更別處走。今日且只道敬。”

“與叔所問，今日宜不在有疑。今尚差池者，蓋爲昔亦有雜學故。今日疑所進有相似處，則遂疑養氣爲有助。便休信此說。蓋爲前日思慮紛擾。今要虛靜，故以爲有助。其極欲得如槁木死灰，又卻不是。蓋人活物也，又安得爲槁木死灰？既活則須有動作，須有思慮。必欲以槁木死灰，除是死也。忠信所以進德者，何也？閑邪則誠自存。誠存，斯爲忠信也。如何是閑邪？非禮而勿視，聽，言，動，邪斯閑矣。以此言之，又幾時要身如枯木，心如死灰？又如絕四後，畢竟如何？又幾時須如枯木死灰？敬以直內，則須君則是君，臣則是臣，凡事如此大小，大直截也。”

“巽之凡相見，須窒礙。蓋有先定之意。和叔據理卻合滯礙，而不然者，只是他至誠，便相信，心直篤信。”考《宋史》：范育字巽之。呂大鈞，字和叔。皆張載門人也。

“微仲之學雜。其愷悌嚴重寬大處多。惟心艱於取人，自以才高，故爾語近。學則不過入於禪談，不常議論。則以苟爲有詰難，亦不克易其言，不必信心，自以才高也。”考《宋史》：呂大防字微仲，大忠弟。元祐中爲相，封汲公。

“和叔常言：‘及相見則不復有疑，既相別則不能無疑’。然亦未知果能終不疑？”

“和叔任道擔當，其風力甚勁。然深潛縝密，有所不逮於與叔。”

“與叔以氣不足而養之，此猶只是自養，求無疾。如道家修養，亦何傷？若須要存想飛昇，此則不可。”

“《論語》爲書，傳道立言，深得聖人之學者矣。如《鄉黨》形容聖人，不知者豈能及是？”以上皆呂大臨《東見錄》所記，見《遺書》卷二上，但未必全是是年所說。

“與叔守橫渠學甚固，每橫渠無說處皆相從，纔有說了，更不肯回。”此條見《遺書》楊遵道錄。

是年明道仍任扶溝縣令。二月丁未，詔判武學。御史裹行李定何正臣上疏劾其學術迂闊，趨向僻異，且新法之法，首爲異論。甲寅，詔罷復舊任。呂公著上疏，指斥小人深梗正路之非，皇帝不聽。明道仍任故官。復以便親乞汝州監局。據《續通鑑長編》，《遺書》附錄劉立之敍述。不得。

呂大臨《東見錄》記明道語摘錄於後：

“學者須先識仁。仁者，渾然與物同體，義禮知信，皆仁也。識得此理，以誠敬存之而已，不須防檢，不須窮索。若心懈則有防，心苟不懶，何防之有？理有未得，故須窮索；存久自明，安得窮索？此道與物無對，大不足以名之，天地之用皆我之用。孟子言‘萬物皆備於我’，須反身而誠，乃爲大樂；若反身未誠，則猶是二物有對，以己合彼，終未有之，又安得樂？訂頑意思乃備言此體，以此意存之，更有何事？必有事焉，而勿正，心勿忘勿助長，未嘗致纖毫之力，此其存之之道。若存得便合有得。蓋良知能元不喪失，必昔日習心未除，卻須存養此心久，則可奪舊習。此理至約。惟患不能守，既能體之而樂亦不患不能守也。”

〔備考〕劉宗周曰：“此程子見道分明語也。朱子謂識仁篇乃地位高者之事，故《近思錄》遺之。然‘誠敬存之’四字，自是中道而立”。黄宗義曰：“與叔深淳近道，而以防檢窮索爲學。明道語之以識仁，且以不須防檢，不須窮索開之，默識心契，豁如也。朱子於程門最取與叔，以爲高於諸公，大段有筋骨。如天假之年，必理會得到”。

“醫書言手足痿痹爲不仁，此言最善名狀。仁者必天地萬物爲一體，莫非己也。認得爲己，何所不至？若不有諸己，自不與己相干，如手足不仁，氣已不貫，皆不屬己。故博施濟衆，乃聖人之功用。仁至難言，故止曰‘己欲立而立人，己欲達而達人’。‘能近取譬，可謂仁之方也已’。欲令如是觀仁，可以得仁之體。”

“學者識得仁體實有諸己，只要義理栽培，如求經義，皆栽培之意。”

“‘居處恭，執事敬，與人忠’，此是徹上徹下語，聖人元無二語。”

“學者不必遠求，近取諸身，只明人理，敬而已矣，便是約處《易》之乾卦言聖人之學，坤卦言賢人之學，惟言‘敬以直內，義以方外’，敬義立而德不孤至於聖人亦止如是，更無别途。穿鑿繫累，自非道理。故有道有理，天人一也，更不分别。浩然之氣，乃吾氣也，養而不害，則塞乎天地。一爲私心所蔽，則欿然而餒，卻甚小也。思無邪，無不敬，只此二句循而行之，安得有差？有差者，皆由不敬不正也。”

〔備考〕劉宗周曰：“此無欲學聖之旨。”李光地曰：“定性書廓然大公而戒夫自私之累，物來順應而惡夫用智之鑿，卽此章之息。然未直指用力之方，是故學者茫焉。此揭敬義爲言，無不敬則內直，思無邪則外方，斯二者傳心之要也。”

“今學者敬而不自得，又不安者，只是心生亦是太以敬來做事得重，此恭而無禮，則勞也。恭者私爲恭之恭也，禮者非禮之禮是自然底道理也。只恭而不爲自然底道理，故不自在也。須是恭而安。今容貌必端，言語必正者，非是道獨善其身，要人道如何，只是天理合如此。本無私意，只是箇循理而已。”

“今志於義理而心不安者樂者，何也？此則正是剩一箇助之長。雖是心操之則存，舍之則亡；然而持之太甚，便是必有事而正之也。亦須且恁去如此者，只是德孤，德不孤，必有隣，到德盛後，自無窒礙，左右逢其原也。”

“敬而無失，便是喜怒哀樂未發之謂中也。敬不可謂之中，但敬而無失，卽所以中也。”

“天下善惡皆天理，謂之惡者非本惡，但或過或不及便如此，如楊墨之類。”

“《大學》乃孔氏遺書，須從此學，則不差。”

“聖人用意深處，全在《繫辭》。《詩》《書》乃格言。”

“新政之改，亦是吾黨爭之太過，成就今日之事，塗炭天下，亦須兩分其罪可也。當時天下岌岌乎危哉！介甫王安石欲去數矣，其時介甫直以數事上前卜去就，若青苗之議不行，則決其去。某於上前與孫莘老覺同得上意，要了當此事。大抵上意不欲抑介甫，要得人擔當了；而介甫之意尚亦無必。顥嘗言：‘管仲猶能言，出令常如流水，以顺人心；今參政須要做不順人心事，何故’？介甫之意，只恐始爲人所沮，其後行不得。顥卻道：‘但做順人心事，人誰不願從也’？介甫道：‘此則感賢誠意’；卻爲天祺張載弟戩其日於中書大悖，緣是介甫大怒，以死力爭於上前，上爲之一以聽用，從此黨分矣。莘老受約束而不肯行，遂坐貶，而顥遂待罪。旣而除以京西提刑，顥復求對，遂見上，上言：‘有甚文字？’顥云：‘今咫尺天顔，尚不能少回天意，文字更復何用？’欲去而上問者數四，顥每以‘陛下不宜輕用兵’爲言，‘朝廷羣臣無能任陛下事者’。以今日之患觀之，猶是自家不善從容。至如青苗且放過又且何妨；顥常言：‘職苦不會使文字，大綱只是於上前說了，其他些小文字只是備禮而已。’大抵自仁祖朝優容諫臣，當言職者，必以詆訐而去爲賢，習以成風，惟恐人言不稱職，以去爲落便宜。昨來諸君，蓋未免此。苟如是，則是爲己，尚有私意在，卻不在朝廷不干事理。”

〔備考〕朱熹曰：“新法之行，諸公實共謀之，雖明道不以不是，蓋那時也是箇合變時節。但後來人情洶洶，明道始勸之以爲不可做逆人情底事。及王氏排衆議行之甚力，而諸公始退散。或問新法之行，雖塗人皆知其害，何故明道不以爲非？曰：自是王氏行得來有害，若使明道行之，必不恁的狼狽。又問若二程出來擔負，若復別否？曰：若如明道十事，須還他全別方得。只看他當時薦章，謂其志節慷概云云，則明道豈是循常蹈故，塊然自守的人？”

胡居仁曰：“明道才大德盛，入朝建言，三代之治，可運於掌。當時神宗甚欲有爲，亦甚聰明，安石人亦才高。故明道俱要格其心，已被明道感動，明道雖去，神宗猶眷眷懷之，安石亦感公盛意。被張天祺等攻激太過，遂不能從。故明道深惜此機會，以爲兩分其罪。”

“今日朝廷所以特惡忌顥者，以其可理會事，只是理會學，這裏動則於他輩有所不便也，故特惡之深。”

“以吾自處，猶是自家當初學未至，意未誠，其德尚薄，無以感動他天意。此自思則如此，然據今日許大氣燄，當時欲一二人動之，誠如河濱之人捧土以塞孟津，誠可笑也。據當時事勢，又至於今日，豈不是命？”

“介甫當初只是要行己志，恐天下有異同，故只去上心。上把得定，他人不能搖，以是拒絕言路，進用柔佞之人，使之奉行新法。今則是他已去，不知今日卻留下害事。”

“自古治亂相承亦常事，君子多而小人少則治，小人多而君子少則亂。然在古亦須朝廷之中，君子小人雜進；不似今日翦截得直是齊整，不惟不得進用，更直憔悴善類。略去近道，則須憔悴。舊日交遊只改節者便於世事差遂。此道理不知爲甚？正叔近病，人有言之曰：‘在他人則有追駁斥放，正叔無此等事，故只有病耳。’”

“介甫今日亦不必誅殺人，人靡然自從。蓋只消除盡在朝異己者，在古雖大惡在上，一面誅殺，亦斷不得人議論。今便都無異者。”亦見《遺書》卷二。

“熙寧初，王介甫行新法，並用君子小人。君子正直不合，介甫以爲俗學不通世務，斥去。小人苟容諂佞，介甫以爲有才知變通適，用之。君子如司馬君實，不拜樞密以去，范堯夫辭修注，張天祺以御史面折介甫被責。介甫性狠愎，衆人以爲不可，則執之愈堅。君子既去所用，小人爭爲刻薄，故害天下益深，使衆君子未與之敵，俟其勢久自緩，委曲平章，尚有聽從之理，則小人無隙可乘，其害不至如此之甚也。”據《邵氏聞見錄》。

是年六月，二先生舅氏侯可卒，明道誌銘其墓。見《文集》卷四《華陰侯先生墓誌銘》。

## 宋神宗元豐三年庚申 民前八三二年 西一〇八〇年 先年四十八歲

〔時事〕二月丙午，以翰林學士章惇參知政事。三月乙丑，吳充罷。六月丙午，詔中書詳定官制。九月乙亥正官名，以開府儀同三司易中書令，侍中同平章事特進易左右僕射。乙酉，以王安石爲特進，改封荊國公。丙戌，以文彥博爲太尉。丁亥，以呂公著爲樞密副使。閏九月乙卯，以富弼爲司徒。據《宋史》卷十六。

六月，明道改除奉議郎。旋罷扶溝任，寓潁昌。侍養太中公，無違志。閨門之內，雍肅如禮。家無儋石之儲，而愉愉也。見韓維所撰明道墓誌銘。

先生曾到京師，邢恕嘗見之。自此以後，不復相見。據《續通鑑長編》註。

先生西行至雍華閒，關西學者相從者六七人。先生以千錢掛馬鞍，比就舍，則亡矣。僕夫曰："非晨裝而亡之，則涉水而墜之矣。"先生不覺歎曰："千錢可惜。"坐中二人應聲曰："千錢失去甚可惜也。"次一人曰："千錢微物，何足爲意？"後一人曰："水中囊中，可以一視；人亡人得，又何歎乎？"先生曰："人得之，乃非亡也。吾歎夫有用之物，若沈水中，則不復爲用矣。"至雍，以語呂大臨曰："人之器識固不同，自上聖至於下愚，不知有幾等。同行者數人耳，其不同如此也。"大臨曰："夫數子者之言如何？"先生曰："最後者善。"大臨曰："誠善矣。然觀先生之言，則見其有體而無用也。"先生因書而志之，曰《遺金閑志》，一作《雍行錄》。見《文集》卷八。

先生之盩厔時，趙瞻持喪家居，杜門謝客，使侯鷺語先生以釋氏之學。先生曰："禍莫大於無類。釋氏使人無類，可乎？"鷺以告瞻，瞻曰："天下知道者少，不知道者衆，自相生養，何患乎無類也？若天下盡爲君子，則君子將誰使？"鷺以告，先生曰："豈不欲人人盡爲君子哉？病不能耳，非利其爲使也。若然，則人類之存，不賴於聖賢而賴於下愚也。"瞻聞之，笑曰："先生未知佛道宏大耳。"先生曰："佛氏之道誠宏大！吾聞傳者以佛逃父入山，終能成佛。若儒者之道，則當逃父時已誅之矣，豈能俟其成佛也？”《遺書·張思叔錄》。

關中學者記先生入關語錄，摘取數條於此：

“致知則有知，有知則能擇。”

“離了陰陽更无道，所以陰陽者是道也。陰陽氣也，氣是形而下者，道是形而上者，形而上者則是密也。”

“‘一陰一陽之謂道’，此理固深，說則无可說。所以陰陽者道，既曰氣，則便是二。言開闔已是感。既二則便有感。所以開闔者道，開闔便是陰陽。老氏言‘虛而生氣’，非也。陰陽開闔，本無先後，不可道今日有陰，明日有陽。如人有形影，蓋形影一時，不可言今日有形，明日有影，有便齊有。”

“沖漠無朕，萬象森然已具，未應不是先，已應不是後。如百尺之木，自根本至枝葉，皆是一貫，不可道上面一段事無形無兆，卻待人旋安排引入來，教入塗轍。既是塗轍，卻是一箇塗轍。”

“近取諸身，百理皆具。屈伸往來之義，只於鼻息之間見之。屈伸往來只是理，不必將既屈之氣復爲方伸之氣。生生之理，自然不息。如復卦言七日來復，其間元不斷續。陽已復生，物極必返。其理須如此。有生便有死，有始便有終。”

“古之學者，優柔厭飫，有先後次序。今之學者，卻只做一場話說，務高而已！杜元凱語：‘若江海之浸，膏澤之潤，渙然冰釋，怡然理順，然後如得也。今之學者往往以游夏爲小，不足學。然游夏一言一事，卻總是實。後之學者好高如人，游心於千里之外，然身卻只在此。”

“修養之所以引年，國祚之所以祈天永命，常人之至於聖賢，皆工夫到這裏，則有此應。”

“天地之間，只有一箇感與應而已，更有甚事？”《近思錄》作明道語，以入關語錄注有

“或云明道語”也。

“忠恕所以公平，造德則自忠恕，其致則公平。”

“仁之道，要之只消道一公字。公只是仁之理，不可將公便喚做仁。公而以人體之，故爲仁。只爲公，則物我兼照，故仁所必能恕，所以能愛。恕則仁之施，愛則仁之用也。”

“公則一，私則萬殊。人心不同如面，只是私心。”

“學者爲氣所勝，習所奪，只可責志。”

“人不能祛思慮，只是吝，吝故無浩然之氣。”

“學者不學聖人則已，欲學之，須熟玩味聖人之氣象，不可只於名上理會，如此只是講論文字。”

“涵養吾一。”

“閑邪則誠自存，不是外面提一箇誠，將來存著今人外面役役於不善，於不善中尋箇善來存著，如此則豈有入善之理？只是閑邪則誠自存。故孟子言性善皆由內出。只爲誠便存，閑邪更著甚工夫？但惟是動容貌，整思慮，則自然生敬敬只是主一也。主一則旣不之東，又不之西，如是則只是中。旣不之此，又不之彼，如是則只是內。存此則自然天理明。學者須是將敬以直內，涵養此意，直內是本。”朱熹曰：“先生所以有功於學者，最是敬之一字有力。”

“養心莫善於寡欲，不欲則不惑。所欲不必沈溺，只有所向便是欲。”

“閑邪則固一矣。然主一則不消言閑邪。有以一爲難見，不可下工夫，如何？一者，無他，只是整齊嚴整，則心便一，一則自是，無非僻之干。此意但涵養久，則天理自然明。”

“《中庸》之書，是孔門傳授，成於子思孟子。其書雖是雜記，更不分精粗，一衮說了。今之語道，多說高，便遺卻卑，說本便遺卻末。"

"凡物有本末，不可分本末爲兩段事。灑掃應對，是其然，必有所以然。"

"格物亦須積累涵養。"

"學者先務固在心志。然有謂欲屏去聞見知思，則是絕聖棄智。有欲屏去思慮，患其紛亂，則是須坐禪入定。如明鑑在此，萬物畢照，是鑑之常，難爲使之不照。人心不能不交感，萬物亦難爲使之不思慮。若欲免此，惟是心有主。如何爲主？敬而已矣。有主則虛，虛謂邪不能入。無主則實，實則物來奪之。大凡人心不可二用，用於一事，則他事更不能入者，事爲之主也。事爲之主，尚無思慮紛擾之患；若主於敬，又焉有此患乎？所謂敬者，主一之謂敬所謂一者，無適之謂一。且欲涵泳主一之義，一則無二三矣。至於不敢欺，不敢慢，尚不愧於屋漏，皆是敬之事也。"朱熹曰："有主於中，外邪不能人，使是虛。有主於中，義理甚實，便是實。有主則實，重在主字上。有主則虛，重在敬字上。言敬自虛靜，故邪不得而干之。"洛達按：朱熹此解略誤。

"做官奪人志。"

"與叔呂大臨季明蘇昞以知思聞見爲患，頤甚喜此論，邂逅卻正語及至要處。世之學者大敝正在此，若得他折難堅叩，方能終其說，直須要明辨。"

"釋氏之學，更不消對聖人之學比較，要之必不同，便可置之。今窮其說，未必能窮得他，比至窮得，自家已化而爲釋氏矣。"

呂大臨《東見錄》有先生論關中學者語：

"觀秦中氣豔衰，邊事所困，累歲不稔，昨來餽邊喪亡，今日事未可知，大有可憂者。以至士人相繼淪喪，爲足妝點關中者，則遂化去，吁！可怪也！凡言王氣者，實有此理。生一物須有此氣，不論美惡，須有許大氣豔，故生是人。至如闕里有許多氣豔，故此道之流，以至今日。昔横渠説出此道理，至此幾乎衰矣，只介甫一箇氣豔大小大。”

“關中學者，以今日觀之，師死而遂倍之，卻未見其人，只是更不復講。”見《遺書》卷二。

呂大忠老而好學，理會直是到底。先生謂：“老喜學者尤可愛。人少壯則自當勉，至於老矣，志力須倦，又慮學之不能及，又年數之不多，不曰‘朝聞道，夕死可矣’乎？學不多，年數之不足，不猶愈於終不聞乎？”《遺書》蘇季明錄。

二先生是年嘗侍太中公遊壽安山。見太中公家傳。

## 宋神宗元豐四年辛酉民前八三一年西一〇八一年先生四十九歲

〔時事〕三月癸卯，章惇罷，知蔡州。甲辰，張璪參知政事。七月己酉，詔曾鞏充史館修撰，專典史事。八月辛巳，司馬光、趙彦若上所修《百官公卿年表》、《宗室世表》。九月己亥，王珪上《國朝會要》。十月辛巳，曾鞏乞收采名臣高士事迹遺文，詔從之。自九月至十一月，宋軍連破夏軍，最後因無食而潰。據《宋史》卷十六。

四月，韓維持國知潁州。據《續通鑑長編》。與先生兄弟素善，欲屈致之，預戒諸子姪，使置一室，至於修治窗戶，皆使親爲之。《外書》祁寬記尹和靖語。二先生亦樂與之遊。周旋啟告，所以爲益良厚。韓維明道墓誌銘。一日，同遊西湖，維命諸子侍行，行次，有言貌不莊敬者，先生回視，厲聲叱之曰：“汝輩從長者行，敢笑語如此，韓氏孝謹之風衰矣。”維遂皆逐去之。《外書》祁寬記尹和靖語。一日，同泛舟於西湖，范純禮彝叟亦在座。有一官員上書，謁見大資；某將謂有甚急切公事，乃是求知己。先生曰：“大資居位，卻不求人，乃使人倒來求己，是甚道理？”純禮曰：“只爲正叔太執，求薦章，常事也。”先生曰：“不然，只爲曾有不求者，不與；來求者，與之；遂致人如此。”維甚服其言。先生謂：“韓持國服義最不可得。”《遺書》楊遵道錄。維嘗戲作詩曰：“閉門讀易程夫子，清坐焚香范使君。顧我未能忘世味，綠樽紅妓對西曛。”見《呂氏童蒙訓》。

先生嘗曰：“語錄只有李籲字端伯得其意，不拘言語，無錯編者。”籲所記有二先生與韓維問答語，因知是時已從遊於潁昌矣。茲摘錄明道語錄於下：

明道嘗語韓維曰：“如說妄說幻爲不好底性，則請別尋一箇好底性來換了。此不好底性，著道卽性也。若道外尋性，性外尋道，便不是聖賢論天德，蓋謂自家元是天然完全自足之物，若無所汚壞，卽當直面而行之。若小有汚壞，即敬以治之，使復如舊。所必能使如舊者，蓋謂自家木質原是完足之物，若合修治而修治之，是義也，若不消修治而不修治，亦是義也。故常簡易明白而易行。禪學者總是強生事。至如山河大地之說，是他山河大地，又干你何事？至如孔子道如日星之明，猶患門人未能盡曉，故曰：‘予欲無言。’如顏子則便默識，其他未免疑問，故曰：‘小人何述？’又曰：‘天何言哉？四時行焉，百物生焉’，可謂明白矣。若能於此言上看得破，便信，是會禪也。非是未盡得，蓋實是無去處說。此理本無二也。”見《遺書》李端伯所記師說。

明道嘗論克己復禮，韓維曰：“道上更有甚克？莫錯否？”曰“如公之言，只是說道也。克己復禮，乃所以爲道也，更無別處？克己復禮之爲道，亦何傷乎？公之所爲道也，如公之言，卽是一人自指其前一物曰：‘此道也，他本無可克者！’若知道與己未嘗相離，則若不克己復禮，何以體道？道在己，不是與己各爲一物，可跳身而入者也。克己復禮，非道而何？至如公言，克不是道，亦是道也，實未嘗離得故曰：‘可離非道也’，理甚分明。又曰：道無眞無假。曰：既無眞又無假，卻是都無物也。到底須是是者爲眞，不是，者爲假，便是道大小大分明。”同上李端伯師說。

王巖叟字彥霖問立德進德先後，明道曰：“此有二有立而後進，有進而至於立。立而後進，則是卓然定後有所進，立則是‘三十而立’，進則是‘吾見其進’也。有進而至於立，則進而至於立道處也，此進是‘可與適道’者也，立則‘可與立’者也。”同上。

巖叟問：“道者一心也。有曰‘仁者不憂’，有曰‘知者不惑’，有曰‘勇者不懼’何也？“明道曰：“此只是名其德爾，共理一也。得此道而不憂者，仁者之事也。因其不憂，故曰此仁也。知勇亦然。不成卻以不憂謂之知，不惑謂之仁也。凡名其德，千百皆然。但此三者，達道之大也。”同上。

明道曰：“忠信所以進德，終日乾乾，君子當終日對越在天也。蓋上天之載無聲無臭，其體則謂之易，其理則謂之道，其用則謂之神，其命於人則謂之性，率性則謂之道，修道則謂之教。孟子去其中，又發揮出浩然之氣，可謂盡矣。故說‘神如在其上，如在其左右大小’。大事而只曰‘誠之不可揜如此夫！’徹上徹下，不過如此。‘形而上爲道，形而下爲器’，須著如此說，器亦道，道亦器。但得道在不繫今與後，己與人。”同上。劉宗周曰：“此明道極力體貼出自家意思語。”

明道曰：“生之謂性，性卽氣，氣卽性，生之謂也。人生氣，稟理有善惡，然不是性中之有此兩物相對而生也。有自幼而善，有自幼而惡，是氣稟有然也。善固性也，然惡亦不可不謂之性也。蓋‘生之謂性’人生而靜，以上不容說，才說性時，便已不是性也。凡人說性，只是說‘繼之者善也’，孟子言‘人性善’是也。夫所謂‘繼之者善也’者，猶水流而就下也，皆水也，有流而至海，終無所汙，此何煩人力之爲？有流而未遠，固已漸濁；有出而甚遠，方有所濁；有濁之多者，有濁之少者；清濁雖不同，然不可以濁者不爲水也。如此則人不可以不加澄治之功，故用力敏勇則疾清，用力緩怠則遲清，及其清也，只是元初水也，亦不是將清來換卻濁，亦不是取出濁來，置在一隅也。水之清，則性善之謂也。故不是善與惡在性中爲兩物相對，各自出來。此理，天命也；順而循之，則道也；循此而修之，各得其分，則教也。自天命以至於教，我無加損焉。此舜有天下而不與焉者也。"同上。劉宗周曰："'生之謂性'，告子未嘗差。'惡亦是性，荀子未嘗差。'但先生只是認得箇人生而靜者耳。"

明道曰："'修辭立其誠'，不可不子細理會。言能修省言辭，便是要立誠。若只是修飾言辭爲心，只是爲偽也。若修其言辭，正爲立己之誠意，卻是體常自家'敬以直內，義以方外'之實事。道之浩浩，何處下手？惟立誠才有可居之處。有可居之處，則可以修業也。終日乾乾，大小大事，卻只是'忠信所以進德'爲實下手處，'修辭立其誠'爲實修業處。"同上。

明道曰："聖賢千言萬語，只是欲人將已放之心約之，使反復入身來，自能尋向上去，下學而上達也。"同上。劉宗周曰："識此意，方可言'勿助勿忘。'"

李籲問："每常遇事，卽能知操存之意，無事時如何有養得熟？"明道曰："古之人，耳之於樂，目之於禮，左右起居，槃盂几杖，有銘有戒，動息皆有所養。今皆廢此，獨有理義之養心耳。但存此涵養意久則自熟矣。敬以直內，是涵養意。"

呂大臨嘗言："患思慮多，不能驅除。"明道曰："此正如破屋中禦寇，東面一人來，未逐得，西面又一人至矣，左右前後，驅逐不暇，蓋其四面空疎，盜固易入，無緣作得主定。又如虛器入水，水自然入。若以一器實之以水，置之水中，水何能入來？蓋中有主則實，實則外患不能入，自然無事。"同上。

明道曰："義理與客氣常相勝，又看消長分數多少，爲君子小人之别。義理所得漸多，則自然知得客氣消散得漸少，消盡者是大賢。”同上。

明道曰：“憂子弟之輕俊者，只教以經學念書，不得令作文字，子弟凡百玩好皆奪志。至於書札，於儒者事最近。然一向好著，亦自喪志。如王虞顔柳輩，誠爲好人，則有之。曾見有善書者知道否？平生精力，一用於此，非惟徒廢時日，於道便有妨處，足知喪志也。”同上。

明道曰：“韓愈亦近世豪傑之士，如《原道》中言語，雖有病，然自孟子而後，能將許大見識尋求者，才見此人。至如斷曰：‘孟子醇乎醇’，又曰：‘荀與楊，擇焉而不精，語焉而不詳’，若不是他見得，豈千餘年後便能斷得如此分明。”同上。

李籲《師説》亦記先生語，摘録於後：

“凡人家法，須月爲一會，以合族。古人有花樹韋家宗會法，可取也。每有族人遠來，亦一爲之。吉凶嫁娶之類，更須相與爲禮，使骨肉之意常相通。骨肉日疎者，只爲不相見，情不相接耳。”

“世人多慎於擇壻而忽於擇婦，其實壻易見，婦難知，所繫甚重，豈可忽哉？”

有人勞先生曰：“先生謹於禮，四五十年，應甚勞苦？”先生曰：“吾日履安地，何勞何苦？他人日踐危地，此乃勞苦也。”

楊時字中立在京師得聞明道緒言，特至穎昌請見，因以師禮事焉。時二先生及門弟子多西北人，得時甚喜。明道每言：“楊君最會得容易。”及歸，送之出門，謂坐客曰：“吾道南矣。”《外書》龜山語録。先生則曰：“楊時於新學極精，今日一有所問，能盡知其短而持之。”《遺書·吕與叔東見録》。又曰：“游酢、楊時先知學禪，已知向裏沒安泊處，故來此，卻恐不變也。”同上。又曰：“新進游楊輩數人入太學，不惟議論須異，且動作亦必有異，故爲學中以異類待之，又皆學《春秋》，愈駭俗矣。”同上。又曰：“蔡州謝良佐雖時學中，因議州舉學試得失，便不復計較。建州游酢，非昔日之游酢也。固是穎然資質渾厚。南劍州楊時雖不逮酢，然煞穎悟。林大節雖差魯，然所問便能躬行。劉質夫久於其事，自小來便在此。李端伯相聚雖不久，未見他操履，然才識穎悟，自是不能已也。”同上。

## 宋神宗元豐五年壬戌民前八三〇年 西一〇八二年先生五十歲

〔時事〕四月癸酉，官制成。以王珪爲尚書左僕射兼門下侍郎，蔡確爲尚書右僕射，兼中書侍郎。甲戌，以章惇爲門下侍郎，張璪爲中書侍郎。蒲宗孟、王安禮爲尚書左右丞。丁丑，呂公著罷，知定州。五月辛巳，行官制。六月甲寅，王珪上《兩朝史》。戊午，詔修《兩朝寶訓》。七月辛卯，詔尚書考功員外郎蔡京編手詔。庚子，以蔡京爲起居郎，仍同詳定官制。丁未，帝在垂拱殿宴修史官。九月戊戌，夏兵陷永樂城。十月癸酉，貶知太原府呂惠卿知單州。據《宋史》卷十六。

是年二先生居洛。

先生居洛時，嘗上書文彥博求龍門山勝善上方舊址，“欲得葺幽居於其上，爲避暑著書之所”。見《文集》卷九。彥博以元豐三年復判河南，六年十一月以太師致杜。見《宋史》。此事當在此數年間，似未實現。

先生游嵩山，有詩曰：

“鞭羸百里遠來遊，巖谷陰雲暝不收，遮斷好山教不見，如何天意異人謀。”見《文集》卷八。

又有《謝王子真寄藥詩》曰：

“至誠通化藥通神，遠寄衰翁濟病身，我亦有丹君信否？用時還解壽斯民。”見《文集》卷八。

先生曰：“頤素不作詩，亦非是禁止不作，但不欲爲此閑言語，頤所以不嘗作詩。子眞所學，只是獨善，雖至誠潔行，然大抵只是爲長生久視之術，止濟一身，因有是句。”《遺書》劉元承編。

王筌字子眞來洛中，居於劉壽臣園亭中。一日，出謂園丁曰：“或人來尋，愼勿言我所向。”是日，富弼往訪，不遇而去。又一日，筌忽戒灑掃，又於向壽臣丐茶二杯，炷香以待。先生適以是日往訪，款語終日。事前未嘗通知。壽臣詰之，筌曰：“正叔欲來，信息甚大。”祁寬記尹和靖語。

嵩山前有隱者董五經，先生往訪焉，五經平日未嘗出菴，是日忽不值，先生還至中途，遇一老人負茶果以歸，且曰：“君非程先生乎？”先生異之，五經曰：“先生欲來，信息甚大，五經特入城置少茶果，將以奉待也。”先生以其誠意，復與之同至其舍，語甚款洽，亦無大過人者。但久不與物接，心靜而明耳。同上。名達按：此二事情不足信。凡祁寬所記先生事，殆無一可信者。

鮮于侁問曰：“顏子何以能不改其樂？”先生曰：“顏子所樂者何事？”侁曰：“樂道而已！”先生曰：“使顏子而樂道，不爲顏子矣。”侁未達，以告鄒浩，浩曰：“夫人所造如是之深，吾今日始識伊川面。”見《外書》卷七，是元豐間事。

鄒浩嘗曰：“浩昔在潁昌，有趙均國者，自洛中來，浩問曾見先生有何語？均國曰：“先生語學者曰：‘除卻神祠廟宇，人始知爲善。古人觀象作服，便是爲善之具。’”見《外書》卷七註，亦元豐間事。

先生《答朱長文書》：

“……中前奉書，以足下心虛氣損，奉勸勿多作詩文。而見答之辭，乃曰：‘爲學上能探古先之陳迹，綜羣言之是非，欲其心通而默識之，固未能也。’又曰：‘使後人見之，猶庶幾曰不忘乎善也。苟不如是，誠懼沒而無聞焉。此爲學之末，宜兄之見責也。使吾日聞夫子之道而忘乎此，豈不善哉？’此疑未得爲至當之言也。頤於朋友間，其問不切者，未嘗敢語也。以足下處疾，罕與人接，渴聞議論之益，故因此可論，而爲吾弟盡其說，庶幾有小補也。”

“向之云無多爲文與詩者，非止爲傷心氣也，直以不當輕作耳。聖賢之言，不得已也。蓋有是言則是理明，無是言則天下之理有闕焉。如彼耒耜陶冶之器，一不制，則生人之道有不足矣。聖人之言，雖欲已，得乎？然其包涵盡天下之理，亦甚約也。後之人始執卷則以文章爲先，平生所爲，動多於聖人。然有之無所補，無之靡所闕，乃無用之贅言也。不止贅而已！既不得其要，則離眞失正，反害於道，必矣。”

“詩之盛莫如唐，唐人善論文莫如韓愈，愈之所稱，獨高李杜，二子之詩，存者千篇，皆吾弟所見也，可考而知矣。苟足下所作，皆合於道，足以輔翼聖人，爲教於後，乃聖賢事業，何得爲學之末乎？

又言“欲使後人見其不忘乎善。人能爲合道之文者，知道者也。在知道者所以爲文之心，乃非區區懼其無聞於後，欲使後人見其不忘乎善而已！此乃世人之私心也。夫子‘疾沒世而名不稱焉’者，疾沒世無善可稱云爾，非謂疾無名也。名者，可以厲中人，君子所存，非所汲汲。”

又云：“上能探古先之陳迹，綜羣言之是非，欲其心通默識，固未能也。夫心通乎道，然後能辨是非，如持權衡以較輕重，孟子所謂知言是也。揆之以道則是非了然，不待精思而後見也。學者當以道爲本心。不通乎道而較古人之是非，猶不持權衡而酌輕重，竭其目力，勞其心智，雖使時中，亦古人所謂“億則屢中’，君子不貴也。……”見《文集》卷九。此文似係元豐間作，未能確定何年。

或問：“作文害道否？”先生曰：“害也。凡爲文不專意則不工，若專意則志局於此，又安能與天地同其大也。書云：‘玩物喪志’爲文亦玩物也。吕與叔有詩云：‘學如元凱方成癖，文似相如始類俳。獨立孔門無一事，只輸顔氏得心齋。’此詩甚好。古之學者，惟務養情性，其他則不學。今爲文者，專務章句，悦人耳目。既務悦人，非徘優而何？”曰：“古者學爲文否？”曰：“人見六經，便以謂聖人亦作文，不知聖人亦攄發胸中所藴，自成文耳，所謂‘有德者必有言’也。”曰：“游夏稱文學，何也？”曰：“游夏亦何嘗秉筆學爲詞章也？且如觀乎天文，以察時變；觀乎人文，以化成天下：此豈詞章之文也？”見《遺書》劉元承編，亦未知何年所講。

冬，劉絢字質夫見二先生於洛中，記明道語：

“萬物之生意最可觀，此元者善之長也，斯可謂仁也。”

“天地萬物之理，無獨必有對，皆自然而然。非有安排也。”

“中者天下之大本，天地之間，亭亭當當，直上直下之正理，出則不是，惟敬而無失最盡。”

“天地設位而易行乎其中，只是敬也。敬則無間斷。”

“毋不敬，可以對越上帝。”

“敬勝百邪。”

“敬以直內，義以方外，仁也。若以敬直內，則便不直矣。必有事焉而勿正，則直也。”

“顔子默識，曾子篤信，得聖人之道者，二人也。”

“‘喜怒哀樂之未發，謂之中，發而皆中節，謂之和，中也者，天下之大本也。和也者，天下之達道也。致中和，天地位焉，萬物育焉。’致與位字，非聖人不能言，子思蓋特傳之耳。”

“‘致知在格物’，格，至也。或以格爲止物，是二本矣。”

“學只要鞭辟近裏著己而已。故‘切問而近思’，則仁在其中矣。‘言忠信，行篤敬’，雖蠻貊之邦行矣。……”餘不盡錄。見《遺書》卷十一，十二。

## 宋神宗元豐六年癸亥民前八二九年 西一〇八三年先生五十一歲

〔時事〕四月壬申，蔡卞進講周禮。六月丙申，富弼卒。八月辛卯，王安禮爲尚書左丞，李清臣爲右丞。十二月甲寅，文彥博致任。乙卯，以韓絳爲建雄軍節度使。據《宋史》卷十六。

太中公與文彥博、席汝言、司馬康，皆年七十八，爲同甲會，各賦一詩。洛中圖畫，傳爲盛事。見《太中公家傳》，《墨客揮犀》。

八月，劉絢見明道於洛，見《遺書》卷十三。記明道語：

“楊墨之害，甚於申韓。佛老之害，甚於楊墨。楊氏爲我，疑於仁。墨氏兼愛，疑於義。申韓則淺陋易見，故孟子則闢楊墨，爲其惑世之甚也。佛老其言近理，又非楊墨之比，此所以害尤甚。楊墨之害，亦經孟子闢之，所以廓如也。”

“釋氏本怖死生，爲利豈是公道？唯務上達，而無下學，然則其上達處豈有是也？元不相連屬，但有間斷，非道也。孟子曰：‘盡其心者，知其性也。’彼所謂識心見性是也。若存心養性一段事，則無矣。彼固曰出家獨善，便於道體已非矣。或曰：‘釋氏地獄之類，皆是爲下根之人設此怖，令爲善。’曰：至誠貫天地，人尚有不化；豈有立僞教而人可化乎？”

明道以親老，求近鄉監局，得監汝州酒稅。見《明道行狀》。

九月，劉絢見明道於汝，記明道語：

“‘博學而篤志，切問而近思’，何以言‘仁在其中矣’？學者要思得之，了此便是徹上徹下之道。”

“佛氏不識陰陽晝夜死生古今，安得謂形而上者與聖人同乎？”

“子在川上，曰：‘逝者如斯夫！不舍晝夜！’自漢以來儒者皆不識此義，此見聖人之心純亦不已也，純亦不已，此乃天德也。有天德便可語王道，其要只在慎獨。”

先生隨明道到汝州。劉絢問先生曰：“盡心知性，佛亦有至此者。存心養性，佛本不至此。”先生曰：“盡心知性，不假存養，其惟聖人乎！”《外書》李參錄。

朱光庭字公掞見明道於汝，歸謂人曰：“光庭在春風中坐了一箇月。”《外書》侯子雅言。記明道語：

“性静者可以爲學。”

“學始於不欺闇室。”

“宏而不毅，則無規矩。毅而不宏，則隘陋。”

“知性善，以忠信爲本，此先立其大者。”《外書》朱公掞錄。

光庭亦記先生語：

“凡下學人事，便是上達天理。”

“忠者天下大公之道，恕所以行之也。忠，言其體天道也，恕，言其用人道也。”

“致知在所養，養知莫過於寡欲。”《外書》朱公掞錄。

先生曰：“汝之多癭，以地氣壅滯。嘗有人以器雜貯州中諸處水，例皆重濁，至有水脚如膠者，食之安得無癭。治之之術，於中開鑿數道渠，洩地之氣，然後少可也。”《外書》卷十。

## 宋神宗元豐七年甲子民前八二八年 西一〇八四年先生五十二歲

〔時事〕二月甲戌，文彥博入覲。七月甲寅，王安禮罷。十二月戊辰，端明殿學士司馬光上《資治通鑑》。以光爲資政殿學士，降詔獎諭。據《宋史》卷十六。

司馬光修《通鑑》時，先生嘗問修至何代，光曰："唐初也。"先生曰："太宗、肅宗端的如何？"光曰："皆簒也。"先生曰："此復何疑？"又問曰："魏徵如何？"光曰："管仲，孔子與之；光於魏徵亦然。"先生曰："管仲知非而反正，忍死以成功業，此聖人所取其反正也。魏徵只是事讎，何所取耶？"光不聽，竟如舊說。《外書》祁寬記尹和靖語。

先生嘗曰："曹彬攻金陵垂克，忽稱疾不視事，諸將皆來問疾，彬曰：'余之病非藥石所愈，惟須諸公共發誠心，自誓以克城之日，不妄殺一人。則自愈矣。'諸將許諾，共焚香爲誓。明日稍愈。及克金陵，城中皆安堵如故。曹翰克江州，忿其久不下，屠戮無遺。彬之子孫貴盛至今不絕，翰卒不三十年，子孫有乞匄於海上者矣。"見《涑水記聞》，未必是年。

先生嘗言："頤於《易傳》，今卻已自成書，但逐旋修改，期以七十，其書可出。韓退之稱聰明不及於前，道德日負於初心。然頤於易傳後來所改者無幾，不知如何，故且更期之以十年之功，看如何。春秋之書，待劉絢文字到，卻用功亦不多也。今人解詩，全無意思，此卻待出些文字。《中庸》書卻已成。今農夫祁寒暑雨，深耕易耨，播種五穀，吾得而食之。今百工技藝，作爲器用，吾得而用之。甲冑之士，披堅執銳，以守土宇，吾得而安之。卻如此閑過了日月，即是天地間一蠹也。功澤又不及民，別事又做不得。維有補緝聖人遺書，庶幾有補耳。"見《遺書》卷十七，但未必是年。

是年明道妻彭氏卒。見《明道行狀》。

謝良佐將歸應舉，先生曰："何不止試於太學？"良佐對曰：“蔡人尠習禮記，決科之利也。”先生曰：“汝之是心，已不可入於堯舜之道矣。夫子貢之高識，曷曾規規於貨利哉？特於豐約之閒，不能無情耳。且貧富有命，彼乃留情於其間，多見其不信道也。故聖人謂之不受命。有志於道者，要當去此心而後可語也。”良佐乃止。據《遺書》游定夫錄。但誤作在扶溝時。且誤云“是歲登第”。應依上蔡語錄及祁寬記尹和靖語，繫於元豐七年。

## 宋神宗元豐八年乙丑民前八二七年 西一〇八五年先生五十三歲

〔時事〕三月戊戌，皇帝病卒，年三十八。廟號神宗。太子煦卽帝位。年才十歲。尊皇太后爲太皇太后，權同處分軍國事。四月丁丑，召呂公著侍讀。五月丙申，詔百官言朝政闕失。司馬光過闕入見。庚戌，王珪卒。戊午，以蔡確爲左相，韓縝爲右相，章惇知樞密院，司馬光爲門下侍郎。七月戊戌，以呂公著爲尚書左丞，八月己巳，鎮江軍節度使韓絳進開府儀同三司。十月丙戌，罷方田。十二月壬戌，開經筵，講《魯論》，讀《三朝寶訓》。罷《太學保任同罪法》。乙亥，詔執政侍臣講讀。據《宋史》卷十七。

二月，明道之女持母喪過哀，得病將死，先生慰之曰：“汝喜聞道義，吾爲汝言之。”女恨曰：“何不素教我？今且昏矣！”丙寅，遂卒。先生誌銘其墓。祇著行第，不詳名字。見《文集》卷十三。

明道應檄至洛舉哀。留守韓絳之子宗師問今日朝廷之事如何？明道曰：“司馬君實，光呂晦叔公著作相矣。”宗師曰：“二公果作相，當如何？”明道曰：“當與元豐大臣同。若先分黨與，他日可憂。”曰：“何憂？”曰：“元豐大臣皆嗜利者，若使自變其已甚害民之法，則善矣。不然，衣冠之禍，未艾也！君實忠直，難與議。晦叔解事，恐力不足耳。”明道論此時，范祖禹、朱光庭、杜純、邵伯溫皆聞之；旣而皆驗。據《邵氏見聞錄》。

三月，太中公覃恩，遷太中大夫。其後數年，累封永年縣開國伯，食邑九百戶，勳上柱國。據《先公太中家傳》。

明道亦覃思改承議郎。雖小官，而賢士大夫視其進退，以卜興衰。聖政方新，賢德並進，明道特爲時望所屬。五月庚子，召爲宗正寺丞。未行而病。據行狀。

夏，禮部貢院點檢官陳確與校書范祖禹同舍，祖禹嘗謂："顏子之不遷不貳，惟伯淳有之。"確問："伯淳，誰也？"祖禹默然久之，曰："不知有程伯淳耶？"確謝曰："生長東南，實未知也。"自是以後，常以寡陋自媿，每得明道之文，必冠帶而後讀之。並作責沈文以自責。據《伊洛淵源錄》。

六月丁丑，明道病卒。據明道行狀。其行事言論，已分錄於前文，茲更綜述於次：

"程顥字伯淳。數歲讀詩書，強記過人。十歲能爲詩賦。十二三時卽莊重如老成人。戶部侍郎彭思永參觀學舍，一見卽賞識之，許以愛女。二十以後，中進士第，調京兆府鄠縣主簿，善斷獄，防水防疫，皆極周密。二週年後，因迴避所親，辭職。後調江寧府上元縣主簿，嘗攝理縣令。平均田稅，審判訴訟，徵發民夫以堵塞塘堤決口，貯米小營子以養舟卒，捕食神龍以解迷信。二週年後，調升澤州晉城縣令，教人民以孝弟忠信，編鄉村爲伍保，使其力役相助，患難相恤。暇時親到鄉校，爲兒童正句讀，撤換失職之教師。爲鄉民訂立會社科條，以旌別善惡，命富家預購粟糧，平價出沽，以免物價騰貴。訓練鄉兵，以備寇盜。按籍派役，以免推諉。在邑三年，百姓愛之如父母。入京爲著作佐郎，不久，因御史中丞呂公著推，薦授太子中允，權監察御史裏行。神宗素知其名，累召見，咨訪政事。前後進說甚多。當王安石得神宗信用時，顥每次見神宗必説明‘君道以至誠仁愛爲本’，未嘗及功利。神宗初疑其迂，但仍優禮之。王安石政策，漸漸實行，與顥意見多不合；每一新政頒佈，必加以評論。數月，上疏數十篇，對輔臣不同心，小臣參與大計，公論不行青苗取息，賣祠部牒，差提舉官多非其人，及不經封駁，京東轉運司剝民希寵，不加黜責，興利之臣日進，尚德之風侵衰等十餘事。攻擊尤力。所言既不能實行，卽懇求調任外職；後改差簽書鎮寧軍節度判官事，屢平反重獄。親率廂兵堵塞曹封黃河決口。適逢郊祀覃恩，乘機辭職，請求監局，歲餘，得監西京洛河竹木務，特改太常丞。其後，詔求直言，顥應詔論朝政，極懇切。神宗手批，差知扶溝縣事。治民專尚寬厚，以教化爲先，在邑歲餘，仁政甚多。被讒免職，改監汝州酒稅。哲宗即位，改承議郎。後召爲宗正寺丞，未行而卒。享年五十有四。妻彭氏，先一年卒。有子二，端懿、端本。女四，其一適朱純之，餘早卒。”據《文集》卷十一《明道先生行狀》，《宋史》卷四百二十七《程顥傳》。

八月，撰《明道先生行狀》。其後來嘗告門人張繹曰：“頤昔狀明道先生之行，我之道蓋與明道同。異時欲知我者，求之於此文可也。”見程端中所撰《伊川先生文集序》。此文與先生學術甚有關係，摘錄於次：

“（明道）先生資稟旣異，而充養有道，純粹如精金，溫潤如良玉，寬而有制，和而不流，忠誠貫於金石，孝弟通於神明。視其色，其接物也，如春陽之溫。聽其言，其入人也，如時雨之潤。胸懷洞然，徹視無間。測其蘊，則浩乎若滄溟之無際。極其德，美言蓋不足以形容。”

“先生行己，內主於敬，而行之以恕，見善若出於己，不欲勿施於人，居廣居而行大道，言有物而動有常。”

“先生爲學，自十五六時，聞汝南周茂叔論道，遂厭科舉之業，慨然有求道之志未知其要，泛濫於諸家，出入於釋老者幾十年。返求諸六經，而後得之。明於庶物，察於人倫，知盡性至命，必本於孝悌；窮神知化，由通於禮樂。辨異端似是之非，開百代未明之惑，秦漢而下，未有臻斯理也。”

“謂孟子後而聖學不傳，以興起斯文爲己任。其言曰：‘道之不明，異端害之也。昔之害近而易知，今之害深而難辨。昔之惑人也，乘其迷暗；今之入人也，因其高明。自謂之窮神知化，而不足以開物成務。言爲無不周徧，實則外於倫理。窮深極微，而不可以入堯舜之道，天下之學，非淺陋固滯，則必入於此。自道之不明也，邪誕妖異之說競起，塗生民之耳目，溺天下於汙濁；雖高才明智，膠於見聞，醉生夢死，不自覺也。是皆正路之蓁蕪，聖門之蔽塞，闢之而後可以入道。’”

“先生進將覺斯人，退將明之書；不幸早世，皆未及也！其辨析精微，稍見於世者，學者之所傳爾。先生之門，學者多矣。先生之言，平易易知，覺愚皆獲其益，如羣飲於河，各充其量。”

“先生教人，自致知至於知止，誠意至於平天下，灑掃應對，至於窮理盡性，循循有序。病世之學者捨近而趨遠，處下而窺高，所以輕自大而卒無得也。”

“先生接物，辨而不閒，感而能通，教人而人易從，怒人而人不怨。賢愚善惡，咸得其心，狡偽者獻其誠，暴慢者致其恭，聞風者誠服，覿德者心醉。雖小人以趨向之異，顧於利害，時見排斥，退而省其私，未有不以先生爲君子也。”

“先生爲政，治惡以寬，處煩而裕。當法令繁密之際，未嘗從衆爲應文逃責之事。人皆病於拘礙，而先生處之綽然；衆憂以爲甚難，而先生爲之沛然。雖常倉卒，不動聲色。方監司競爲嚴急之時，其待先生，率皆寬厚，設施之際，有所賴焉。先生所爲綱條法度，人可效而爲也。至其道之而從，動之而和，不求物而物應，未施信而民信，則人不可也。”見《文集》卷十一。

九月，先生上書韓維，求作墓誌銘，見《文集》卷九。上書孫永，求寫墓誌銘。見同上。既而門人朋友爲文必敍其事迹，述其道學者甚衆。其所以推尊稱美之意，人各用其所知，蓋不同也。而以孟子之後，傳聖人之道者，一人而已，是則同。先生取其有補於行狀之不足者四篇，附於行狀之後：《文集》卷十一《明道先生門人朋友敍述序》。

劉立之敍述曰："……自孟子後，聖學失傳，學者穿鑿妄作，不知入德。先生傑然自立於千載之後，芟闢蓁穢，開示本原；聖人之庭戶，曉然可入；學士大夫，始知所向。然高才希世，能造其藩閾者蓋鮮，況堂奥乎？先生德性充完，粹和之氣，盎於面背，樂易多恕，終日怡悦。立之從先生三十年，未嘗見其有忿厲之容。接人溫然，無賢不肖皆使之款曲自盡。聞人一善，咨嗟獎勞，惟恐其不篤。人有不及，開導誘掖，惟恐其不至。故雖桀傲不恭，見先生，莫不感悦而化服。風格高邁，不事標飾，而自有畦珍。望其容色，聽其言教，則放心邪氣不復萌於胸中。……先生抱經濟大器，有開物成務之才，雖不用於時，然至誠在天下，惟恐一物不得其所。見民疾苦，如在諸己。聞朝廷興作小失，則憂形顔色。嘗論所以致君堯舜，措俗成康之意，其言感激動人。千五百年，一生斯人，時命不會如此，蓋志不行，利澤不施，情哉！……"

朱光庭敍述曰："先生得聖人之誠者也。自始學至於成德，雖天資穎徹，絕出等夷；然卓然之見，本於誠。故推而事親則誠孝，事君則誠忠，友於兄弟則綽綽有裕，信於朋友則久要不忘，修身慎行則不愧於屋漏，臨政愛民則如保乎亦子。非得夫聖人之誠，孰能與於斯？才周萬物而不自以爲高，學際三才而不自以爲足，行貫神明而不自以爲異，識照古今而不自以爲得。至於六經之奧義，百家之異說，研窮搜抉，判然胸中。天下之事，雖萬變交於前，而燭之不失毫釐，權之不失輕重。凡貧賤富貴死生皆不足以動其心。眞可謂大丈夫者。非所得之深，所養之厚，能至於是歟？自孟子以來，千有餘歲，先王大道，得先生而後傳。其補助天地之功，可謂盛矣。雖不得高位以澤天下，然而以斯道倡之於人，亦已較著，其間見而知之，尚能似之；先生爲不亡矣。”

邢恕敍述曰：“……先生之材，大小左右內外，用之無不宜。蓋其所知，上極堯舜三代帝王之治，其所以包涵博大，悠遠纖悉，上下與天地同流，其化之如時雨者，先生固已默而識之。至於興造禮樂，制度文爲，下至行師用兵戰陣之法，無所不備。皆造其極。外之夷狄情狀，山川道路之險易，邊鄙防戍城寨斥堠控帶之要，靡不究知。其史事操決文法簿書又皆精密詳練。若先生，可爲通儒全才矣。……”

范祖禹敍述曰：“先生爲人，清明端潔，內直外方。其學本於誠意，正心，以聖賢之學可以必至。勇於力行，不爲空文。先生於經，不務解析爲枝詞，要其用己而明於知天。其教人曰：‘非孔子之道，不可學也。’蓋自孟子沒而《中庸》之學不傳，後世之士不循其本而用心於末，故不可與入堯舜之道。先生以獨智自得，去聖人千有餘歲，發其關鍵，直覩堂奧。一天地之理，盡事物之變。故其貌肅而氣和，志定而言厲，望之可畏，卽之可親，叩之者無窮，從容以應之，其出愈新，眞學者之師也。成就人才，於時爲多。……”

〔備考〕高攀龍（景逸）曰：“《大學》者，聖學也。《中庸》者，聖心也。匪由聖學，寧識聖心？發一書之祕，教萬世無窮者，先生也。淵乎微乎？非先生，學者不識天理爲何物矣，不識天理，不識性爲何物矣。是儒者至善極處，是佛氏毫釐差處。”

游酢《書明道行狀後》：“……先生雖不用，而未嘗一日忘朝廷。然久幽之操，確乎如石，胸中之氣沖如也。所至，士大夫多棄官從之學，朝見而夕歸，飲其和，茹其實，既久而不能去。其徒有貧者，以單衣御冬，累年而志不變，身不屈。蓋先生之教，要出於爲已。而士之遊其門者，所學皆心到自得，無求於外，以故甚貧者忘飢寒，已仕者忘爵祿，魯重者敏，謹細者裕強者無拂理，愿者有立志。可以修身，可以齊家，可以治國平天不。非若世之士妄意空無，追詠昔人之糟粕，而身不與爲；及措之事業，則悵然無據而已也！……”

呂大臨《哀詞》：“……先生負特立之才，知大學之要，博聞強識，躬行力究，察倫明物，極其所止，渙然心釋，洞見道體。其造於約也，雖事變之感不一，知應以是心而不窮，雖天下之理至衆，知反之吾身而自足。其致於一也，異端並立而不能移，聖人復起而不與易。其養之成也，和氣充浹，見於聲容；然望之崇深，不可慢也；遇事優爲，從容不迫，然誠心懇惻，弗之措也。其自任之重也，寧學聖人而未至，不欲以一善成名；寧以一物不被澤爲已病，不欲以一時之利爲已功。其自信之篤也，吾志可行，不苟潔其去就；吾義所安，雖小官有所不屑。夫位天地，育萬物者，道也。傳斯道者斯文也。振已墜之文，達未行之道者，先生也。使不卒傳，志不卒行，至於此極者，天也。先生之德可形容者，猶可道也。其獨智自得，合乎天，契乎先聖者不可得而道也。……”

九月十二日，先生有《答楊時慰書》，云：“兄長喪亡，哀苦怨痛，肝心摧裂。日月迅速，忽將三月，追思痛切，不可堪處。……

悲苦之餘，僅存氣息，筋骸支離，尤倦執筆。”見《文集》卷九。

楊時《祭明道文》:

“……宋興，百年，士稍知師古，諸子百氏之籍，與夫拂老荒唐謬悠之書，下逮戰國縱橫之論，幽人逸士，浮誇詭異可喜之文章，皆雜出而並傳。世之任道者，日夜憊精勞思，深討博取，可謂勤矣。然其支離蔓延，不知慎擇而約守之，故其用志益勞而去道彌遠，使天下靡然趨之，如適諸夏而棄通衢大道。犯荊棘之墟，行蒼崖之巔，眩然迷殆，而卒莫知自反者，其於世教何補哉？”

“先生於是時，乃獨守遺經，合內外之道，默識而性成之。其學之淵源，蓋智者不能窺而善言者所不能稱說也。自周衰以來，天下之學，其失如彼，而後之得聖人之道而傳之者，於吾先生，可不獨任其責哉？……”

時又作哀詞並寄洛。並見《楊龜山集》。范祖禹亦有祭文挽詞寄洛。陳恬有贊。

先生親視明道墳工，謝良佐嘗侍行，問儒佛之辨。先生指牆圍曰：“吾儒從裏面做，豈有不是？佛氏只從牆外見了，卻不肯入來做，不可謂佛氏無見處。”見《上蔡語錄》。

良佐嘗歷舉佛說與儒說同處。先生曰：“恁地同處雖多，只是本領不是，一齊差卻。”同上。

良佐嘗與先生別一年，往見之，先生曰：“相別又一年，做得甚工夫？”良佐曰：“也只去箇矜字。”曰：“何故？”曰：“子細檢點得來，病痛盡在這裏。若按伏得這箇罪過，方有向進處。”先生點頭，因語在坐同志曰：“此人爲學，切問近思者也。”同上。

十月，據《續通鑑長編》。朱光庭以諫官召，過洛，見先生。良佐在座，光庭不語。先生指良佐謂之曰：“此人爲切問近思之學。”《外書》時紫芝集。

十月乙酉，先生葬亡兄於伊川先塋。先是，太師致仕潞國公文彦博題其墓曰："明道先生。"九月戊子，先生序其所以而刻於石曰：

"周公沒，聖人之道不行。孟軻死，聖人之學不傳。道不行，百世無善治。學不傳，千載無眞儒。無善治，士猶得以明夫善治之道，以淑諸人，以傳諸後。無眞儒，天下貿貿焉，莫知所之，人欲肆而天理滅矣。先生生千四百年之後，得不傳之學於遺經，志將以斯道覺斯民。天不慭遺，哲人早世。鄉人世大夫相與議曰：道之不明也，久矣！先生出倡聖學，以示人，辨異端，闢邪說，開歷古之沉迷。聖人之道得先生而後，明爲功大矣。於是帝師采衆議而爲之稱，以表其墓。學者之於道，知所嚮，然後見斯人之爲功，知所至，然後見斯名之稱情。山可夷，谷可湮，明道之名亘萬世而長存。勒石墓傍，以詔後人。"見《文集》卷十一明道先生墓表。

〔備考〕黄百家曰："伊川之表明道墓，謂'孟軻死，聖人之學不傳，千載無眞儒。先生生於千四百年之後，一人而已！'自斯言出，後人翕然無異辭也。而要識先生之所以爲眞儒，千四百年後之一人者何在？蓋由其學本於識仁，識仁斯可以定性。然仁何以識？先生曰：'存久自明'，則存養之功爲要也。又曰：'學者識得仁體，先實有諸己，只要義理栽培，如求經義，皆栽培之意。'又曰：'學以知爲本，且未說到持守，持守甚事？須先在致知。'又曰：'性則一句句皆是這箇道理，已得後無不是此事也。'夫曰：'存久則明'，曰：'先實有諸己'，將經義只爲栽培，曰：'學以知爲本'，曰：'悟'，將論先生之學者又疑爲禪矣。不是儒釋之辨，只有理與無理而已。先生自道：'天理二字是自家體貼出來'，而伊川亦云：'性卽理也'，又云：'人只有箇天理，卻不能存得，更做甚人？’兩先生之言，如出一口，此其學之宗主，所以克嗣續洙泗，而迥異乎異代之滅絕天理者也。……”

韓維誌明道之墓曰：

“……先生於書無所不讀，自浮屠老子莊列莫不思索究極，以知其義；而卒宅於吾聖人之道。其持己清峻，若不可及，而與人甚恕而溫論治道，卓乎至於無能名，而應世接物，莫不曲盡其宜。苟善於君矣，爵祿可舍也。苟利於民矣，法禁不避也。自元豐以來，論賢士大夫宜在天子左右者，君必與焉。

“銘曰：善乎孟軻之言義命也，蓋不知義，不足以立命，不知命，不足以存義。先生居官不問內外大小，率所言所事，一出於出。雖貴勢豪力，不爲少變。嗚呼！其處義命，可謂兼之矣。”

明道之學風與先生不同。明道嘗謂先生曰：“異日能使人尊師，嚴師道者，吾弟也。若接引後學，隨人材而成就之，則予不得讓焉。”見《伊洛淵源錄》。王蘋謂“明道猶有謔語，若伊川則全無。伊川直是謹嚴，坐間無問尊卑長幼莫不肅然。”見《外書》卷十二引《震澤語錄》。侯仲良述宋光庭見明道於汝州，踰月而歸，語人曰：“光庭在春風中，坐了一個月。”又述游酢、楊時，來見先生，一日，先生坐而瞑目，二人立侍不敢去，久之，先生乃顧曰：“二子猶在是乎？日暮矣，姑孰舍！”二人退出，門外雪深已尺餘矣。其嚴厲如此。晚年接學者，乃更平易。蓋其學已到至處。但於聖人氣象差少從容耳。明道則已從容，惜其早死。據《侯子雅言》。明道每與門人講論，有不合者，則曰：“更有商量。”先生則直曰：“不然。”據《外書》時紫芝集。先生與司馬光語，終日無一句相合。明道與光語，直是道得下。《上蔡語錄》。

胡安國曰：“昔嘗見鄒志完浩論近世人物，因問：‘程明道如何？’志完曰：‘此人得志，便萬物各得其所。’又問：‘伊川如何？’曰：‘卻不得比明道！’又問何以不得比？曰：‘爲有不通處！’又問：‘侍郎先生言伊川不通處，必有言行可證，願聞之。’志完色動，徐曰：‘有一二事，恐門人或失其傳。’後來在長沙，再論河南二先生學術，志完卻曰：‘伊川見處極高，’因問‘何以知之？’曰：‘昔鮮于侁曾問：“顏子在陋巷不改其樂，不知所樂者何事？”伊川卻問曰：“尋常道顏子所樂者何？”侁曰：“不過說顏子所樂者道。”伊川曰：“若說有道可樂，便不是顏子。”以此知伊川見處極高。’又曰：‘浩昔在穎昌，有趙均國者自洛中來，浩問曾見先生有何語？均國曰：“先生語學者曰：‘除卻神祠廟宇，人始知爲善。古人觀象作服，便是爲善之具。’”見《胡文定公集》。

〔備考〕清初黃宗羲論曰：“二程子大旨雖同，而其所以接人，伊川已大變其說。故朱子云：‘明道宏大，伊川親切。’大程夫子，當識其明快中和處。小程夫子，當識其初年之嚴毅，晚年又濟以寬平處。是自周元公主靜立人極，開宗。明道以靜字稍偏，不若專主於敬。然亦惟恐以把持爲敬，有傷於靜，故時時提起。伊川則以敬字未盡，益之以窮理之說，而曰：‘涵養須用敬，進學在致知。’又曰：‘只守一個敬字，不知集義，卻是都無事也。’然隨曰：‘敬以直內，義以方外，合內外之道。’蓋恐學者作兩項工夫用也。舍敬無以爲學。義是敬之著，敬是義之體。實非有二。自此旨一立，朱子又加詳焉。於是窮理主敬，若水火相濟。非是則隻輪孤翼，有一偏之義矣。後之學者，不得其要，從事於零星補湊，而支離之患生。故使明道而在，必不爲此言也。兩程子接人之異，學者不可不審焉。”

黃百家論曰：“按黃東發云：‘自孔孟歿後，異端紛擾者千四百年，中間惟董仲舒“正誼明道”二語，與韓文公《原道》一篇爲得議論之正，逮二程得周子之傳，然後有以窮極性命之根柢，發揮義理之精微，風氣日開，議論日精。濂洛之言，雖孔孟亦所未發；特推其旨，要亦不越於孔孟云耳。’此評論之得當者。而唐一菴（樞）謂：‘明道之學，一天人，合內外，已打成一片；而伊川居敬，又要窮理，工夫似未合併，尚欠一格。’此但知先生‘涵養須用敬，進學在致知，’而忘卻先生‘未有致知而不在敬者’之語，恐未是深知先生者也。蓋語學至二程，諸儒之中，更醇乎其醇矣。第大程質性高明；而先生從踐履入，非聖人之書不觀，其功在於密察邊耳。至於大程之表《大學》，《中庸》，先生之《易傳》，更足爲萬世經術斗杓也。”

九月丙申，（但文集卷九又謝韓康公簡作五月。）門下侍郎司馬光，尚書左丞呂公著，西京留守韓絳（官職據《宋史》卷十三。）同上劄子於朝廷，推薦先生，略謂：

“……臣等竊見河南處士程頤，力學好古，家貧守節，言必忠信，動遵禮義，年踰五十，不求仕進，眞儒者之高蹈，聖世之逸民。伏望特加召命，擢以不次，足以矜式士類，裨益風化。……”（見司馬光《傳家集》。）

十一月丁巳，朝廷授先生爲汝州團練推官，充西京國子監教授。（朱譜引《哲宗實錄》。）先生因蔡確猶爲左僕射，未肯行。（據《道命錄》。）再辭不就。（《文集》卷六有《辭免西京國子監教授表》，《再辭免表》。）不久，朝廷又召先生赴闕。（朱譜，《文集》卷六《辭免館職表》。）

## 宋哲宗元祐元年丙寅（民前八二六年 西一〇八六年）先生五十四歲

〔時事〕二月乙丑，詔修《神宗實錄》。閏二月，蔡確罷。以司馬光爲尚書左僕射兼門下侍郎。詔韓維、呂大防、孫永、范純仁詳定役法。壬辰，以呂公著爲門下侍郎。丙午，李清臣爲尚書左丞，呂大防爲尚書右丞。辛亥，章惇罷。乙卯，范純仁同知樞密院事。三月辛巳，以程頤爲崇政殿說書。四月己丑，韓縝罷。癸巳，王安石卒。壬寅，以吕公著爲尚書右僕射兼中書侍郎，文彦博平章軍國重事。辛亥，罷謁禁之制，五月丁巳，以韓維爲門下侍郎。罷諸路重祿，復熙寧前舊制。戊辰，命程頤同修立國子監條制。壬午，詔文彦博班宰相之上。六月甲辰，吕惠卿落職。甲寅，程頤論輔養君德。七月丁巳，因劉恕同修《資治通鑑》，未沾恩而卒，詔官其子。八月辛卯，詔常平依舊法，罷青苗錢。九月丙辰，司馬光卒。丁卯，試中書舍人蘇軾爲翰林學士，知制誥。己卯，張璪罷。十一月戊午，以吕大防爲中書侍郎，劉摯爲尚書右丞。據《宋史》卷十七。

二月庚午，左正言朱光庭奏乞以程頤爲講官。《續通鑑長編。》言：

"……頤道德純備，學問淵博，材資勁正，有中立不倚之風，識慮明徹，至知幾其神之妙，言行相顧而無擇，仁義在躬而不矜。若用斯人，俾當勸講，必能輔養聖德，啓道天聰，一正君心，爲天下福。"

又謂：

"頤究先王之藴，達當世之務，乃天民之先覺，聖代之眞儒。俾之日侍經筵，足以發揚聖訓，兼掌學教，足以丕變斯。又祖宗時起陳摶、种放，高風素節，聞於天下。揆頤之賢，摶放未必能過之。頤之道，則有摶放所不及知者。觀其所學，眞得聖人之傳，致思力行，非一日之積，有經天緯地之才，有制禮作樂之具。乞訪問其至正，論所以平治天下之道。"

又谓：

"頤以言乎道，則貫徹三才，而無一毫之爲間，以言乎德，則并包衆美而無一善之或遺。以言乎學，則博通古今，而無一物之不知。以言乎才，則開物成務，而無一理之不聽。是以聖人之道至此而傳。況當天子進學之初，若俾真儒得專經席，豈不盛哉？”見《胡文定公文集》。

閏二月，先生應召至京師。據《文集》卷六《辭免館職狀》。朱譜誤作三月，池譜誤作二月。王巖叟奏曰：

“伏見程頤學極聖人之精微，行全君子之純粹。早與其兄顥，俱以德名顯於時。陛下復起頤而用之。頤趨召以來，待詔闕下，四方俊乂莫不翹首鄉風，以觀朝庭所以待之者如何，處之者當否，而將議焉。則陛下此舉，繫天下之心。臣願陛下加所以待之之禮，擇所以處之之方，而使高賢得爲陛下盡其用，則所得不獨頤一人而已，四海潛光隱德之士，皆將相招而爲朝庭出矣。”《續通鑑長編》。

閏二月十八日，朝廷除先生爲承奉郎，再授宣德郎，祕書省校書郎。《續通鑑長編》。二十四日，先生上狀辭曰：“祖宗時，布衣被召，自有故事。今臣未得入見，未敢祗命。”據朱譜，《文集》卷六有《辭免館職狀》。王巖叟又奏曰：

“伏聞聖恩特除程頤京官，仍與校書郎，足以見陛下優禮高賢，而使天下之人歸心於盛德也。然臣區區之誠，尚有以爲陛下言者：願陛下一召見之，試以一言，問爲國家之要。陛下至明，遂可自觀其人。臣以頤抱道養德之日久，而潛神積慮之功深，靜而閱天下之義理者多，必有嘉言以新聖聽。此臣所以區區而進頤，然非爲頤也，欲成陛下之美耳。陛下一見而後命之以官，則頤當之而無愧，陛下與之而不悔，授受之間，兩得之矣。”見朱熹所作年譜及《伊洛淵源錄》。

於是朝廷特召先生上殿面對。先生辭免前降恩命。太皇太后面諭，將用爲崇政殿說書。先生面辭，不得。據《文集》卷六《乞再上殿論經筵事劄子》。始受西監之命。據朱譜。上劄子乞再上殿論經筵事，見《文集》卷六。朝廷不理。

論經筵劄子凡三，其一略曰：

“……伏以皇帝陛下，春秋之富，雖睿聖之資，得於天稟，而輔養之道，不可不至。所謂輔養之道，非謂告詔以言，過而後諫也。在涵養董[1]陶而已。大率一日之中，親賢士大夫之時多，親寺人宮女之時少，則自然氣質變化，德器成就。欲乞朝廷慎選賢德之士，以侍勸講，講讀郎罷，常留二人直日，夜則一人直宿，以備訪問。皇帝習讀之暇，游息之間，時於內殿召見，從容宴語，不獨漸磨道義，至於人情物態，稼穡艱難，積久自然通達。比之常在深宮之中，爲益豈不甚大？竊聞間日一開經筵，講讀數行，羣官列侍，儼然而退，情意略不相接，如此而責輔養之功，不亦難乎？……天下之事，無急於此。……"

其二略曰：

"……臣以爲傅德義者，在乎防見聞之非，節嗜好之過。保身體者，在乎適起居之宜，存畏慎之心。臣欲乞皇帝左右扶侍祗應宮人內臣，並選年四十五已上，厚重小心之人。服用器玩，皆須質朴，一應華巧奢麗之物不得至於上前。要在侈靡之物不接於目，淺俗之言不入於耳。及乞擇內臣十人充經筵祗應，以伺候皇帝起居，凡動息必使經筵官知之。有翦桐之戲，則隨事箴規。違持養之方，則應時諫止。調護聖躬，莫過於此。"

其三略曰：

"……皇帝陛下，未親庶政，方專問學。臣以爲輔養聖德，莫先寅恭。動容周旋，當主於此。歲月積習，自成聖性。臣竊聞經筵，臣寮侍者皆坐，而講者獨立，於禮爲悖。欲乞今後特令坐講，不惟義理爲順，所以養主上尊儒重道之心。……"

此劄子後貼黃又謂：

"……臣以爲天下重任，唯宰相與經筵。天下治亂，繫宰相。君

[1] 原書有誤，"董"當爲"薰"。——編者註

德成就，責經筵。……”

呂公著論之曰：“主少，非可爲之時也。”先生聞之曰：“正可爲也，責下在人主，而人臣當任之耳。”見《伊洛淵源錄》引《庭聞稾錄》。

朝廷不理先生之建議。三月二十四日，司馬光之議，命先生爲通直郎，充崇政殿說書。先生不願受命，立即上表辭免，略謂：

“……今臣道未行於家室，善未信於鄉黨，何足以感動人主之心乎？苟不度其誠之未至，而欲善辭說於進對之間，爲一時之觀則可矣；必欲通於神明，光於四海，久誠而無斁，臣知其不可也。臣是以欲進而思義，喜時而愧己，冒犯天威而盡其區區之說。伏以皇帝陛下春秋之富，方賴左右前後之人輔養聖性，勸講之職，任莫重焉。……如臣之愚，實不足以當重任。所有誥命，不敢當受。”見《文集》卷六。

旋奉聖旨：“不許辭免！”先生又上《再辭免狀》，見《文集》卷六。仍不見許，乃就職。當此時，劉摯上疏朝廷，論先生辭卑居尊，未被命而先論事，爲非是。見朱譜引《劉忠肅公文集》。

〔備考〕朱熹曰：“劉摯論先生辭卑居尊，未被命而先論事，爲非是。蓋不知先生出處語默之際，其義固已精矣。”又曰：“先生嘗進言於朝，以爲人主常使一日之中，親賢士大夫之時多，親宦官宮女之時少，則可涵養氣質，薰陶德性。此皆至切之言也。元祐大臣不能自用其說，故紹聖元符之禍，至今言之，猶可痛憾。”

薛瑄（敬軒）曰：“先生經筵疏皆格心之論，三代已下，爲人臣者，但論政事人才而已！未有直從本原如程子之論也。”

四月，《上乞六參日》《上殿劄子》曰：

“臣竊以朝廷置勸講之官，輔導人主，豈止講明經義？所以薰陶性質，古所謂承弼厥辟，出入起居者爲，宜朝夕納誨，必輔上德。自來暑熱罷講，直至中秋方御經筵，數月之間，講讀官無由進見。夫以文武之齊聖，而欲旦夕承弼。今乃數月不接儒臣，甚非先王輔導養德之意。方主上春秋之富，輔養之道，豈可疏略如此？臣欲乞未御講筵，每過六參日，宰臣奏事退，許講讀官上殿問聖體，數日一對儒臣，不惟有益人主，在勸講之禮亦常然。伏望聖慈特賜俞允。”見《文集》卷六。

五月十二日，奉命，差同孫覺，顧臨，及國子監長貳，看詳三學條例。見朱熹所作年譜引《實錄》。文集卷七有《三學看詳文》，大意以爲：學校禮義相先之地而月使之爭，殊非教養之道。請改試爲課。如有所未至，則由學官召而教之，不再考定高下。制尊賢堂，以延天下道德之士。鐫解額，以去利誘。省繁文，以專委任。勵行檢，以厚風教。又置待賓吏師齋，立觀光法。條文詳悉，不備錄，衹錄其去利誘一條，曰：

“自元豐後，設利誘之法，增國學解額至五百人。來者奔湊，捨父母之養，忘骨肉之愛，往來道路，旅寓他土，人心日偷，士風日薄。今欲量留一百人，餘四百人分在州郡解額窄處，自然人心各安鄉土，養其孝愛之心，息其奔趨流浪之志，風俗亦當稍厚。”

禮部尚書胡宗愈謂：“先帝聚士以學，教人必經，三舍科條，固已精密。宜一切仍舊。”因此痛詆先生，謂：“不宜使在朝廷。”見朱譜引《實錄》。

先生在職累月，不請俸祿，吏亦弗致。卽而諸公知之，俾戶部特給焉。戶部索前任歷子，先生曰：“頤起自草萊，無前任歷子。”諸公遂令戶部自爲出歷劵。《遺書》楊遵道錄。戶部檢例無崇政殿說書，只與折支。直至八月，始奉詔依職事官例，支與見錢。見《續通鑑長編》。

六月，呂大防奏黃陂縣令李籲堪館閣之選。《續通鑑長編》。旋任祕書省校書郎。《伊洛淵源錄》。

六月，上書太皇太后，曰：

“臣愚鄙之人，自少不喜進取，以讀書求道爲事，于茲幾三十年矣。當英祖朝暨神宗之初，屢爲當塗者稱薦；臣於斯時，自顧學之不足，不願仕也。及皇帝陛下嗣位，太皇太后陛下臨朝，求賢願治，大臣上體聖意，搜揚巖穴，首及微賤，蒙恩除西京學官；臣於斯時，未有意於仕也。辭避方再，而遽有召命。臣門下學者促臣行者半，勸臣勿行者半。促臣行者，則曰：‘君命召，禮不俟駕。’勸臣勿行者，則曰：‘古之儒者，召之則不往。’臣以爲召而不往，所以規其君也。己之微賤，食士之毛而爲王民，召而不至，邦有常憲。是以奔走應命到闕，蒙恩授館職，方以義辭，遂蒙召對。臣於斯時，尚未有意於仕也。進至簾前，咫尺天光，未嘗敢以一言及朝政。陛下視臣，豈求進者哉？既而親奉德音，擢至經筵，事出望外，惘然驚惕。臣竊內思儒者得以道學輔人主，蓋非常之遇，使臣自擇所處，亦無過於此矣。臣於斯時，雖以不才而辭，然許國之心實已萌矣。尚慮陛下貪賢樂善，果於取人，知之或未審也，故又進其狂言，以覬詳察。如小有可用，則敢不就職？或狂妄無取，則乞聽辭。避章再上。再命祇受，是陛下不以爲妄也，臣於是受命。供職而來，夙夜畢精竭慮，惟欲主上德如堯舜，異日天下享堯舜之治，廟社固無窮之基，乃臣之心也。臣本山野之人，稟性朴直，言辭鄙拙，則有之矣。至於愛君之心，事君之禮，告君之道，敢有不盡？上賴聖明，可以昭鑒。臣自惟至愚，蒙陛下特達之知，遭遇如此，願效區區之誠，庶幾毫髪之補。惟陛下留意省覽，不勝幸甚。”

“伏以太皇太后陛下，心存至公，躬行大道，開納忠言，委用耆德，不止維持大業，且欲興致太平；前代英主，所不及也。但能日慎一日，天下之事，不足慮也。臣以爲今日至大至急，爲宗社生靈久長之計，惟是輔養上德而已。歷觀前古輔養幼主之道，莫備於周公。周公之爲萬世之法也，臣願陛下擴高世之見，以聖人之言爲可必信，先王之道爲可必行，勿狃滯於近規，勿遷惑於衆口，古人所謂周公豈斯我哉？周公作《立政》之書，舉言常伯，至於綴衣虎賁，以爲知恤兹者鮮。一篇之中，丁寧重複，惟在此一事而已，又曰：‘僕臣正，厥后克正。’又曰：‘后德惟臣，不德惟臣。’又曰：‘侍御僕從，罔匪正人，以旦夕承弼。厥辟出入起居，罔有不欽。’是古人之意，人生跬步，不可離正人也。蓋所以涵養氣質，薰陶德性。故能習與智長，化與心成。後世不復知此，以爲人主就學，所以涉書史，覽古今也。”

“不知涉書史，覽古今，乃一端爾。若止於如是，則能文宫人，可必備勸講；知書內侍，可以充輔導；何用置官設職，精求賢德哉？大抵人主受天之命，稟賦自殊。歷考前史，帝王才質，鮮不過人。然而完德有道之君至少，其故何哉？皆輔養不得其道，而位勢使之然也。”

“伏惟皇帝陛下天資粹美，德性仁厚，必爲有宋令主。但恨輔養之道，有未至爾。臣供職以來，六侍講筵，但見諸臣拱手默坐，當講者立案傍，解釋數行而退。如此，雖彌年積歲，所益幾何？與周公輔養成王之道，殊不同矣。或以爲主上方幼，且當如此此。不知本之論也。古人生子，能食能言，而教之小學之法，以豫爲先人之幼也。知思，未有所主，便當以格言至論，日陳於前。雖未曉知，且當薰聒，使盈耳充腹，久自安習，若固有之；雖以他言惑之，不能入也。若爲之不豫，及乎稍長，私意（一作思慮）偏好生於內，衆口辯言鑠於外。欲其純完，不可得也。故所急在先入，豈有太早者乎？或又必爲主上天資至美，自無遠道，不須過慮。此尤非至論。夫聖莫聖於舜，而禹皋陶未嘗忘規戒。至曰：‘無若丹朱，好慢遊，作傲虐。’且舜之不爲慢遊傲虐，雖至愚亦當知之，豈禹而不知乎？蓋處崇高之位，儆戒之道，不得不如是也。且人心豈有常哉？以唐太宗之英睿，躬歷艱難，力平禍亂，年亦長矣，始惡隋煬侈麗，毀其層觀廣殿，不六七年，復欲治乾陽殿。是人心果可常乎？所以聖賢雖明盛之際，不廢規戒，爲慮豈不深遠也哉？況沖幼之君，閑邪拂違之道，可少懈乎？”

“伏自四月末間，以暑熱罷講，此至中秋，蓋踰三月。古人欲旦夕承弼，出入起居；而今乃三月不一見儒臣，何其與古人之意異也？今士大夫家子弟，亦不肯使經時累月不親儒士。初秋漸涼，臣欲乞於內殿或後苑清涼處召見當日講官，俾陳說道義，縱然未有深益，亦使天下知太皇太后用意如此。又一人獨對，與衆見不同，自然情意易通，不三五次，便當習熟。若不如此，漸致待其自然，是輔導官都不爲力，將安用之？將來伏假卽開。且乞依舊輪次直日，所貴常得一員獨對。”

“開發之道，蓋自有方，朋習之益，最爲至切。故周公輔成王，使伯禽與之處。聖人所爲，必無不當。眞廟使蔡伯希侍仁宗，乃師古也。臣欲乞擇臣寮家子弟，十歲已上，十二已下，端謹穎悟者三人，侍上左右。上所讀之書，亦使讀之。辨色則入，昏而罷歸。常令二人入侍，一人更休。每人擇有年宮人內臣二人，隨逐看承，不得暫離。常情笑語。亦勿禁止。唯須言語必正，舉動必莊。仍使日至資善堂，呈所習業。講官常加教勸，使知嚴憚。年纔十三，便令罷去。歲月之間，自覺其益。”

“自來宰臣十日一至經筵，亦止於默坐而已。又聞日講讀，則史官一人立侍。史官之職，言動必書。施於視政時則可。經筵講疑一作肄之所，乃燕處也。主上方問學之初，宜心泰體舒，乃能悅懌。今則前對大臣，動虞有失。旁立史官，言出輒書。使上欲遊其志，得乎？欲發於言，敢乎？深妨問學，不得不改。欲乞特降指揮，宰臣一月兩次，與文彥博同赴經筵。遇宰臣赴日，即乞就崇政殿講說，因令史官入侍。崇政殿說書之職，置來已久，乃是講說之所。漢唐命儒士講論，亦多在殿上，蓋故事也。"

"邇英迫狹，講讀官內臣近三十人在其中。四月間尚未甚熱，而講官已流汗。況主上氣體嫩弱，豈得爲便？春夏之際，人氣烝薄，深可慮也。祖宗之時，偶然在彼，執爲典故，殊無義理。欲乞今後，只於延和殿講請。後楹垂簾，簾前置御座。太皇太后每遇政事稀間，聖體康和，時至簾下，觀講官進說。不惟省察主上進業；於陛下聖聰，未必無補。兼講官輔導之間，事意不少，有當奏稟，便得上聞。亦不可煩勞聖躬，限以日數。但旬月之間，意適則往，可也。"

"今講讀官共五人，四人皆兼要職，獨臣不領別官，近復差修國子監《太學條制》，是亦兼他職也。乃無一人專職輔導者，執政之意可見也。蓋惜人才，不欲使之閑爾。又以爲雖兼他職，不妨講讀。此尤不思之甚也。不敢言告君之道，只以告衆人言之。夫告於人者，非積其誠意，不能感而入也。故聖人以蒲盧喻政，謂以誠化之也。今夫鐘，怒而擊之則武，悲而擊之則哀，誠意之感而入也。告於人亦如是。古人所以齋戒而告君者，何謂也？臣前後兩得進講，未嘗敢不宿齋豫戒，潛思存誠，覬感動於上心？若使營營於職事，紛紛其思慮，待至上前，然後善其辭說，徒以頰舌感人，不亦淺乎？此理非知學者不能曉也。道衰學廢，世俗何嘗聞此？雖聞之，必以爲迂誕。陛下高識遠見，常蒙鑒知，以朝廷之大，人主之重，置二三臣專職輔導，極非過當。今諸臣所兼皆要官，若未能遽罷，且乞免臣修《國子監條制》，俾臣夙夜精思竭誠，專在輔導，不惟事理當然，且使天下知朝廷以爲重事，不以爲閑所也。"

"陛下擢臣於草野之中，蓋以其讀聖人書，聞聖人道，臣敢不以其所學，上報聖明？竊以聖人之學，不傳久矣。臣幸得之遺經，不自度量，以身任道。天下駭笑者雖多，而近年信從者亦衆。方將區區駕其説以示學者，覬能傳之於後世。不虞天幸之至，得備講説於人主之側。使臣得以聖人之學，上沃聖聰。則聖人之道，有可行之望，豈特臣之幸哉？如陛下未以臣言爲信，何不一賜訪問，臣當陳聖學之端緒，發至道之淵微。陛下聖鑒高明，必蒙照納。如其妄僞，願從誅殛。臣愚不任懇悃悃，惶懼待罪之至！"見《文集》卷六。

此疏未得任何結果。緣呂公著云："主少，非可爲之時也。"先生曰："正可爲也，責不在人主，而人臣當任之耳。"據《庭聞藁錄》。

八月二十二日，接尚書省黄牒，奉勑差先生兼權判登聞鼓院。先生以"勸講之官，體宜專任，"不願兼差，立即上狀辭免。《文集》卷六有《辭免判登聞鼓院奏狀》。不久，奉聖旨："不許辭免"先生再上《辭免狀》，謂："使臣入則侍人主而談道德，出則坐司坐而領訴訟，臣愚竊謂失朝廷用人之體！況臣稟性朴愚，唯知爲學。今時之務，皆所未諳。使臨事局，必致廢闕。若願專心致志，窮研聖學，以備顧問，臣愚不勝至願。"亦見《文集》卷六。結果仍不就職。

八月，先生謂司馬光曰："更得范純夫在經筵尤好。"光曰："他見修史，自有門路。"先生曰："不問有無門路，但筵中須得他。"光問何故？先生曰："自度少溫潤之氣。純夫色溫而氣和，尤可以開陳是非，道人主之意。"光納其言，《遺書》唐彥思錄。遂請用著作郎范祖禹即范純夫兼侍講，呂公著以祖禹爲其壻，請避嫌。光奏宰相不當以私嫌廢公議。遂以祖禹兼侍講。見《續通鑑長編》。

先生每與司馬光說話，不會放過。如范純仁堯夫十件事只爭得三四件便已。先生曰："君實只爲能受盡言，儘人忤逆，終不怒，便是好處。"《遺書》楊遵道錄。

光嘗問先生曰："欲除一人給事中，誰可爲者？願爲光說一人。"先生曰："相公何爲若此言也？如當初泛論人才，卻可。今卽如此，頤雖有其人，何可言？"光曰："出於公口，入於光耳，又何害？"先生終不言。同上。

九月丙辰朔，尚書左僕射兼門下侍郎司馬光卒。見《宋史》卷十七。其門人欲於遺表中入規諫語，先生曰："是公平生未嘗欺人，可死後斯君乎？"《外書》呂氏記。先生代父親撰祭文曰：

"嗚呼！公乎！誠貫天地，行通神明。徇己者私，衆口或容於異論；合聽則聖，百性曾無於閒言。老始逢時，心期行道。致君澤物，雖有志而未終。救弊除煩，則爲功而已大。何天乎之不弔？斯人也而遽亡！溥天興殄瘁之悲，明主失倚毗之望。如其可贖，人百其身。死生既極於哀榮，名德永高於今古，藐茲羸老，夙被深知。撫柩興哀，聊陳薄奠。"見《文集》卷十一《爲家君祭司馬溫公文》。

明堂降赦，臣寮稱賀訖，兩省官欲往奠司馬光。先生曰："'子於是日哭，則不歌。'豈可賀赦才了，却往弔喪？"坐中有人反駁曰："'子於是日哭，則不歌'，卽不言'歌則不哭'。今已賀赦了，却往弔喪，於禮無害。"蘇軾遂以鄙語戲先生曰："鏖糟陂裏叔孫通也"，言其山野。衆皆大笑一先生與蘇氏結怨，自此始。據《外書》時紫芝集，朱譜引侍御史呂陶語。

朝庭命先生主司馬光喪事，蘇軾周視無闕禮，乃曰："正叔喪禮何其熟也？”又曰：“軾聞居喪未葬，讀喪禮。太中康寧，何爲讀喪禮乎？”先生不答。鄒浩聞之曰：“先生之母先亡，獨不可以治喪禮乎？”《外書》時紫芝集。

時先生在經筵，門生很多。一時人士歸其門者甚盛，而先生亦以天下自任，論議褒貶，無所迴避。而蘇軾在翰林以文章名世，疾先生如仇。自此分爲洛黨，蜀黨。二黨互相誹毀，先生竟爲蜀黨所擠。朱熹所作年譜引《王公繫年錄》。

九月，門人劉絢以王岩叟薦，除《春秋》博士。《續通鑑長編》。

十月，門人蘇昞除教授。同上。

十月，先生撰《修立孔氏條制》。見《文集》卷七。議繞賜田，并舊賜爲五百頃，設溝，封爲奉聖鄉，世襲奉聖公爵，以奉祭祀。呂希哲曰：“方今母后臨朝，衆議不一，扶傷敗如是足矣，此豈大有爲時耶？”先生默然而去。見《伊洛淵源錄》引《呂氏家傳》。

冬至前，上劉子謂“冬至日百官拜表稱賀……大失居喪之禮，萬方後世，輕笑朝廷，無以風化天下。臣欲乞特降中旨，改賀作慰。”見《文集》卷六《論冬至稱賀劄子》。

國忌行香，舊例用齋筵，兩制以上及臺諫官破蔬饌，但因粗糲，遂輪爲食會，皆用肉食矣。是年，先生以肉食爲非是，議爲素食，衆多不從。一日，先生門人范祖禹當排食，遂具蔬饌。內翰蘇軾詰問先生曰：“正叔不好佛，胡爲食素？”先生曰：“禮：居喪不飲酒，不食肉，忌日，喪之餘也。”軾令具肉食，曰：“爲劉氏者左袒！”於是范祖禹朱光庭等食素，秦觀黃庭堅等食肉。儼然對立矣。是後蔬饌亦不行。據《語錄》，鮮于綽《傳信錄》。

時呂公著爲相，凡事有疑，必質於先生。進退人才，蘇軾、蘇轍兄弟疑先生有力，故極詆毀之。《外書》卷十二。

先生不爲妻求封。范祖禹問其故。先生曰："頤當時起自草萊，三辭然後受命！豈有今日乃爲妻求封之理？"或問："今人陳乞恩例，義當然否？人皆以爲本分，不爲害。"先生曰："只爲而今士大夫道得箇'乞'字慣，卻動不動又是'乞'也！"因問："陳乞封父祖如何？"先生曰："此事體又別。"再三請益，但云："其說甚長，待別時說。"《遺書》揚遵道錄。

〔備考〕諸星杓曰："先生不爲妻請封，至今氏族莫考。及檢《續通鑑長編》：元祐七年，吴立禮劾先生，有'娶甥女爲妻'一語。質之杜尺莊煦，以爲小人含沙射影，醜詆賢者，無所不有右不明白辨正，則惑滋甚。謹效程氏惟太中族兄文簡公琳以女妻韓忠憲億子縝，縝生於天禧三年，僅長先生十五歲，其女即年長，配必不合。且元祐初，先生《謝韓康公絳簡》云："頤於門下未嘗有一日之素"，豈有素與連觀而言若此？韓氏弟兄惟持國維與二先生最善。一日，同遊穎昌西湖，命諸子侍，行次有言貌不莊敬者，先生厲聲叱之曰：'汝輩從長者行，敢笑言如此，韓氏孝謹之風衰矣。'自稱長者，察其辭氣，必非妻之近屬昆弟，明甚。至太中二壻，席延年，李正臣，其子皆先生壻，更不待辨而明。無根之語，獨出於吴立禮。當時蜀黨諸公亦不敢以此誣先生，其又何傷日月乎？"（見池譜）

先生文集中，有《謝韓康公啟》，又《謝簡》《答呂進伯簡》，皆是年所作。與呂大臨論中：書函往復數次，摘錄於後。概見《文集》卷九。

大臨問"中者道之所由出。"

先生曰："此語有病。"

大臨曰："但論其所同，不容更有二名別而言之，亦不可混爲一事，如所謂'天命之謂性，率性之謂道，'又曰'中者天下之大本，和者天下之達道’，則性與道，大本與達道，豈有二乎？”

先生曰：“中卽道也，若謂道出於中，則道在中外，別爲一物矣。所謂論其所同，不容更有二名別而言之，亦不可混爲一事，此語固無病。若謂性與道，大本與達道，可混而爲一，卽未安。在天在命，在人曰性，循性曰道。性也，命也，道也，各有听當。大本言其體，達道言其用，體用自殊，安得不爲二乎？”

大臨曰：“既云‘率性之謂道’，則循性而行，莫非道；此非性中別有道也。中卽性也，在天爲命，在人爲性。由中而出者莫非道，所以言道之所由出也。與‘率性之謂道’之義同，亦非道中別有中也。”

先生曰：“‘中卽性也’，此語極未安。中也者，所必狀性之體段。若謂性有體段，亦不可。姑假此以明彼。如稱天圓地方，遂謂方圓而天地，可乎？方圓既不可謂之天地，則萬物決非方圓之所出。如中既不可謂之性，則道何從稱出於中？蓋中之爲義，自過不及而立名。若只以中爲性，則中與性不合，與‘率性之謂道’，其義自異。性道不可合一而言。中止可言體，而不可與性同德。”後又曰：“觀此義理‘不可與性同德’字亦未安，子居對以‘中者性之德’，卻爲近之。

先生又曰：“不偏之謂中，道無不中，故以中形道。若謂道出於中，則天圓地方，謂方圓者天地所自出，可乎？”

大臨曰：“不倚之謂中，不雜之謂和。”

先生曰：“‘不倚之謂中，’甚善，語猶未瑩。‘不雜之謂和’，未當。”

大臨曰：“喜怒哀樂之未發則亦子之心，當其未發，此心至虛，無所偏倚，故謂之中。以此心應萬物之變，無往而非中矣。孟子曰：‘權然後知輕重，度然後知長短’，物皆然，心爲甚！此心度物，所以甚於權衡之審者，正以至虛無所偏倚故也。有一物存乎其間，則輕重長短皆失其中矣，又安得如權如度乎？故大人不失其亦子之心，乃所謂‘允執其中’也。大臨始者有見於此，便指此心名爲中，故前言‘中者道之所由出也’。今細思之，乃命名未當耳。此心之狀，可以言中，未可便指此心名之曰中，所謂以中形道，正此意也。‘率性之謂道’者，循性而行，無往而非理義也。以此心應萬物之變，亦無往而非理義也。皆非指道體而言也。若論道體，又安可言由中而出乎？”先生以爲此言未是。

先生曰：“喜怒哀樂未發謂之中。赤子之心，而發未遠於中，若便謂之中，是不識大本也。”

大臨曰：“聖人智周萬物，赤子全未有知，其心固有不同矣。然推孟子所云，豈非止取純一無僞，可與聖人同乎？非謂無毫髮之異也。大臨前日所云，亦取諸此而已。此義大臨昔者既聞先生君子之教，反求諸己，若有所自得，參之前言往行，將無所不合，由是而之焉，似得其所安，以是自信不疑，拳拳服膺，不敢失墜。今承教乃云‘已失大本’，茫然不知所向，竊恐辭命不明，言不逮意，致高明或未深喻，輒露所見，求益左右，卒爲賜教，指其迷謬，幸甚。聖人之學，以中爲大本，雖堯舜相授以天下，亦云‘允執其中’中者，無過不及之謂也。何所準則而知過不及乎？求之於此心而已！此心之動，出入無時，何從而守之乎？求之於喜怒哀樂未發之際而已！當是時也，此心卽赤子之心，純一無僞。卽天地之心，神明不測。卽孔子之絕四，四者有一存乎其間，則不得其中。卽孟子所謂‘物皆然，心爲甚’！心無偏倚則至明至平，其察物甚於權衡之審。卽《易》所謂‘寂然不動，感而遂通天下之故’。此心所發，純是義理，與天下之所同然，安得不和？大臨前日敢指赤子之心爲中者，其說如此。來教云：‘赤子之心，可謂之和，不可謂之中。’大臨思之，所謂和者指已發而言之，今言赤子之心，乃論其未發之際，純一無僞，無所偏倚，可以言中。若謂已發，恐不可言心。來教云：‘所謂循性而行，無往而非理義，’言雖無病，而聖人氣味殊少。大臨反而思之，方覺辭氣迫窘，無沈浸醲厚之風。此則淺陋之罪，敢不承教！大臨不敢更拜書先生左右，恐煩往答，只令義山持此請教。蒙塞未達，不免再三浼瀆，惟望乘間口論義山，傳誨一二，幸甚幸甚！”

先生曰：“所云非謂無毫髮之異，是有異也。有異者，得爲大本乎？推此一言，餘皆可見。”

大臨曰：“大臨以亦子之心爲未發，先生以赤子之心爲已發。所謂大本之實，則先生與大臨之言未有異也。但解赤子之心一句不同耳。大臨初謂亦子之心止取純一無僞，與聖人同。恐孟子之義亦然，更不曲折一一較其同異，故指以爲言。固未嘗以已發不同處爲大本也。先生謂‘凡言心者皆指已發而言’，然則未發之前，謂之無心，可乎？竊謂未發之前，心體昭昭具在，已發乃心之用也。此所深疑，未喻。又恐傳言者失指，切望指教。”

先生曰：“所論意雖以已發者爲未發，反求諸言，卻是認已發者，爲說詞之未瑩，乃是擇之未精耳。‘凡言心者，指已發而言’，此固未當。心一也，有指體而言者，‘寂然不動’是也。有指用而言者，‘感而遂通天下之故’是也。惟觀其所見如何耳。大抵論愈精微，言愈易差，所謂傳言者失指，及反復觀之，雖曰有差，亦不失大意。又如前論‘中卽性也’，已是分而爲二，不若謂之性中。性中語未甚瑩。以謂‘聖人氣味殊少’，亦不須言聖人。第二書所以答去者極分明矣。”

[備考]黄百家曰：“此條卽豫章羅從彥延平李侗‘看未發以前氣象’宗旨。”(《宋元學案》)

劉宗周曰：“夫所謂未發以前氣象，卽是獨中真消息也。自喜怒哀樂之存諸中者言，謂之中；不必其未發之前，別有氣象也。卽天道之元亨利貞，運於於穆者是也。自其喜怒哀樂之發於外者言，謂之和；不必其已發之時又有氣象也。卽天道之元亨利貞呈於化育者是也。惟存發總是一機，故中和渾是一性。推之一動一靜，一語一默，莫不皆然。此獨體之妙，所以卽微卽顯卽隱卽見卽慎獨之學，即中和，卽位育；此千聖學脈也。自喜怒哀樂之說不明於後世，而聖學晦矣。(《劉子全書》)

劉安節元承記先生語，關係極大，摘要錄後：

蘇昞季明問於喜怒哀樂未發之前求中，可否？先生曰："不可。既思於喜怒哀樂未發之前求之，又卻是思也，旣思卽是已發，思與喜怒哀樂一般。纔發便謂之和，不可謂之中也。"以下並見《遺書》卷十八。

又問："呂學士言'當求於喜怒哀樂未發之前'，如何？"先生曰："若言存養於喜怒哀樂未發之前，則可。若言求中於喜怒哀樂未發之前，則不可。"

又問："學者於喜怒哀樂未發之時，更怎生求？"曰："只平日涵養便是。涵養久，則喜怒哀樂，發自中節。"

曰："當中之時，耳無聞，目無見否？"曰："雖耳無聞，目無見；然見聞之理在始得。賢且說靜時如何？"

曰"謂之無物，則不可。然自有知覺處。"曰："既有知覺，卻是動也，怎生言靜？人說'復其見天地之心'，皆以謂至靜能見天地之心；非也。復之卦下面一畫，便是動也，安得謂之靜？"

或曰："莫是於動上求靜否？"曰："固是！然最難。釋氏多言定，聖人便言止如'人君止於仁，人臣止於敬'之類，是也。《易》之艮言止之義曰：'艮其止，止其所也。'人多不能止。蓋人萬物皆備，遇事時，各因其心之所重者，更互而出，纔見得這事重，便有這事出。若能物各付物，便自不出來也。"

或曰：“先生於喜怒哀樂未發之前，下動字？下静字？”曰：“謂之静則可，然静中須有物始得，這裏便是難處學者，莫若且先理會得敬，能敬則自知此矣。”

或曰：“敬何以用功？”曰：“莫若主一。”

昞曰：“昞嘗患思慮不定，或思一事未了，他事如麻又生，如何？先生曰：“不可。此不誠之本也。須是習，習能專一時便好。不拘思慮與應事，皆要求一。”

問：“仁？”曰：“此在諸公自思之，將聖賢所言仁處，類聚觀之，體認出來。孟子曰：‘惻隱之心，仁也。’後人遂以愛爲仁。惻隱固是愛也，愛自是情仁自是性豈可專以愛爲仁？孟子言惻隱爲仁，蓋爲前已言‘惻隱之心，仁之端也’。既曰‘仁之端’，則不可便謂之仁。退之言‘博愛之謂仁’，非也。仁者固博愛；然便以博愛爲仁，則不可。”

又問：“仁與聖，何以異？”曰：“人只見孔子言‘何事於仁？必也聖乎！’便謂仁小而聖大。殊不知此言是孔子見子貢問‘博施濟衆’，問得來事大，故曰：‘何止於仁？必也聖乎！’蓋仁可通上下言之，聖則其極也聖人人倫之至。倫，理也。既通人理之極，更不可以有加。若今人或一事是仁，亦可謂之仁。至於盡仁道，亦謂之仁。此通上下言之也。如曰：‘若聖與仁，則吾豈敢？’此又却仁與聖俱大也。大抵蓋仁道者卽是聖人，非聖人則不能盡仁道。”問曰：“人有言盡人道，謂之仁；盡天道，謂之聖：此語何如？”曰：“此語固無病，然措意未是。安有知人道而不知天道者乎？道一也，豈人道自是人道，天道自是天道？《中庸》言：‘盡己之性，則能盡人之性；能盡人之性，則能盡物之性；能盡物之性，則可以贊天地之化育。’此言可見矣。楊子曰：‘通天地人曰儒，通天地而不通人曰伎。’此亦不知道之言。豈有通天地而不通人者哉？如止云‘通天之文與地之理’，雖不能此，何害於儒？天地人只一道也纔通其一，則餘皆通如後人解《易》言：‘乾，天道也；坤，地道也’，便是亂說。論其體，則天尊地卑；如論其道，豈有異哉？”

問：“孝弟爲仁之本，此是由孝弟可以至仁否？”曰：“非也，謂行仁自孝弟始。蓋孝弟是仁之一事，謂之行仁之本則可，謂之是仁之本則不可。蓋仁是性也，孝弟是用也。性中只有仁義禮智四者，幾曾有孝弟來？仁主於愛，愛莫大於愛親，故曰：‘孝弟也者，其爲仁之本歟！’”

問：“克伐怨欲不行，可以爲仁。”曰：“人無克伐怨欲四者，便是仁也。只爲原憲著一箇不行，不免有此心，但不行也，故孔子謂可以爲難，此孔子著意告原憲處，欲他有所啟發，他承當不得，不能再發問也。孔門如子貢者，便能曉得聖人意，且如曰：‘女以予爲多學而識之歟？’對曰：‘然’，便復問曰：‘非歟？’孔子告之曰：‘非也！予一以貫之！’原憲則不能也。”

問：“仁與心何異？”曰：“心是所主處，仁是就事言。”曰：“若是，則仁是心之用否？”曰：“固是！若說仁者心之用，則不可心譬如身，四端如四支。四支固是身所用，只可謂身之四支。如四端固具於心，然亦未可便謂之心之用。”或曰：“譬如五穀之種，必待陽氣而生。”曰：“非是！陽氣發處，却是情也。心譬如穀種，生之性便是仁也。”

問“四端不及信，何也？”曰：“性中只有四端，却無信。爲有不信，故有信字。且如今東者自東，西者自西，何用信字？只爲有不信故有可字。”又問“莫在四端之間？”曰：“不如此說！若如此說時，只說一箇義字亦得。”

問：“忠恕可貫道否？”曰：“忠恕固可以貫道，但子思恐人難曉，故復於《中庸》降一等言之，曰：‘忠恕違道不遠！’忠恕只是體用，須要理會得。”又問：“恕字學者可用功否？”曰“恕字甚大！然恕不可獨用，須得忠必爲體。不忠，何以能恕？看忠恕兩字，自見相爲用處。孔子曰：‘君子之道四，丘未能一焉。’恕字甚難！孔子曰：‘有一言可以終身行之者，其恕乎！’”

問：“人有以‘君子敬而無失與人’爲一句，是否？”曰：“不可！敬是持己，恭是接人。與人恭而有禮，言接人當如此也。近世淺薄以相懽狎爲相與，以無圭角爲相懽愛，如此者安能久？若要久，須是恭敬君臣朋友，皆當以敬爲主也。比之上六曰：‘比之无首，凶！’象曰：‘比之无首，无所終也。此之有首，尚懼无終；既无首；安能有終？故曰无所終也！’比之道須當有首！”或曰：“君子淡以成，小人甘以壞。”曰：“是也！豈有甘而不壞者？”

問：“‘出門如見大賓，使民如承大祭’？方其未出門，未使民時，如何？”曰：“此儼若思之時也！當出門時，其敬如此；未出門時可知也。且見乎外者，出乎中者也。使民出門者，事也；非因是事上方有此敬，蓋素敬也。如人接物以誠，人皆曰誠人；蓋是素來誠，非因接物而始有此誠也。儼然正其衣冠，尊其瞻視，其中自有箇敬處。雖曰無狀，敬自可見。”

問：“人有專務‘敬以直內’，不務方外，何如？”曰：“有諸中者，必形諸外。惟恐不直內；內直則外必方。”

“敬是閑邪之道，閑邪存其誠，雖是兩事，然也只是一事，閑邪則誠自存矣。天下有一箇善，一箇惡，去善卽是惡，去惡卽是善。譬如門，不出便入，豈出入外更別有一事也？”

問："學何以有至覺悟處？"曰："莫先致知能致知則思一日愈明一日久而後有覺也學而無覺，則何益矣。又奚學爲？'思曰睿，睿作聖！'纔思便睿，以至作聖，亦是一箇思。故曰：'勉強學問，則聞見博而智益明。'"又問："莫致知與力行兼否？"曰："爲常人言，纔知得非禮不可爲須用勉強。至於知穿窬不可爲，則不待勉強。是知亦有深淺也。古人言：'樂循理之謂君子。'若勉強，只是知循理，非是樂也。纔到樂時，便是循理爲樂，不循理爲不樂，何苦而不循理？自不須勉強也。若夫聖人不勉而中，不思而得，此又上一等事。"

問："張旭學草書，見擔夫與公主爭道，及公孫大娘舞劍，而後悟筆法。莫不是心當思念，至此而感發否？"曰："然！須是思，方有感悟處若不思，怎生得如此？然可惜張旭留心於書！若移此心於道，何所不至？"

"'思曰睿'，思慮久後，睿自然生。若於一事上思未得，且別換一事思之，不可專守著這一事。蓋人之知識，於這裏蔽著，雖強思亦不通也。"

"古之學者一，今之學者三，異端不與焉。一曰文章之學，二曰訓詁之學，三曰儒者之學。欲趨道，舍儒者之學不可。"

"今之學者有三弊：一溺於文章，二牽於訓詁，三惑於異端。苟無此三者，則將何歸？必趨於道矣。"

或曰："人問某以學者當先識道之大本，道之大本如何求？某告之以君臣父子夫婦兄弟朋友，於此五者上行樂處便是。"曰："此固是！然怎生地樂？勉強樂不得！須是知道了，方能樂得。故人力行，先須要知。非特行難，知亦難也。《書》曰：'知之非艱，行之惟艱。'此固是也！然知之亦自艱！譬如人欲往京師，必知是出那門，行那路，然後可往。如不知，雖有欲往之心，其將何之？自古非無美材，能力行者，然鮮能明道。以此見知之亦難也。”

問：“忠信進德之事，固可勉強。然致知甚難。”曰：“子以誠敬爲可勉強，且恁地說到底，須是知了方行得。若不知，只是覷却堯，學他行事；無堯許多聰明睿知，怎生得如他動容周旋中禮？有諸中，必形諸外；德容安可妄學？如子所言，是篤信而固守之，非固有之也。且如《中庸》九經，脩身也，尊賢也，親親也，《堯典》：‘克明峻德，以親九族。’本合在尊覺上，何故却在下？須是知所以親親之道，方得。未致知便欲誠意是躐等也學者固當勉強；然不致知，怎生行得？勉強行者，安能持久？除非燭理明，自然樂循理。性本善，循理而行，是順理事，本亦不難。但爲人不知，旋安排著，便道難也。知有多少般數，煞有深淺。向親見一人曾爲虎所傷，因言及虎，神色便變。傍有數人，見佗說虎，非不知虎之猛可畏，然不如佗說了有畏懼之色，蓋眞知虎者也。學者深知，亦如此。且如膾炙，貴公子與野人莫不皆知其善；然貴人聞著便有欲嗜膾炙之色，野人則不然。學者須是眞知，纔知得是，便泰然行將去也。某年二十時，解釋經義，與今無異。然思今日覺得意味與少時自別。”

或問：“進修之術何先？”曰：“莫先於正心誠意，誠意在致知，致知在格物格，至也。如祖考來格之格凡一物上有一理須是窮致其理窮理亦多端，或讀書講明義理，或論古今人物，別其是非，或應接事物而處其當，皆窮理也”或問：“格物須物物格之，還只格一物而萬理皆知？”曰：“怎生便會該通？若只格一物，便通衆理，雖顏子亦不敢如此道須是今日格一件，明日又格一件，積習既多，然後脫然自有貫通處。”

“涵養須用敬，進學則在致知。”

問：“人有志於學，然智識蔽固，力量不至，則如之何？”曰：“只是致知。若致知則智識當自漸明不曾見人有一件事終思不到也。智識明則力量自進。”問曰：“何以致知？”曰：“在明理或多識前言往行，識之多則理明然人全在勉強也。”

或問：“人有恥不能之心，如何？”曰：“人恥其不能而爲之，可也；恥其不能而揜藏之，不可也。”問：“技藝之事，恥己之不能，如何？”曰：“技藝不能安足恥？爲士者當知道己不知道，可恥也爲士者當博學己不博學，可恥也恥之如何？亦曰勉之而已！又安可嫉人之能而諱己之不能也？”名達按：‘技藝不能安足恥’，此一觀念，實爲中國科學不進步之因素。

問：“敬還用意否？”曰：“其始安得不用意？若能不用意，却是都無事了。”又問：“敬莫是静否？”曰：“纔說静，便入於釋氏之說也不用静字，只用敬字。纔說著静字，便是忘也孟子曰：‘必有事焉，而勿正，心勿忘，勿助長也。’必有事焉便是心勿忘，勿正便是勿助長。”

或問：“獨處一室，或行闇中，多有驚懼，何也？”曰：“只是燭理不明。若能燭理，則知所懼者妄，又何懼焉？有人雖知此，然不免懼心者，只是氣不充。須是涵養久，則氣充，自然物動不得。然有懼心，亦是敬不足。”

“人語言緊急，莫是氣不定否？”曰：“此亦當習。習到言語自然緩時，便是氣質變也。學至氣質變，方是有功人只是一箇習。今觀儒臣自有一般氣象，武臣自有一般氣象，貴戚自有一般氣象，不成生來便如此？只是習也。某舊嘗進說於主上及太母，欲令上於一日之中，親賢士大夫之時多，親宦官宮人之時少，所以涵養氣質，薰陶德性。”

或問：“人或倦怠，豈志不立乎？”曰：“若是氣體勞後須倦。若是志，怎生倦得？人只爲氣勝志，故多爲氣所使。如人少而勇，老而怯；少而廉，老而貪；此爲氣所使者也。若是志勝氣時，志既一定，更不可易。如曾子易簀之際，其氣之微可知；只爲他志已定，故雖死生許大事，亦動他不得。蓋有一絲髮氣在，則志猶在也。”

問：“觀物察己，還因見物反求諸身否？”曰：“不必如此說。物我一理纔明彼，卽曉此，合內外之道也。語其大至天地之高厚，語其小至一物之所以然，學者皆當理會”又問：“致知先求之四端，如何？”曰：“求之性情，固是切於身然一草一木皆有理，須是察。”

“觀物理以察己，既能燭理，則無往而不識。”

“天下物皆可以理照。有物必有則，一物須有一理。”

“窮理盡性，至命，只是一事。纔窮理，便盡性；纔盡性；便至命。”

問：“家貧親老，應舉求仕，不免有得失之累，何修可以免此？”曰：“此只是志不勝氣。若志勝，自無此累。家貧親老，須用祿仕；然得之不得，爲有命。”曰：“在己固可，爲親奈何？”曰：“爲己爲親，也只是一事。若不得，其如命何？孔子曰：‘不知命，無以爲君子。’人苟不知命，見患難必避，遇得喪必動，見利必趨，其何以爲君子？然聖人言命，蓋爲中人以上者設，非爲上知者言也。中人以上，於得喪之際，不能不惑，故有命之說，然後能安。若上智之人，更不言命，惟安於義。借使求則得之，然非義，則不求，此樂天者之事也。上智之人安於義，中人以上安於命。乃若聞命而不能安之者，又其每下者也。”

問："上古人多壽，後世不及古，何也？莫是氣否？"曰："氣便是命也。"曰："今人不若古人壽，是盛衰之理歟？"曰："盛衰之運，卒難理會。且以歷代言之，二帝三王爲盛，後世爲衰。一代言之，文武成康爲盛，幽厲平桓爲衰。以一君言之，開元爲盛，天寶爲衰。以一歲，則春夏爲盛，秋冬爲衰。以一月，則上旬爲盛，下旬爲衰。以一日，則寅卯爲盛，戌亥爲衰。一時亦然。如人生百年，五十以前爲盛，五十以後爲衰。然有衰而復盛者，有衰而不復反者。若舉大運而言，則三王不如五帝之盛，兩漢不如三王之盛，又其下不如漢之盛，至其中間，又有多少盛衰，如三代衰而漢盛，漢衰而魏盛，此是衰而復盛之理。譬如月既晦則再生，四時往復來也。若論天地之大運，舉其大體而言，則有日衰削之理。如人生百年，雖赤子才生一日，便是減一日也。形體日自長，而數日自減，不相害也。"名達按：此種退化論，可笑至極點。

問："命與遇何異？"先生曰："人遇不遇，卽是命也。"曰："長平之戰，四十萬人死，豈命一乎？"曰："是也！命也！只遇著白起，便是命當如此。又況趙卒，皆一國之人？使是五湖四海之人，同時而死，亦是常事。"又問："或當刑而王，或爲相而餓死，或先貴後賤，或先賤後貴，此之類皆命乎？"曰："莫非命也！既曰命，便有此不同，不足怪也。"名達按：此種定命論亦復可笑。

問："心有善惡否？"曰："在天爲命，在義爲理，在人爲性，主於身爲心，其實一也。心本善，發於思慮則有善有不善。若既發，則可謂之情，不可謂之心。譬如水，只謂之水；至於流而爲派，或行於東，或行於西，却謂之流也。"

問："喜怒出於性否？"曰："固是：纔有生識便有性，有性便有情，無性安得情？"又問："喜怒出於外，如何？"曰："非出於外，感於外而發於中也。”問“性之有喜怒，猶水之有波否？”曰：“然湛然平静如鏡者，水之性也。及遇沙石，或地勢不平，便有湍激，或風行其上，便爲波濤洶湧，此豈水之性也哉？人性中只有四端，又豈有許多不善的事？然無水安得彼浪？無性安得情也？”

問：“人性本明，因何有蔽？”曰：“此須索理會也！孟子言‘人性善’，是也。雖荀楊亦不知性。孟子所以獨出諸儒者，以能明性也。性無不善而有不善者才也。性卽是理，理則自堯舜至於塗人一也，才稟於氣氣有清濁稟其清者爲賢，稟其濁者爲愚。”又問：“愚可變否？”曰：“可！孔子謂‘上智與下愚不移。’然亦有可移之理。惟自暴自棄者，則不移也。”曰：“下愚所以自暴棄者，才乎？”曰：“固是也。然却道他不可移不得。性只一般，豈不可移？却被他自暴自棄，不肯去學，故移不得。使肯學時，亦有可移之理。”

問：“聖人之經旨，如何能窮得？”曰：“以理義去推索，可也。學者先須讀論孟窮得論孟，自有箇要約處，以此觀他經，甚省力《論》《孟》如丈尺權衡相似，以此去量度事物，自然見得長短輕重。某嘗語學者：必先看《論語》《孟子》。今人雖善問，未必如當時人。借使問如當時人，聖人所答不過如此。今人看《論》《孟》之書。亦如見孔孟何異？”

“《孟子》養氣一篇，諸君宜潛心玩索，須是實識得方可。‘勿忘勿助長’，只是養氣之法。如不識，怎生養？有物始言養；無物又養箇甚麼？浩然之氣，須見是一箇物。如顏子言‘如有所立，卓爾’，孟子言‘躍如’也。‘卓爾’，‘躍如’，分明見得方可。”

“配義與道，謂以義理養成此氣，合義與道。方其未養，則氣自是氣，義自是義。及其養成浩然之氣，則氣與義合矣。本不可言合，爲未養時言也。如言道，則是一箇道都了。若是人而言，則人自是人，道自是道，須是以人行道始得。”

問：“必有事焉，當用敬否？”曰：“敬只是涵養一事必有事焉，須當集義只知用敬，不知集義，却是都無事也。”又問：“義莫是中理否？”曰：“中理在事義在心。內苟不生義，浩然之氣從何而生？理只是發而見於外者。且如恭敬；幣之未將也，恭敬雖因幣帛威儀而後發見於外，然須心有此恭敬，然後著見。若心無恭敬，何以能爾？所謂德者得也。須是得於己，然後謂之德也。”問：“敬義何別？”曰：“敬只是持己之道義便知有是有非，順理而行，是爲義也。若只守一個敬，不知集義，却是都無事也。且如欲爲孝，不成只守著一箇孝字？須是知所以爲孝之道，所以侍奉當如何，溫凊當如何，然後能盡孝道也。”又問：“義只在事上如何？”曰：“內外一理，豈特事上求合義也？”

問：人“‘敬以直內’，氣便能充塞天地否？”曰：“氣須是養集義所生，積集既久，方能生浩然氣象人但看所養如何，養得一分，便有一分。養得二分，便有二分。只將敬，安能便到充塞天地處？且氣自是氣體所充，自是一件事。敬自是敬，怎生便合得？如曰‘其爲氣配義與道’，若說氣與義時自別，怎生便能使氣與義合？”

“‘性相近也，習相遠也’，性，一也，何以言相近？”曰：“此只是言性質之性。如俗言性急性緩之類。性安有緩急？此言性者，生之爲性也”又問：“上智下愚不移是性否？”曰：“此是才須理會得性與才所以分處。”又問：“中人以上可以語上，中人以下不可以語上，是才否？”曰：“固是！然此只是大綱說。言中人以上可以與之說近上話，中人以下不可以與說近上話也。生之謂性，凡言性處，須看他立意如何。且如言‘人性善’，性之本也。‘生之謂性’，論其所稟也。孔子言‘性相近’，若論其本，豈可言相近？只論其所稟也。告子所云，固是。爲孟子問他，他說便不是也。”

“‘乃若其情，則可以爲善；若夫爲不善，非才之罪！’此言人陷溺其心者，非關才事。才猶言材料，曲可以爲輪，直可以爲梁棟。若是毀鑿壞了，豈關才事？下面不是說人皆有四者之心？”或曰：“人才有美惡，豈可言非才之罪？”曰：“才有美惡者，是舉天下之言也。若說一人之才，如因富歲而賴，因凶歲而暴，豈才質之本然邪？”

問：“‘舍則亡’，心有亡，何也？”曰：“否！此只是說心無形體，纔主著事時，便在這裏。纔過了，便不見如‘出入無時莫知其鄉，’此句亦須要人理會。心豈有出入？亦以操舍而言也。放心，謂心本善而流於不善，是放也。”

問：“‘盡己之謂忠’，莫是盡誠否？既盡己，安有不誠？盡己則無所不盡。如孟子所謂盡心。”曰：“盡心，莫是我有惻隱羞惡如此之心，能盡能便能知性否？”曰：“何必如此數？只是盡心便了。纔數著，便不盡大抵稟於天曰性而所主在心，纔盡心卽是知性，知性卽是知天矣。”

“季明問‘君子時中’，莫是隨時否？”曰：“是也！中字最難識。須是默識心通。且試言一廳，則中央爲中；一家則廳中非中，而堂爲中；言一國則堂非中。而國之中爲中。推此類可見矣。旦如初寒時，則薄裘爲中；如在盛寒，而用初寒之裘，則非中也。更如三過其門不入，在禹稷之世爲中；若居陋巷，則不中矣。居陋巷，在顏子之時爲中；若三過其門不入，則非中也。”或曰：“男女不授受之類皆然？”曰：“是也！男女不授受，中也。在喪祭則不如此矣。”

“《中庸》之書，其味無窮，極索玩味。”

問：“《行狀》云：‘盡性至命，必本於孝弟。’不識孝弟何以能盡性至命也？”曰：“後人便將性命別作一般事說了。性命孝弟只是一統底事，就孝弟中便可盡性至命至如洒掃應對與盡性至命亦是一統底事，無有本末，無有精粗却被後來人言性命者別作一般高遠說，故舉孝弟是於人切近。者言之然今時非無孝弟之人，而不能盡性至命者，由之而不知也。”

問：“《詩》如何學？”曰：“只在《大序》中求。《詩》之《大序》，分明是聖人作此以教學者。後人往往不知聖人作自仲尼後，更無人理會得詩。如言后妃之德，皆以爲文王之后妃。文王，諸侯也，豈有后妃？又如樂得淑女，以配君子，憂在進賢，不淫其色，以爲后妃之德如此，配惟后妃可稱，后妃自是配了，更何別求淑女以爲配？淫其色乃男子事，后妃怎生會淫其色？此不難曉。但將《大序》看數遍，則可見矣。”或曰：“《關雎》是后妃之德，當如此否？樂得淑女之類，是作《關雎》詩人之意否？”曰：“是也！《大序》言：‘是以《關雎》樂得淑女，以配君子，憂在進賢，不淫其色，哀窈窕，思賢才，而無傷善之心焉，是《關雎》之義也。’只著箇是以字，便自有意思。”曰：“如言又當輔佐君子，則可以歸安父母，言能逮下之類，皆爲其德當如此否？”曰：“是也！”問：“《詩·小序》何人作？”曰：“但看《大序》，卽可見矣。”曰：“莫是國史作否？”曰：“序中分明言‘國史明乎得失之迹，’蓋國史得詩於採詩之官，故知其得失之迹。如非國史，則何以知其所美所刺之人？使當時無小序，雖聖人亦辨不德。”曰：“聖人删詩時，曾删改《小序》否？”曰：“有害義理處，也須删改。今之《詩序》，却煞錯亂，有後人附之者。”曰：“《關雎》之詩，是何人所作？”曰：“周公作。周公作此，以風教天下，故曰：‘用之鄉人焉，用之邦國焉，上以風化下，下以風刺上，蓋自天子至於庶人，正家之道當如此也。’《二南》之詩，多是周公所作，如《小雅六月》所序之詩，亦是周公作。後人多言《二南》爲文王之詩。蓋其中有文王事也。曰：非也！附文王詩於中者，猶言‘古人有行之者，文王是也’。”

問：“《周禮》之書，有訛缺否？”曰：“甚多！周公致治之大法，亦在其中。須知道者觀之，可決是非也。”又問：“司盟有詛萬民之不信者，治世亦有此乎？”曰：“盛治之世，固無此事。然人情亦有此事。爲政者因人情而用之。”

“趙盾弑君之事，聖人不書趙穿，何也？”曰：“此《春秋》大義也！趙穿手弑其君，人誰不知？若盾之罪，非《春秋》書之，更無人知也。仲尼曰：‘惜哉！越境乃免！’此語要人會得：若出境而反，又不討賊也則不免；除出境，遂不反，乃可免也。”

“凡讀史不徒要記事跡，須要識治亂安危興廢存亡之理。且如讀高帝一紀，便須識得漢家四百年終始治亂當如何？是亦學也。”

問：“人有不善，霹靂震死，莫是人懷不善之心，聞霹靂震懼而死否？”曰：“不然！是雷震之也。”“如是雷震之，還有使之者否？”曰：“不然！人之作恶，有恶氣與天地之恶氣相擊搏，遂以震死，霹靂，天地之怒氣也，如人之怒，固自有正。然怒時必爲之作恶，是怒亦恶氣也。怒氣與恶氣相感，故爾且如今人種蕎麥，自有畦隴，霜降時殺麥，或隔一畦麥有不殺者。豈是此處無霜，蓋氣就相合處去也。”曰：“雷所擊處，必有火何也？”曰：“雷自有火。如鑽木取火，如使木中有火，豈不燒了木？蓋是動極則陽生，自然之理。不必木；只如兩石相戛，亦有火出。惟鐵無火，然戛之久必熱。此亦是陽生也。”

問：“博我以文，約我以禮。”曰：“此是顏子稱聖人最切當處。聖人教人，只是如此。既博之以文，而後約之以禮。所謂‘博學而詳說之，將以反說約也’。博與約相對，聖人教人，只此兩字。博是博學多識，多聞多見之謂；約只是使之知要也。”又問：“‘君博學於文，約之以禮，亦可以弗畔矣夫’，與此同乎？”曰：“這箇只是淺近說。言多聞見而約束以禮，雖未能知道，庶幾可以弗畔於道。此言善人君子，多識前言往行，而能不犯非禮者耳。非顏子所以學於孔子之謂也。”又問：“此莫是小成否？”曰：“亦未是小成，去知道甚遠。如曰：‘多聞，擇其善者而從之。多見而識之，知之次也。’‘聞見’與‘知之’甚異。此只是聞之者也。”又曰：“聖人之道，知之莫甚難？”曰：“聖人之道，安可以難易言？聖人未嘗言易，以驕人之志；亦未嘗言難，以阻人之進。仲尼但曰：‘未之思也，夫何遠之有？’此言極有涵蓄意思！孟子言‘夫道若大路然，豈難知哉’？只下這一箇豈字便露筋骨。聖人之言不如此，如下面說‘人病不求耳；子婦而求之，有餘師’。這數句却說得好。孔孟言有異處，亦須自識得。”以上並見《遺書》卷十八。有一部分係後來所記。

## 宋哲宗元祐二年丁卯民前八二五年 西一〇八七年先生五十五歲

〔時事〕正月戊辰，詔舉人程試，主司毋得於《老莊列子》書命題。辛巳，詔蘇轍、劉攽編次《神宗御製》。二月丁亥，遣左司諫朱光庭使河北，振災民。己丑，詔文彥博十日一議事都堂。五月丁卯，以劉摯、王存爲尚書左右丞。七月辛亥，韓絳以司空致仕。《宋史》十七。壬戌，韓維罷門下侍郎，甲子，詔維出知鄧州。《續通鑑長編》。八月辛巳，程頤罷經筵，權同管勾西京國子監，乙酉，命呂大防爲西京安奉神宗御容禮儀使。據《宋史》卷十七。

正月二十五日，戊寅，內侍至資善堂傳旨：權罷講一日，二十七日庚辰，資善吏馬宗道云："上前日微傷食物，會取勤藥，恐未能久坐，令講讀少進說。"是日，先生略講畢奏云："臣等前日臨赴講筵，忽傳聖旨：權罷講。臣等共驚！聖躬別無事否？"上曰："別無事。"自初御邇英閣，至是始發言。《外書》范太史日記。

二月十五日戊戌，先生講："言可終身行之，其恕乎？"因言人君當推己欲惡，知小民饑寒，稼穡艱難。明宗年六十餘卽位，猶書田家詩二首於殿壁，其詩云云，進說甚多。同上。

是春，先生上疏太皇太后，略曰：

"……去年六月中，嘗有奏陳言輔導人主之事，已踰半年，不蒙施行一事。臣愚竊思所言甚多，如皆不可用其，狂妄亦甚矣。雖朝廷寬大，不欲以言罪人；然主上春秋方富，宜親道德之士，豈可以狂妄之人置之左右？臣彷徨疑慮，不能自已！況臣所言，非出己意，皆先王之法，祖宗之舊，不應無一事合聖心者。臣竊疑文字煩多，陛下不能詳覽，或雖蒙覽而未察愚意。臣不敢一一再言，止取一事最切者，復爲陛下陳之。"

"……太皇太后雙日垂簾聽政，……欲乞只就垂簾日，聽政罷，聖體不倦時，召當日講官至簾前，問當主上進業次第，講說所至，如何開益。使天下知陛下於輔養人主之道，用意如此。……陛下試從臣言，後當知其不謬。……蓋輔導之間，有當奏知之事，無由上達。若得時至簾前，可以陳說，所繫甚大。……"《文集》卷六。《又上太皇太后疏》。

三月，二十六日，戊寅，先生因四月將到，又須停止講讀，故上一狀，謂："邇英閣講讀，入夏漸熱。去年四月後，侵晨講讀，亦甚有暑氣，恐於聖體非宜。欲乞特降聖旨，移就一寬涼處，貴得穩便。""如別無穩便，只乞就崇政或延和殿，隻日講讀，與雙日垂簾，自不相妨。"見《文集》卷六。《乞就寬涼處講讀奏狀》。二十八日，移講讀就延和殿。《外書》范太史日記。

四月六日丁亥，講讀依舊邇英閣。此因顧臨子敦封駁，以爲延和執政得一賜坐啜茶，已爲至榮；豈可使講讀小臣坐殿上，違咸造勿褻之義？韓維、呂大防進呈，令修邇英閣，多置軒窗。已得旨，而呂公著方入，令修延義閣。太皇太后云："此待別有擘畫。"十五日，丙申，邇英進講，文彥博以下皆預焉。邇英新修，展御坐，比舊近後數尺，門南北皆朱漆，釣窗前簾設青幕障日，殊寬涼矣。《外書·范太史日記》。

先生又上書太皇太后曰：

"……臣近言'邇英講讀漸熱，乞移就寬涼處'。貼黃稱'如別無穩便處所，只乞就崇政或延和殿'。竊聞給事中顧臨有言，以延和誹讀爲不可。臣本謂邇英熱，恐於聖體非宜，今聞修展邇英，苟得寬涼，則臣志願遂矣。於臨之言，在臣自可不恤。然有所甚害。不得不爲陛下辨之。若臨之言，止於移惑太皇太后聖意，臣官非諫諍，不辨尚可也。今以臨言爲是則誤主上知見，臣職當輔導，安得不辨！"

"臣竊謂自古國家所患，無大於在位者不知學。在位者不知學，則人主不得聞大道，朝廷不能致善治。不聞道，則淺俗之論易入，道義之言難進。人君功德高下，一繫於此臣非敢以諛言悅陛下。竊聞陛下博覽前史，請陛下歷觀簡策：前世母后臨朝，有不壞紀綱者乎？有以至公爲心，孜孜求治，爲英主之事，如陛下者乎？此陛下所自知也。陛下有簡策所無之盛德，則天下亦望陛下爲簡策所無之功業，不止維持歲月，俟人主長大而已。蓋望陛下致海內於治安。詒孫謀於久大。詒謀致治之道當，使聖德日躋，善治日新。進德在於求道，圖治莫如稽古。道必詢於有道之士，古必訪諸稽古之人。”

“若夫世俗淺士，以守道爲迂，以稽古爲泥，適足以惑亂人主之聽。近年以來，士風益衰，志趣汙下，議論鄙淺，高識遠見之士益少，習以成風矣。此風不革，臣以爲非興隆之象，乃陵替之勢也。大率淺俗之人，以順從爲愛君，以卑折爲尊主，以隨俗爲知變，以習非爲守常，此今日之大患也。苟如是者衆，則人君雖有高世之見，豈能獨任哉？臣不知進道德之言，足以增益聖德者，有幾？而損陛下之遠圖，移陛下之善意，則有矣，如顧臨之言是也。”

“臣料臨之意。不過謂講官不可坐於殿上，以尊君爲說爾。夫殿上講說。義理之至當，古者所常行也。臣不暇遠引，只以本朝故事言之：太祖皇帝召王昭素講《易》，眞宗令崔頤正講《尚書》，邢昺講《春秋》，皆在殿上。當時仍是坐講，立講之儀，只始於明肅太后之意。此乃祖宗尊儒重道之盛美。豈獨子孫當以爲法，萬世帝王所當法也。而臨必爲非。臨謂講官不可坐殿上，則昭素布衣之士，其不可更甚矣。邇英講讀，只自仁宗時，亦從便爾，非是避殿上也。若避殿上，則不應置崇政說書之職。雖以殿名設職，不必須在本殿說書；然亦必不肯於不可講說之處，置說書官也。臣每進講，未嘗不規勸主上，以祖宗美事爲法。如臨之意，則是禁止主上，不得復爲優禮昭素之事，及有崇政設職之意。祖宗美事，而使主上獨不得爲；若主上信以爲然，所損豈不甚大？殿上說書，亦是常事。人主崇儒之道，甚有重於此者。臣今口未敢言，然中心惟欲輔養主上重道之心。如前代明王，光耀史冊，不止此一事而已。臨之見，與臣之心，何其異也。且講經與飲宴孰重？眞宗仁宗時，皆宴講讀官於崇政殿，從來侍宴，皆在殿上，而講經獨不得在殿上，臣未諭其義也。臨之意必曰：彼一時之事爾，日常則不可。夫於義苟當，日常何害？義或不可，一時亦不可也。”

“臣始言之，執政大臣，未以爲非也。及臨一言，則是而從之。以臣度之，以臨之言爲是者，亦或有之。若謂四五大臣皆以爲是，則必不然。蓋非難知之事，不應四五人所見皆如是也。特以陛下信臨之言，而又迫於尊君之意，故不敢言爾。恐非以道事君之義。今世俗之人，能爲尊君之言，而不知尊君之道。人君唯道德益高，則益尊。若位勢則崇高極矣，尊嚴至矣，不可復加也。過禮則非禮，強尊則不尊。漢明帝於桓榮，親自執業，可謂謙屈矣。周宣帝稱天，自比上帝，羣臣齋戒清身數日，方得朝見，可謂自尊矣。然以理觀之，漢明帝賢明之君，百世所尊也。周宣帝昏亂之主，百世所賤也。如臨之見，則必以桓榮爲不能尊君，以周宣之臣爲能尊君矣。不知道之人益進，不合理之言日聞，雖人主聖明，習熟見聞，亦恐不能無損爾，後世功業益卑，先王粹美之道不複見於世者，正由淺俗之論易信而得行爾。”

“夫先王之道，雖未能盡行；然稽古之心，不可無也。猶學者於聖賢之事，雖未能盡行；然希慕之心不可無也。此乃進學求益之道，今臨之意，則以古先之事爲不足法，今日之事足矣，不可更有進也。此乃塞進善之門，絕稽古之路；方主上春秋之富，進德之際，而其所獻納如是，使勸講之官，稍思職業，敢不辨乎？若陛下以臣言爲非，則狂妄之誅，不敢避也。萬一以臣言爲是，則願陛下明示好古求道之意，使朝廷在位皆知之，雖鄙陋之人，見陛下聖慮高明，不喜淺近，亦將勉思義理，不敢任其卑俗之見，懼獲鄙於聖鑒矣。誠如是，則將見道學日明，至言日進，弊風日革，爲益孰大於此？……”見《文集》卷六。

六月十二日，門人春秋博士劉絢質夫卒，先生爲文祭之。見《文集》卷十一曰：

“嗚呼！聖學不傳久矣。吾生百世之後，志將明斯道，興斯文於既絕，力小任重，而不懼其難者，蓋亦有冀矣。以謂苟能使知之者廣，而用力者衆，何難之不易也。遊吾門者衆矣，而信之篤，得之多，行之果，守之固，若子者幾希。方賴子致力以相輔，而不幸遽亡，使吾悲傳學之難，則所以惜子者豈止游從之情哉？……”

六月，皇帝除喪，將開樂置宴，先生上論開樂御宴奏狀，說：“居喪用喪禮，除喪用吉禮，因事而行，乃常道也。今若爲開樂張宴，則是特爲一喜慶之事，失禮意害人情，無大於此。……伏望聖慈，特賜聽納，自中降旨，罷開樂宴。”見《文集》卷六。

先生每當進講，必宿齋豫戒，潛思存誠，冀以感動皇帝。講說經義，常於文義之外，反復推明，歸之人主。一日，當講《論語》“顏子不改其樂”章，門人或疑此章所論，非人君事也，將何以爲說？及講既畢，乃復言曰：“陋巷之士，仁義在躬，忘其貧賤。人主崇高，奉養備極，苟不知學，安能不爲富貴所移？且顏子，王佐之才也，而簞食瓢飲；季氏，魯國之蠹也，而富於周公。魯君用舍如此，非後世之監乎？”聞者歎服！見胡氏《論語詳說》。皇帝亦首肯之，但不知者，或誚其委曲已甚，先生曰：“不於此盡心竭力，而於何所乎？”《外書·胡氏拾遺》。

皇帝或服藥，先生卽日就醫官問起居。《遺書》鄒德久錄。

入侍之際，容貌極莊嚴。時文彥博以太師平章軍國重事，或侍立，終日不懈。皇帝雖喻以少休，不去也。人或以問先生曰：“君之嚴，視文潞公之恭，孰爲得失？”先生曰：“潞公四朝大臣，事幼主，不得不恭。吾以布衣，職輔導，亦不敢不自重也。”見《邵氏聞見錄》。

一日，聞皇帝在宫中時，起行，漱水，必避螻蟻，因問帝曰：“有是乎？”帝曰：“然，誠恐傷之耳。”先生曰：“願陛下推此心以及四海，則天下幸甚。”《外書》胡氏拾遺。

一日，講罷，未退，皇帝忽起憑檻，戲折柳枝。先生進言曰：“方春發生，不可無故摧折。”皇帝不悦。見馬永卿所編。《劉諫議語錄》但又云：“溫公聞之亦不悦”，道命錄駁之曰：“元年春，先生未爲講官，二年春則溫公已卒矣。”

所講書，有“容”字，宫中人以黄覆之，曰：“上藩邸嫌名也。”先生講罷，進言曰：“人主之勢，不患不尊，患臣下尊之過甚，而驕心萌生耳。此皆近習輩養成之，不可以不戒。請自今以後，凡遇舊名嫌名，皆勿復避。”《遺書》楊遵道錄。

先生嘗對皇帝言“天人之間，甚可畏。作善則千里之外應之，作惡則千里之外違之。昔子陵與漢光武同寢，太史奏客星侵帝座甚急。子陵匹夫，天應如此；況一人之尊，舉措用心，可不戒慎？”《遺書》鮑若雨錄。

又言：“陛下若問如何措置，三年有成？臣即陳三年有成之事。若問如何措置，期月而已；臣卽陳期月之事。”同上。

一日，孫覺莘老講論語，讀‘子畏於匡’爲‘正’。先生曰：“且著箇地名也得。‘子畏於正’，是甚義理？”又講：“‘君祭先飯處’，因說古人飲食必祭，食穀必思始耕者，食菜必思始圃者。先王無德不報，如此。夫爲人臣者，居其位，食其祿，必思何所得爵祿來處，乃得於君也。必思所以報其君。凡勤勤盡忠者，爲報君也。如人主所以有崇高之位者，蓋得之於天，與天下之人共戴也。必思所以報民。古之人視民如傷，若保赤子，皆是報民也。”《遺書》楊遵道錄。

先生每講一書，有以開導人主處，必懇懇言之。始初內臣宮嬪皆攜筆在後抄錄；後來見說著佞人之類，皆惡之。呂大防微仲使人言："今後且刻可傷觸人。"范純仁堯夫曰："但不道著名字，儘說不妨。"同上。

先生在經筵，每進講，必博引廣喻，以曉悟人主。講退，范堯夫曰："先生怎生記得許多？"先生曰："只爲不記，故有許多。若還記，卻無許多也。"《外書·侯子雅言》。

嘗聞後苑以金製水桶，問之，曰："昭慶宮太皇太后物也。"先生曰："若上所御，則吾不敢不諫。"《遺書》楊遵道錄。

執政嘗欲用爲諫官，先生聞之，以書謝絕。《遺書》張思叔錄。

七月，韓維被劾罷職外調，已出國門，先生往送之，維驚曰："子來見我乎？子亦危矣。"先生曰："只知履安地，不知其危。"坐頃之，維不言，先生曰："公有不豫色，何也？"維曰："在維固無足道，所慮者貽兄姊之憂耳。"先生曰："領帥南陽，兄姊何所憂？"維悟曰："正爲定力不固耳。"《遺書》張思叔錄。

經筵承受張茂則嘗招諸講官啜茶，觀畫。先生曰："頤平生不啜茶，亦不識畫。"竟不往。見《龜山語錄》。

或勸先生以加禮近貴，先生曰："何不見責以盡禮，禮諭則已，豈有加也？"《遺書》卷十七。

文彥博、呂公著、范純仁等曾入侍經筵，聞先生講說，退而相與歎曰："眞侍講也。"見《龜山語錄》、《王公繫年錄》、《呂申公家傳》。

一時人士歸先生門下者甚盛，而先生亦以天下自任，論議褒貶，無所顧避。因此，同朝之士，有以文章名世者，恨之如仇，與其黨類，巧爲謗詆。見《龜山語錄》、《王公繫年錄》、《呂申公家傳》。

一日，先生進講，會皇帝患瘡疹，不坐已數日。先生退，詣宰臣問："上不御殿，知道麼？"宰臣曰："不知！"先生曰："二聖臨朝，上不御殿，太皇不當獨坐。且人主有病，而大臣不知，可乎？"次日，宰臣因先生言，奏請問病。因此，大臣亦多不悅。見朱譜引《舊實錄》。

左諫議大夫孔文仲奏劾先生：

"謹按：通直郎崇政殿說書程頤：人物纖汙，天資憸巧；貪黷請求，元無鄉曲之行；奔走交結，常在公卿之間；不獨交口褒美，又至連章論奏；一見而除朝籍，再見而陞經筵。臣頃任起居舍人，屢侍講席，觀頤陳說：凡經義所在，全無發明，必因藉一事，汎濫援引；借無根之語，以搖撼聖聽；推難考之迹，以眩惑淵慮。上德未有嗜好，而常啟以無近酒色；上意未有信向，而常開以勿用小人；豈惟勸導以所不爲，實亦矯欺以所無有。每至講罷，必曲爲卑佞附合之語：借如曰：'雖使孔子復生，爲陛下陳說，不過如此。'又如曰：'伏望陛下燕閒之餘，深思臣之說，無忘臣之論。'又如曰：'臣不敢子細敷奏，慮煩聖聽，恐有听疑，伏乞非時特賜宣問，容臣一一開陳。'當陛下三年不言之際，頤無日無此語，以感切上聽，陛下亦必黽勉爲之應答。又如陛下因咳嗽罷講，及御邇英，學士以下，侍講讀者六七人，頤官最小，乃越次獨候問聖體。橫僭過甚，並無職分。如唐之王伾，王叔文，李訓，鄭注是也。……"以上見《河南程氏外書》第十三。

"遍謁貴臣，歷造臺諫，騰口間亂，以償恩仇，致市井目爲五鬼之魁。請放還田里以示典刑。"見朱譜引《舊實錄》。

先生任崇政殿說書，已一年又八個月。八月二日，奉敕罷說書，差權同管勾西京國子監。先生知是責命，奔走就職。十一月初六日，上狀乞免官歸田里。見《文集》卷六《乞歸田里第一狀》。十二月十四日，接河南府送到尚書省劄子，奉聖旨“不允所乞”。十八日，先生再上一狀，請許歸田里。見同上《第二狀》。

先生離京時，令朱光庭說與范祖禹：“資善堂見畜小魚，恐近冬難畜，託淳夫取來。投之河中。”《外書》朱給事與范太史帖。

冬，門人祕書省校書郎李籲端伯卒，先生爲文祭之。見《文集》卷十。曰：

“自予兄弟倡明道學，世方驚疑，能使學者視效而信從，子與劉質夫（絢）爲有力矣。質夫於予爲外兄弟，同邑而居，同門而學，才器相類，志尚如一。予謂二子可以大受，期之遠到。而半年之間，相繼以亡！使予憂事道者鮮，悲傳學之難！嗚呼！天於斯文，何其艱哉？……”

是年，或明年，尹焞因蘇昞季明之指示，命見先生求教後。半年，方得《大學》《西銘》看。《外書》祁寬記尹和靖語。

## 宋哲宗元祐三年戊辰民前八二四年西一〇八八年先生五十六歲

〔時事〕三月丙辰，韓絳卒。四月辛巳，以吕公著爲司空同平章軍國事，吕大防爲尚書僕射兼門下侍郎，范純仁爲尚書右僕射兼中書侍郎。壬午，以孫固爲門下侍郎，劉摯爲中書侍郎，王存、胡宗愈爲尚書左右丞。是年，戶部統計天下主戶二百一十萬四千七百三十三，丁二千八百五十三萬三千九百三十四，客戶六百一十五萬四千六百五十二，丁三百六十二萬九千零八十三。據《宋史》卷十七。

先生既歸洛中，寄范祖禹書曰：“丞相謂吕公著久留，左右所助，一意正道者，實在原明希哲耳。”見《吕氏童蒙訓》。

元祐中，客有見先生者，几案間無他書，惟印行《唐鑑》一部，先生曰：“近方見此書，三代以後無此議論。”《外書》晁氏客語。

先是，祖禹嘗與先生論唐事，及爲《唐鑑》，盡用先生之論。先生謂門人曰：“淳夫乃能相信如此。”《外書》時紫芝集。

先生言：“今日供職，只第一件便做底不得。吏人押申轉運司狀，頤不曾簽。國子監自係台省，台省係朝廷官，外司有事，合行申狀。豈有台省倒申外司之理？只爲從前人只計較利害，不計較事體，直得恁地！須看聖人欲正名處，見得道名不正時便至禮樂不興，自然往不得。”《遺書》楊遵道錄。

春，第三次上狀，請免官歸田里。謂：“待命三月，未奉俞音。在臣義既當去，敢不固請？與其至於瀆而加罪，曷若因其請而使去。臣非不知享祿勝於躬耕，貧匱不如溫足。顧以讀書爲儒，粗知廉恥；不敢枉道以求苟安。……罔避誅夷，必期俞允。”見《文集》卷六。

待命又三月，仍未得允許。乃上狀乞致仕。見《文集》卷六《乞致仕第一狀》。久之，仍無回音，又上第二狀，謂：“不知臣者，不以臣爲忿躁，必以臣爲沽激，臣豈然哉？臣身傳至學，心存至道。不得行於時，尚當行於已。不見信於今，尚期信於後。安肯失禮害義，以自毀於後世乎？蓋質之聖賢，考之經義，義爲當然爾。……”亦見《文集》卷六。朝廷仍不准致仕，見《文集》卷六《辭免服除直祕閣判西京國子監狀》。

是年先生有代人上宰相《論鄭白渠書》，似代侯仲良上呂大防。以“涇水低下，渠口高仰，”請修復之。見《文集》。三月丙辰，司空檢校太尉致仕韓絳卒。先生代太中公作文祭之。見《文集》卷十一。

## 宋哲宗元祐四年己巳民前八二三年西一〇八九年先生五十七歲

〔時事〕二月甲辰，呂公著卒。五月丁亥，再貶蔡確爲英州別駕，安置新州。六月甲辰，范純仁、王存罷。丙午，以趙瞻同知樞密院事，韓忠彥、許將爲尚書左右丞。十月，戊申，翰林學士蘇轍上《神宗御集》十一月癸未，以孫固知樞密院事，劉摯爲門下侍郎，傅堯俞爲中書侍郎。據《宋史》卷十七。

二月甲辰，司空同平章軍國事呂公著卒。先生代太中公撰祭文曰：

“嗚呼！公稟則異，得天之粹。遘茲昌辰，出爲嘉瑞。生而富貴，處之無累。幼而聰明，充之能至。學既知真，仕則爲道。出入屢更，夷險一操。二聖臨御，人望是從。起藩入輔，命相冊公。平日視公，靜默恂恂。國論所斷，一言萬鈞。謂公無位，位爲相臣。謂公得志，志存未伸。然公心如權衡，所以無閒言於率士。德如山嶽，所以致敬心於人主。從容語默之閒，人孰量其所補？胡上天之不弔？不一老之憖遺。淵水無涯，將孰求於攸濟？百身莫贖，爲有識之同悲。嗚呼哀哉！羸老餘生，辱知有素。二男論忘勢之交，不偶無疇知之路。阻臨穴以伸哀，姑託文而披露。想英靈兮如在，監丹誠而來顧。”見《文集》卷十一《爲家君祭呂申公文》。

冬，趙景平問：“子罕言利與命與仁。所謂利者何利？”先生曰：“不獨財利之利；凡有利心，便不可。爲作一事，須求尋自家穩便處，皆利心也。聖人以義爲利，義安處便爲利。如釋氏之學，皆本於利，故便不是。”又問：“未見蹈仁而死者，何謂蹈仁而死？”曰：“赴水火而死者有矣，殺身成仁者未之有也！”《遺書》己巳冬所聞。

十一月癸未，代太中公書家藏太宗皇帝寶字後。見《文集》卷八。

〔備考〕《涪陵記善錄》記文潞公尹洛，先生時爲判監一條，《池譜》繫於是年。茲因此文公尹洛時，先生尚未入仕；先生判監時，文公在都不在洛；故不錄。

## 宋哲宗元祐五年庚午民前八三一年西一〇九〇年先生五十八歲

〔時事〕二月庚戌，太師文彥博致仕。五月壬申，詔王巖叟等議差役法。九月丁丑，詔復置集賢院學士。據《宋史》卷十七。

正月十三日，父珦病卒於西京國子監官舍，其生平，大略如下：

“程珦字伯溫。少時名溫，字君玉，登朝後始改名。父名遹，母姓張。景德三年正月二十三日，生於京師泰寧坊。寓居黃陂。仁宗天聖中，沾恩，補郊社齋郎，不赴，改黃陂縣尉，任滿閑居，候弟妹娶嫁完了，始赴調廬陵縣尉。改大理寺丞，知興國縣事，在邑幾二年，曾代理南安軍通判，移知龔州事，二歲。遷太子中舍，明堂覃恩，改殿中丞，代還。授知沛縣事。遷國子博士，歸監在京西染院，遷尚書虞部員外郎，知鳳州事。遷司門員外郎。丁母憂，辭職。服除，權判鴻臚寺。英宗卽位，遷庫部員外郎，知磁州事。遷水部郎中。神宗卽位，遷司門郎中。代還，知漢州事，遷庫部郎中。熙寧中，抗議新法，託病乞授代，歸朝，願就閑局，得勾管西京崇福宮，歲滿再任，遷司農少卿。以年及七十，乞致仕，遷中散大夫中大夫。哲宗卽位，遷太中大夫。勳，自騎都尉，至上柱國。爵，累封至永年縣開國伯，食邑九百户。娶侯氏，先三十八年卒。男子六人，應昌、天錫、韓奴、蠻奴、皆夭，第三子顥，先卒，惟第四子頤尚存。女子四人，第二女嫁給席延年，第四女嫁給李正臣，餘夭。孫男五人，端懿、端中、端本、端彦，又端輔早亡，孫女嫁給李偲，朱純之，席彦正，張敷。曾孫六人，昂、昇、昺、昜、旻、暈。享年八十有五。”據《文集》卷十二《書先公自撰墓誌後》。《先公太中家傳》，《宋史》卷四百二十七。

先生撰《先公太中家傳》，述其德性如下：

“公孝於奉親，順於事長，慈於撫幼，寬於治民。……慈恕而剛斷。……與人接淡而有常，不妄交遊；於所信愛，久而益篤。……聞人有慶樂事，喜之如在己，不爲皎皎之行。平生不親附權勢，而請謁常禮亦不廢也。至於親舊之貴顯者，既不與之加親，亦不示之疏遠。故賢者莫不敬愛，不賢者亦無敢慢。……居官臨事，孜孜不倦。歷守四郡，溫恭待下，身率以清慎，所至寮屬無有敢貪縱者。自朝廷行考課法，無歲不居上。平生居官，不以私事笞扑人……謙退不伐善，常歉然自不以爲足。所能者雖曲藝小事，人莫知也。平生所爲詩甚多，自謂非工，卽棄去。退休後所作，方稍編錄，亦未嘗以示人也。”

“自少師曾高祖羽以來，家傳清白。而公處己尤約，官至四品，奉養如寒士，縑素之衣有二三十年不易者。終身非宴會不重肉。既謝事，遂屏朝衣。賓客來者，無貴賤見之，雖公相亦不往謝。方仕宦時，每歎曰：‘我貧未能舍祿仕，苟得早退，休閑十年，志願足矣。’自領崇福，外無職事，內不問家有無者，蓋二十餘年。居常默坐。人問：‘靜坐既久，寧無悶乎？’公笑曰：‘吾無悶也！’家人欲其怡悅，每勸之出遊，時往親戚之家，或園亭佛舍，然公之樂不在此也。嘗從二子遊壽安山，爲詩曰：‘藏拙歸來已十年，身心世事不相關。洛陽山水尋須遍，更有何人似我閑？’顧謂二子曰：‘遊山之樂，猶不如靜坐。’蓋亦非好也。晚與文潞公席君從司馬伯康爲同甲會，洛中圖畫，傳爲盛事。年八十，喪長子。親舊以其慈愛素厚，憂不能堪；公以理自處，無過哀也。頤時未仕，闔門皇皇，不知所以爲生；公不以爲憂也。及頤被召，叨備勸講，人皆慶之；公無甚喜也。……”見《文集》卷十二。

太師文彥博，西京留守韓縝及翰林學士承旨蘇頌等九人，相繼續以其清節奏聞朝廷，並言其子“窘於襄事，伏望特賜矜憫，優其賻卹。”詔賜帛二百匹，仍命地方官吏供其葬事。以四月十五日，安葬於伊川先塋之次。概見《家傳》及《續通鑑》長諭。

先生丁父憂後，卽辭去“管勾西京國子監”之職。見《文集》卷六《辭免服除直秘閣判西京國子監狀》。三月，韓縝請以程琓先生之叔特權管西京國子監。詔從之。《續通鑑長編》。

先生葬父，使周行己恭叔主客，客欲飲酒，行己以告，先生曰：“勿陷人於惡。”

行己自元豐時已入太學，王氏新經之說方盛，獨之西京從先生遊。持身艱苦，塊然一室，未嘗窺牖。幼議母黨之女，元祐登科年未三十，其女雙瞽，遂娶焉，愛過常人。先生曰：“頤未三十時，亦做不得此事。然其進鋭者其退速。”每歎惜之。行己以官事求來洛中，監水南糴場，以就先生。《外書》祁寬記尹和靖語。

行己說先生教人爲學，當自格物始。格物者，窮理之理也。欲窮理，直須思始得。思之有悟處，始可。不然，所學恐有限也。見《呂氏童蒙訓》。

尹焞年二十，方登先生之門。嘗得朱光庭所抄雜說，呈先生，問：“此書可觀否？”先生留半月，一日，焞請曰：“前日所呈雜說如何？”先生曰：“頤在，何必觀此？若不得頤心，只是記得他意！”焞自是不敢復讀。見《涪陵記善錄》。

焞初到，問爲學之方，先生曰：“公要知爲學須是讀書，讀書不必多看，要知其約。多看而不知其約，書肆耳。頤緣少時讀書貪多，如今多忘了。須是將聖人言語玩味入心記著，然後力去行之，自有所得。見《近思錄》。

焞初見，先生教焞看敬字。焞請益，先生曰：“主一則是敬。”焞當時雖領此語，然不若後來看得更親切。以爲“敬有甚形影？只收斂身心，便是主一。且如人到神祠中致敬時，其心收斂，更著不得毫髪事，非主一而何？”《外書》祁寬記尹和靖語。

焞初見，一日，有江南人鮑某守官西京，見先生問仁，曰：“仁者愛人，便是仁乎？”先生曰：“愛人，仁之事耳。”焞歸取論語中說仁事致思，久之，忽有所得，遂見先生請益曰：“焞以仁惟公可盡之。”先生沉思久之，曰：“思而至此，學者所難及也。天心所以至仁者，惟公爾。人能至公，便是仁。”《外書》呂堅中記尹和靖語。

是後數年，鮑若雨商霖、劉安世、疑是劉安上之誤。劉安節數人自太學謁告來洛見先生。問：“‘堯舜之道，孝弟而已矣！’堯舜之道，何故止於孝弟？”先生曰：“曾見尹焞否？”曰：“未也。”先生命往問之。焞曰“堯舜之道，止於孝弟，孝弟非堯舜不能盡。自冬溫夏凊，昏定晨省，以至聽於無聲，視於無形。又如事父孝，故事天明；事母孝，故事地察；天地明察，神明彰矣。直至通於神明，光於四海，非堯舜大聖人不能盡此。”焞復以此語白先生，先生曰：“極是，縱使頤說，亦不過此。”《外書·涪陵記善錄》。

郭忠孝每見先生，問《論語》，先生皆不答，一日，語之曰：“子從事於此多少時？所問皆大，且須切問而近思。”《外書》祁寬記尹和靖語。

南方學者從先生既久，有歸者，或問曰：“學者久從學於門，誰最是有得者？”先生曰：“豈便敢道他有得處？且只是指與得個歧徑，令他尋將去；不錯了，已是忒大煞；若夫自得，尤難其人。謂之得若，便是已有也；豈不難哉？若論隨力量而有見處，則不無其人也。”同上。

〔備考〕《呂氏童蒙訓》記劉元承元禮，宿州高朝奉二條，《池譜》繫於此年，兹不錄。

## 宋哲宗元祐六年辛未民前八二一年西一〇九一年先生五十九歲

〔時事〕二月辛卯，以劉摯爲尚書右僕射兼中書侍郎。龍圖閣待制王巖叟簽書樞密院事。癸巳，以蘇轍爲尚書右丞。三月癸亥，呂大防上《神宗實錄》。六月甲辰，置國史院修撰官。八月己酉，修《神宗寶訓》。甲申，刑部侍郎彭汝礪與執政爭獄事，自乞貶逐，詔改禮部侍郎。十一月乙酉，劉摰罷。壬辰，蘇轍罷，知絳州。據《宋史》卷十七。

二月癸卯，先生奉叔父琥命，到醴泉改葬高祖少監公諱㑊高祖母段太夫人，有祭文。見《文集》卷十二。

程氏自先生兄弟，所葬以昭穆定穴，不用墓師，以五色帛埋，旬日，視色明暗，卜地氣善否。《外書》時紫芝集。

先生嘗作《葬説》，曰：

"卜其宅兆，卜其地之美惡也，非陰陽家所謂禍福者也。地之美者，則其神靈安，其子孫盛。若培壅其根而枝葉茂，理固然矣。地之惡者則反是。然則曷謂地之美者，土色之光潤，草木之茂盛，乃其驗也。父祖子孫同氣，彼安則此安，彼危則此危，亦其理也。而拘忌者惑以擇地之方位決日之吉凶，不亦泥乎？甚者不以奉先爲計，而專以利後爲慮，尤非孝子安厝之用心也。惟五患者不得不慎，須使異日不爲道路，不爲城郭，不爲溝池，不爲貴勢所奪，不爲耕犂所及。五患既慎，則又鑿地必至四五丈，遇石必更穿之，防水潤也。既葬則以松脂塗棺槨，石灰封墓門，此其大略也。……葬之穴尊者居中，左昭右穆而次，後則或東或西，亦左右相對而啟穴也。出母不合葬，亦不合祭。棄女還家，以殤穴葬之。"見《文集》卷十。

先生嘗言："頤家治喪，不用浮圖。在洛亦有一二人家化之，自不用。釋氏道場之用螺鈸，蓋胡人之樂也。今用之死者之側，是以其樂臨死者也。天竺之人重僧，見僧必飯之，因使作樂於前。今乃以爲之於死者之前，至如慶禱亦雜用之，是甚義理？如此事被他欺謾，千百年無一人理會者。"見《遺書》卷十。

## 宋哲宗元祐七年壬申民前八二〇年 西一〇九二年先生六十歲

〔時事〕五月丙午，王巖叟罷知鄭州。六月辛酉，蘇頌爲尚書右僕射兼中書侍郎，韓忠彥知樞密院事，蘇轍爲門下侍郎，范百祿爲中書侍郎。……七月癸巳，詔修《神宗史》。己酉，詔諸路安撫鈐轄司及西京南京，各賜《資治通鑑》一部。據《宋史》卷十七。

三月四日，延和殿奏事，三省進呈：程頤服除，欲與館職，判檢院。蘇轍執政，纔進稟，卽曰："但恐不肯靜。"太皇太后聽信其說，令只與西監。遂除直秘閣，判西京國子監。《續通鑑長編》。王公繫年錄。

三月二十二日，監察御史吳立禮奏劾先生。見《續通鑑長編》。

四月一日，先生接河南府送到官誥，授先生爲左通直郎，直秘閣，權判西京國子監。先生立即將誥命寄納於河南府，上狀辭免，曰："臣志存守道，識昧隨時，俗所忌憎，動招謗毀，昨蒙擢任，既以人言被黜，爲朝廷羞矣。今復授以職任，適足重爲朝廷羞，無所益於明時，徒取笑於後世。伏望……追寢恩命……許歸田里。"見《文集》卷六《辭免服除直祕閣判西京國子監狀》。十九日，奉聖旨："不許辭免。"先生再上一狀，略云：

"伏念臣力學有年，以身任道，唯知耕養以求志，不希聞達以干時。皇帝陛下，詔起臣於草野之中，面授以講說之職。臣竊思之，得以講學侍人主，苟能致人主堯舜禹湯文武之道，則天下享唐虞夏商周之治。儒者逢時，孰過於此。臣是以慨然有許國之心。有職歲餘，夙夜畢精竭慮，蓋非徒爲辯辭解釋文義，唯欲積其誠意，感通聖心。傒交發志之孚，方進沃心之論，實覬不傳之學，復明於今日，作聖之效，遠繼於先王。自二年春後來，臣每進說，陛下常首肯應臣，臣知陛下聖資樂學，誠自以謂千載之遇也。

“而不思道大則難容，跡孤者易躓。入朝見嫉，世俗之常態。名高毀甚，史冊之明言。如臣至愚，豈免衆口？不能取信於上，而欲爲繼古之事，成希世之功，人皆知其難也。臣何狂簡，敢爾覬幸？宜其獲罪明時，見嗟公論，志既乖於事道，義當致於爲臣。屢懇請而未從，俄遭憂而罷去。銜恤既終於喪制，退身常遂於初心，豈捨天哉？忠戀之誠雖至，不得已也，去就之義當然。

“自惟衰邁之軀，得就安閑之地。聞今傳後，更有望於殘年。行道致君，甘息心於聖世。……敢冒萬死，上還恩命。……”見《文集》卷六《再辭免狀》。

〔備考〕朱熹曰：“明道德性寬大，規模廣闊。伊川氣質剛方，文理密察。其道雖同，而造德各異。故明道嘗爲條例司官，不以爲浼；而伊川所作行狀，乃獨不載其事，明道猶謂青苗可且放過，而伊川乃於西監一狀，較計如此：可謂不同矣。然明道之放過。乃孔子之獵較爲兆；而伊川之一一理會，乃孟子之不見諸侯也。然此亦何害其爲同耶？但明道所處是大賢以上事，學者未至而輕議之，恐失所守。伊川所處雖高，然實中人皆可跂及。學者只當以此爲法則，庶乎寡過矣。”

四月己卯，禮部侍郎兼侍講范祖禹言程頤本末，別具論列。又奏云：

“臣伏見元祐之初，陛下召程頤，對便殿，自布衣除崇政殿說書，天下之士皆謂得人，實爲希闊之美事。而纔及歲除，卽以人言罷之。頤之經術行誼，天下共知。司馬光、呂公著皆與頤相知二十餘年，然後舉之。此二人者，非爲欺罔，以誤聖聽也。頤在經筵，切於皇帝陛下進學，故其講說，語常繁多草茅之人，一旦入朝，與人相接，不爲關防，未習朝廷事體。而言者謂頤大佞大邪，貪黷請求，奔走交結；又謂頤欲以故舊傾大臣，以意氣役台諫。其言皆誣罔，非實也。蓋當時台諫官王岩叟，朱光庭，賈易，皆素推服頤之經術，故不知者指以爲頤黨。陛下慎擇經筵之官，如頤之賢，乃足以輔導聖學。至如臣輩，叨備講職，實非敢望頤也。臣久欲爲頤一言，懷之累年，猶豫不果。使頤受誣罔之謗，於公正之朝，臣每思之，不無愧也。今臣已乞去職，若復召頤勸講，必有補聖明。臣雖終老於外，亦無憾矣。”見《范太史家傳》。

祖禹屢請出知梓州，執政擬從其請，太皇太后曰：“皇帝未欲令去，且爲皇帝留之。”執政諭旨，祖禹乃不敢復請。見《續通鑑長編》。

〔備考〕朱熹曰：“范公雖不純師程氏，而實尊仰取法焉。其於東坡，則但以鄉鄗遊從之好，素相親厚；而立朝議論，趣向略同；至其制行之殊，則迥然水火之不相入。且觀其辨理伊川之奏，則其心豈盡以東坡爲是哉？但不能辨之於當時，而發之數年之後，此剛強不足，不免乎兩徇之私者。而其重在此，卒不能勝其義理之心也。”名達按此事，朱熹所作年譜繫於元祐九年。茲考《續通鑑長編》，改繫於此。

四月十四日，吳立禮再劾先生。見《續通鑑長編》。

五月甲申，監察御史董敦逸奏劾先生曰：

“……程頤辭免職名表辭云‘不用則已獲罪明時，不能取信於上’，又有：‘道大難容，名高毀甚’之語。怨躁輕妄，不可縷數。至引孔孟伊尹以爲比，又自謂得儒者進退之義。惑衆慢上，無甚於此。伏乞朝廷，追寢前命。”見《續通鑑長編》。

五月十日，准勑：“許辭免直秘閣，權判西京國子監。特授左通直郎，管勾西京嵩山崇福宮。”先生更不敢固違朝命，卽將勑領訖。具奏以見患腰跨，拜受未得，候痊損日謝恩，受職次。見《文集》卷六《謝管勾崇福宮狀》,《續通鑑長編》。

五月，范祖禹奉舉秘書省正字呂大臨可備勸講，未及用而卒。見《蘇文忠集》呂與叔輓詞註,《續通鑑長編》。《程氏遺書》註“辛未與叔卒,”誤也。

八月，受命已滿百日，而腰跨仍未痊，狀申河南府，欲乞尋醫。因此得免就職。見《文集》卷六《辭免再除直祕閣判監狀》。

朝廷議授游酢以正言。蘇轍沮止，毀及先生。宰相蘇頌子容曰:“公未可如此。頌觀過其門者，無不肅也。”《外書》時紫芝集。

## 宋哲宗元祐八年癸酉民前八一九年 西一〇九三年先生六十一歲

〔時事〕正月甲申，蔡確卒。二月辛亥，禮部尚書蘇軾言:高麗使乞買歷代史及《策府元龜》等書，宜却其請，不許。省臣許之。軾又疏陳五害，極論其不可。詔:書籍曾經買者聽。三月甲申，蘇頌罷。辛卯，范百祿罷五月辛卯，監察御史董敦逸、黃慶基、以論蘇軾蘇轍罷爲湖北福建轉運判官。七月丙子，以范純仁爲尚書右僕射兼中書侍郎。九月戊寅，太皇太后卒。十一月丙子，皇帝始御殿聽政。據《宋史》卷十七。

五月，楊時以師禮見先生於洛陽之長壽寺，拜表院。留側十日，往訪游酢，復同游返洛，再留數日而赴瀏陽縣任。據《龜山年譜》。

九月，太皇太后既卒，先生往赴。呂大防爲山陵使。皇帝初親政，未及二月，念及勸學舊臣，重申祕閣西監之命，先生再辭不就。見《文集》卷六《辭免再除直秘閣判監狀》,《再辭免狀》。《遺書》張思叔錄。大防謂先生曰:“仲尼亦不如是。”先生對曰:“公何言哉！頤何人，而敢比仲尼？雖然，頤學仲尼者，於仲尼之道，固不敢異。公以謂仲尼不如是，何也？”大防曰:“陳恆殺其君，請討之，魯不用，則亦已矣。”先生未及對，會殿帥苗授至，先生避之幕府，見大防之壻王讜。讜曰:“先生不亦甚乎？欲朝廷如何處先生也？”先生曰：“且如朝廷議北郊，所議不合禮，取笑天下後世，豈不知有一程頤亦嘗學禮，何爲而不問也？”讜曰：“北郊如何？”曰：“此朝廷事，朝廷不問而子問之，非可言之所也。”其後有問：“呂公所言陳恆之事，是歟？”先生曰：“於傳，仲尼是時已不爲大夫，公言誤也。”

大防又曰：“國家養兵乃良策，凡四方有警，百姓皆不知。”先生曰：“相公豈不見景德中事耶？驅良民刺面，以至及士人。蓋有限之兵忽損三五千人，將何自而補？要知兵須是出於民可也。”《遺書》附雜錄後。

大防以百縑遺先生，先生辭之。時先生族兄子公孫在旁，謂先生曰：“勿爲已甚，姑受之！”先生曰：“公之所以遺頤者，以頤貧也。公位宰相，能進天下之賢，隨才而任之，則天下受其賜也。何獨頤貧也？天下貧者亦衆矣，公帛固多，恐公不能周也！”《遺書》張思叔錄。

殿帥苗授問先生曰：“朝廷處先生，如何則可？”先生對曰：“且如山陵事，苟得專處，雖永安尉可也。”《遺書》張思叔錄。

授子履見先生，謂及一武帥，曰：“此人舊日宣力至多，今官高而自愛，不肯向前。”先生曰：“何自待之輕乎？位愈高則當愈思所以報國者。饑則爲用，飽則遠颺，是以鷹犬自期也。”《外書》上蔡語錄。

有人云：“先生除國子監之命不受，是固也。”先生因言：“近煞有人以此相勉，頤答之曰：‘待饑餓不能出門戶時，當別相度。’”《遺書》楊遵道錄。

游酢問先生：“戒慎乎其所不覩，恐懼乎其所不聞；及其至也，至於無聲無臭乎？”先生曰：“馴此可以至矣。”後，尹焞與周行已以此語問先生，先生曰：“然其間亦豈無事？”行已請問，先生曰：“如荀子云：‘學者始爲士，終乎聖人’，可以明之。”《外書》呂堅中記尹和靖語。

或問佛戒殺生之說如何？先生曰：“儒者有二說：‘一說：天生

禽獸，本爲人食。’此説不是。豈有人爲蟣蝨而生耶？一説：‘禽獸待人而生，殺之則不仁。’此説亦不然。大抵力能勝之者皆可食。但君子有不忍之心耳。故曰：‘見其生，不忍見其死；聞其聲，不忍食其肉。是必君子遠庖廚也。’舊先兄嘗見一蝎，不忍殺，放去，頌中有二句云：‘殺之則傷仁，放之則害義。’”見《外書》卷八。按以上二條皆未必此年。

先生曰：“吾四十歲以前，誦讀；五十以前，研究其義；六十以前，反覆紬繹；六十以後，著書；著書不得已。”《遺書》鄒德久錄。

## 宋哲宗紹聖元年甲戌民前八一八年西一〇九四年先生六十二歲

〔時事〕三月，丁酉，蘇轍罷。四月壬子，蘇軾坐前掌制命，語涉譏訕，落職知英州。甲寅，以王安石配饗神宗廟庭。壬戌，以章惇爲尚書左僕射兼門下侍郎，范純仁罷。丙寅，罷五路經律通禮科。丁卯，詔：諸路復元豐免役法。戊辰，同修國史蔡卞請重修《神宗實錄》。閏月癸酉，罷十科舉士法。丙申，命章惇提舉修《神宗國史》。五月甲辰，罷進士習試詩賦，令專二經，立宏詞科。己酉，修國史會布請以王安石《日錄》，載於《神宗實錄》。癸丑，詔編類元祐羣臣章疏及更改事條。六月甲戌，來之邵等疏劾蘇軾詆斥先朝，詔：謫惠州。癸未，以翰林學士承旨曾布同知樞密院事。甲申，除進士引用王安石《字説》之禁，七月丁巳，以御史黄復、周秩，諫官張商英言，貶吕大防、劉摯、蘇轍、梁燾等。戊午，詔大臣朋黨自司馬光以下，各輕重議罰。九月庚戌，罷制科，罷廣惠倉。十二月，甲午，范祖禹、趙彦若、黄庭堅坐史事責授教官，永豐黔州安置。據《宋史》卷十八。自此以後，新派復興。

楊國寶應之卒，先生作文祭之。見《文集》卷十二。

三月辛丑，朱光庭卒，先生祭之曰：

“自予兄弟倡學之初，衆方驚異。君時甚少，按只少先生四歲。獨信不疑。非夫豪傑特立之士，能如是乎？不幸七八年之間，同志共學之人，相繼而逝，劉質夫、李端伯、呂與叔、范巽之、楊應之，相繼而死也。今君復往，使予踽踽於世，憂道學之寡助，則予之哭君，豈獨交朋之情而已！……”見《文集》卷十二《祭朱公掞文》。

“朱光庭字公掞，河南偃師人。嘉祐二年，登進士第。調萬年主簿，與程顥張山甫並稱關中三傑。神宗初年，爲修武垣曲等縣令，後佐呂大防守長安。哲宗初，以司馬光薦，爲左正言，首以辨大臣忠邪爲言，又請天子燕閒與儒臣講習，罷提舉常平官，不散青苗錢，廣儲蓄，備水旱，太學置明師以養人才，論奏無虛日。太皇太后嘉其正直，諭以朝政闕失，當安心言之，勿畏避。光庭因此更知無不言。對進退大臣，損益政事，密勿啟沃，多見施行。遷左司諫，論急務十事：一議官制，二罷保甲，三糾合宗室，四省浮費，五罷京師倉法，六汰冗官，七議河患，八慎數易吏，九懲獄官慘酷，十禁淫祠。拜右諫議大夫，選給事中。以論事求外補，知亳州，旋復召爲給事中，坐封還丞相劉摯罷政麻制落職，復知亳州。歲餘，知潞州，遷集賢院學士。至是，以賑災感疾卒。年五十八。光庭爲人端厚方重，望之可畏，即之謙恭虛己，常若不足。修身治家，居官立朝，與朋友交，一以至誠。初受學於胡瑗。告以爲學之本，主於忠信；光庭終身行之。後又從二程先生於洛陽，其所聞以格物致知爲正道之門，正心誠意爲入德之方；光庭服行之，造次不忘，見善惟恐不及，見不善如避水火。常謂百世以俟聖人而不惑者，惟孔孟爲然；故力排異端，以扶聖道。家資素厚，所取甚薄，歷仕清顯，其自奉如故時。”據《伊洛淵源錄》引范祖禹《朱給事墓誌銘》。

三月，廷試進士，中書侍郎李清臣發策問曰：“今後詞賦之選，而士不知勸；罷常平之倉，而農不加富；可差可募之說雜，而役法病；或東或北之論異，而河患滋；賜土以柔遠，而羌戎之患未息；弛利以便民，而商賈之路不通，夫可則因，否則革，惟是之爲當。聖人亦何取必哉？”意在絀元祐之政。於是紹述之論大興，國是一變。見《宋史》李清臣傳。先生門人尹焞應舉，乃歎曰：“尚可以干祿乎哉？”不對而出，告先生曰：“焞不復應進士舉矣。”先生曰：“子有母在。”焞婦告其母陳氏，母曰：“吾知汝以善養，不知汝以祿養。”先生聞之曰：“賢哉母也。”見《伊洛淵源錄》。

楊畏倡議起復章惇爲相，專以紹述爲名，凡元祐所革政事，一切復之。力引其黨報復仇怨，小大之臣，無一得免。見《宋史・章惇傳》。惇欲起用邵伯溫，雍子。伯溫不往，會法當赴吏部銓，先生訓伯溫曰：“吾危子之行也。”伯溫曰：“豈不欲見先公於地下耶？”見《宋史・邵伯溫傳》。

或問：“先生曾定六禮，今已成未？”先生曰：“舊日作此，已及七分。後來被召入朝，既在朝廷，則當行之朝廷，不當爲私書。既而遭憂，又疾病數年。今始無事，更一二年可成也。”“聞有五經解，已成否？”曰：“惟《易》須親撰。諸經則關中諸公分去，以頤說撰成之。《禮》之名數，陝西諸公刪定，已送與呂與叔。與叔今死矣，不知其書安在也？然所定只禮之名數；若禮之文，亦非親作不可也。”見《遺書》劉元承編，似係此年所說。

先生嘗作《禮序》：

“經禮三百，威儀三千，皆出於性，非僞貌飾情也。鄙夫野人，卒然加敬，逡巡遜卻，而不敢受。三尺童子，拱而趨市；暴夫悍卒，莫敢狎焉。彼非素有於教，與邀譽於人而然也；蓋其所有於性，物感而出者如此。故天尊地卑，禮固立矣。類聚羣分，禮固行矣。人者位乎天地之間，立乎萬物之上，天地與吾同體，萬物與吾同氣，尊卑分類，不設而彰。聖人循此，制爲冠婚喪祭朝聘燕饗之禮，以行君臣父子兄弟夫婦朋友之義。其形而下者，其於飲食器服之用；其形而上者，極於無聲無臭之微。衆人勉之，賢人行之，聖人由之，故所以行其身與其家與其國與其天下，禮治則治，禮亂則亂，禮存則存，禮亡則亡。上自古始，下逮五季，質文不同，罔不由是。然而世有損益，惟周爲備。是以夫子嘗曰：‘郁郁乎文哉，吾從周。’逮其弊也，忠義之薄，情文之繁，林放有禮本之問，而孔子欲先進之從，蓋所以矯正反弊也。然豈禮之過哉？爲禮者之過也。”

“秦氏焚滅典籍，三代禮文大壞。漢興，購書，《禮記》四十九篇雜出諸家傳記，不能悉得聖人之旨。考其文義，時有牴牾。然而其文繁，其義博；學者觀之，如適大通之衢，珠珍器帛，隨其所取；如遊阿房之宮，千門百户，隨其所入。博而約之，亦可以弗畔。蓋其説也，粗在應對進退之間，而精在道德性命之要，始於童幼之習，而終於聖人之歸。惟達於道者，然後能知其言，然後能得於禮。然則禮之所以爲禮，其則不遠矣。昔者顔子之所從事不出乎視聽言動之間；而《鄉黨》之記，孔子多在於動容周旋之際。此學者所當致疑以思，致思以達也。”見性理全書，文集不錄。

〔備考〕陳亮《伊洛禮書補亡序》曰：“吾友陳君舉（傅良）爲予言：季宣（士隆）嘗從袁道潔遊，道潔及事伊川，自言得伊洛禮書，不及授士隆而死。今不知其書在何處。伊川嘗言：‘舊修六禮已及七分，及被召乃止，今更一年可成。’則信有其書矣。道潔之所藏近是，惜其書之散亡不可見也。因集其遺言中，凡參考禮儀而是正其可行與不可行者，以爲《伊洛禮書補亡》；庶幾遺意未泯，而或者其書尚可治也。”又，《遺禮通考序》有曰：“伊洛遺禮，其可見者，惟婚與喪禮僅存其一二，以附諸《禮書補亡》之後。”

## 宋哲宗紹聖二年乙亥民前八一七年 西一〇九五年先生六十三歲

〔時事〕正月甲辰，詔國史院增補先帝御集。二月乙亥，呂大防以監修史事貶秩，安州居住。據《宋史》卷十八。

七月，先生因閱故編，偶見昔年所作《遺金閑志》，思呂大臨與叔之不幸早卒，爲之淚下。見《文集》卷八。

## 宋哲宗紹聖三年丙子民前八一六年 西一〇九六年先生六十四歲

〔時事〕正月庚子，韓忠彥罷。八月庚辰，以范祖禹、劉安世在元祐中構造誣謗，祖禹貶昭州別駕，賀州安置，安世貶新州別駕，英州安置。十一月丁未，章惇上重修《神宗實錄》。據《宋史》卷十八。

先生嘗與韓維約：候維年八十一，往見之。是歲元日，因子姪賀正，乃曰："我今年有一債未還，春中當暫往潁昌見韓持國。"既往，久留。維早晚伴食，禮貌加敬。一日，密謂其子宗質彬叔曰："先生遠來，無以爲意。我有黃金藥楪一，重三十兩，似可爲先生壽。然未敢遽言之。我當以他事使汝待食，因從容道吾意。"宗質侍食如所戒，試啟之。先生曰："頤與乃翁道義交，故不遠而來，奚以此爲？"詰朝，遂辭歸。維謂其子曰："我不敢言，正爲此耳。"再三謝過而別。見《外書》記尹和靖語。

維與先生語，歎曰："今日又暮矣。"先生曰："此常理，從來如是，何歎爲？"維曰："老者行去矣。"曰："公勿去可也。"維曰："如何能勿去？"先生曰："不能則去可也。"見《遺書》張思叔錄。

先生答楊時《論西銘書》：

"前所寄《史論》十篇，其意甚正，纔一觀，便爲人借去。俟更子細看。”

“《西銘》之論，則未然。横渠立言，誠有過者，乃在正蒙。《西銘》之爲書，推理以存義，擴前聖所未發。與孟子‘性善’‘養氣’之論同功。二者亦前聖所未發。豈墨氏之比哉？《西銘》明理一而分殊，墨氏則二本而無分。老幼及人，理一也。愛無差等，本二也。分殊之蔽，私勝而失仁。無分之罪，兼愛而無義。分立而推理一，以止私勝之流，仁之方也。無別而迷兼愛，至於無父之極，義之賊也。子比而同之，過矣。且謂言體而不及用；彼欲使人推而行之，本爲用也，反謂‘不及’，不亦異乎？”見《文集》卷九。

楊時書此書尾云：“判然無疑。”先生聞之曰：“楊時也未判然。”見《外書》祁寬記尹和靖語。

〔備考〕朱熹曰：“天地之間，理一而已。然乾道成男，坤道成女，二氣交感，化生萬物，則其大小之分，親疎之等，至於十百千萬，而不能齊也。不有聖賢者也，孰能合其異而反其同哉！《西銘》之作，意蓋如此，程子以爲‘明理一而分殊’，可謂一言以蔽之矣。蓋以乾爲父，以坤爲母，有生之親，無物不然。所謂理一也。而人物之生，血脈之屬，各親其親，各子其子，則其引亦安得而不殊哉？一本而萬殊，則雖天下一家，中國一人，而不流於兼愛之弊。萬殊而一貫，則雖親疏異情，貴賤異等，而不牿於爲我之私，此《西銘》之大旨也。觀其推親親之厚，以大無我之公；因事親之誠，以明事天之道。蓋無適而非所謂分立而推理一也。夫豈專以民吾同胞，長長幼幼爲理一，而必默識於言意之表，然後知其分之殊哉？”

或問：“《西銘》何如？”先生曰：“此横渠文之粹者也。”曰：“充得盡時如何？”曰：“聖人也。”“横渠能充盡否？”曰：“言有多端：有有德之言，有造道之言，有德之言，說自己事，如聖人言聖人事也。造道之言，則知足以知此，如賢人說聖人事也。橫渠道儘高，言儘醇；自孟子後儒者都無他見識。”見《遺書》劉元承編，但未必是年說。

〔備考〕李光地曰：“程子於《明道墓表》，既以之接孟子之傳。於橫渠則曰：‘自孟子後，只有原道一篇；《西銘》則原道之宗祖也。”又曰：“自孟子後，儒者都無他見識。”或疑程子所以尊濂溪者，反橫渠之不如。然其所以表章《西銘》而不及《太極》，原有深指存焉，朱子言之悉矣。其評論語次，雖未聞以孟氏以後之統歸之；然孔顏之樂，乃程子自言授受之要；非其實到仲尼顏子樂處，則豈能開端指示？而使學者尋之哉？夫得孔顏之心，而不傳孔顏之道，未之有也。濂溪之心得者深，明道橫渠之友教者廣，亦猶顏子潛德於孔子之門，孟子修業於戰國之世，故推尊之論，各有攸當，未可執一以疑其二也！如後世多稱孔孟，然未聞有以是掩顏子者；推是，可以論伊洛淵源之際矣。”（見《程子遺書纂》名達按：李氏此論，牽強之至。）

先生曰：“游酢於《西銘》，讀之已能不逆於心言語之外，別立得這個意思，便到中庸矣。”見《伊洛淵源錄》。

李朴字先之，興國人。離洛時，請教於先生。先生言當養浩然之氣，語朴曰：“觀張子厚所作《西銘》，能養浩然之氣者也。”見《呂氏童蒙訓》。以上二條皆未必此年。

## 宋哲宗紹聖四年丁丑民前八一五年 西一〇九七年先生六十五歲

〔時事〕二月追毀程頤出身以來文字，放歸田里。見《道命錄》。己卯，復元年榷茶法。癸未，再貶呂大防、劉摯、蘇轍、梁燾、范純仁，安置於循、新、雷、化、永五州。劉奉世分司南京，韓維以下三十人貶黜有差。甲申，降文彥博爲太子少保。甲辰，再貶蘇軾、范祖禹、劉安世，安置於昌化軍、賓州、高州。三月壬子，命官編類司馬光等改廢法度，論奏事狀。五月丁巳，文彥博卒。十一月癸酉，再貶劉奉世安置於柳州。丁丑，詔放歸田里程頤，涪州編管。據《宋史》卷十八。

六月乙酉，叔父琉卒，先生誌銘其墓。見《文集》卷十二《叔父朝奉墓誌銘》。

皇帝與輔臣語及元祐政事，曰："程頤妄自尊大，在經筵多不遜。"於是言者論先生與司馬光同惡相濟，削籍，送涪州編管。見《道命錄》及朱譜引實錄。

河南尹李直邦令都監來見先生，才出見之，便請上轎，先生欲略見叔母，亦不許。莫知朝命云何。是夜，宿於都監所。明日，差人管押成行。親友贐行，先生皆受之。至龍門，邦直遣人贐金百星，先生不受。門人問先生："臨行時，諸公贐行，皆受。邦直亦是親戚，何爲不受？"先生曰："與頤相知，即可受。渠是時已與頤不相知，豈可受耶？"見《伊洛淵源錄》卷四。

門人謝良佐曰："是行也，良佐知之，乃族子公孫與邢恕之爲爾！"先生曰："族子至愚，不足責。故人情厚，不敢疑。孟子既知天，焉用尤臧氏？"見語錄。良佐因問："邢七即邢恕雖爲惡，然必不到更傾先生也？"先生曰："然！邢七亦有書到頤云：'屢於權宰處言之。'不知身爲言官，卻說此話！未知傾與不傾，只合救與不救，使在其間。"又問："邢七久從先生，想都無知識，後來極狼狽。"先生曰："謂之全無知識，則不可。只是義理不能勝利欲之心，便至於此也。"見《伊洛淵源錄》卷十四。

先生素與邢恕善，而恕雅不樂林希，希謀與諫官共攻之。先生編管，蓋希力，希意恕必救，因以傾恕。恕語人曰："便斬程頤萬段，恕亦不救。”聞者笑之。見《續通鑑長編》。

翟霖送先生西遷，道宿僧舍，坐處背塑像，先生令將倚勿背。霖問曰：“豈以其徒敬之，故亦當敬耶？”先生曰：“但具人形貌，便不當慢。”見《龜山語錄》。

先生貶涪州，渡漢江，中流，船幾覆，舟中人皆號哭，先生獨正襟安坐如常。已而及岸，同舟有老父問曰：“當船危時，君正坐，色甚壯，何也？”先生曰：“心存誠敬耳。”老父曰：“心存誠敬固善；然不若無心。”先生欲與之言，而老父徑去。見《外書》聞見錄。

## 宋哲宗元符元年戊寅民前八一四年西一〇九八年先生六十六歲

〔時事〕四月丙戌，章惇進《神宗帝紀》。據《宋史》卷十八。

先生《祭四十一郎文》云：“寃痛之深，衷腸如割。吾知汝有未伸之志，抱無窮之憾，吾當致力慰汝心於泉下。又汝婦盛年，自今當待之加厚，冀其安室。嗣子循良，今已可見，當教誨之，期於成立，則汝爲有後矣”。見《文集》卷十二。四十一郎當即明道之子端本，舉進士後，爲醴泉令。病陰症傷寒，而邑之醫者乃大下之，又與洗心散，遂至寃死。家人呈狀按訴。先生貽書知永興軍謝師直，請依法懲辦，“使庸醫之輩，皆知戒慎，不敢輕視人命”。見《文集》。此書又云：“頤至愚，學道幾五十年，惟是自信行頤所知，不敢爲世俗所移。知之罪之，則繫乎人焉”。

十月甲午，范祖禹卒於化州。見《續通鑑長編》。

十一月初九日與舍堂謝君湜，字持正。書曰：

“……某偕小子甚安。來春本欲作《春秋》文字，以此無書，故未能；卻先了《論》《孟》或《禮記》也。《春秋》文義數十，皎如日星，不容遺忘。只恐細微義例，老年精神有所漏落。且請推官用意尋究，後日見助。如往年所說，許止蔡般書葬類是也。若欲治易，先尋繹令熟，只看王弼、胡先生、王介甫三家文字，令通貫。餘人易說，無取枉費功。年亦長矣，宜汲汲也。……”見《文集》。

〔備考〕朱熹跋此書云：“近世學者，閱理不精，正坐讀書草草耳。況《春秋》大義數十，炳若日星，固已見於傳序；而此所謂“不容遺忘一者，又非先生決不能道也。夫三綱五常，大倫大法，有識以上，卽能言之。而臨小利害，輒已失其守；正以學不足以全其本心之正，是以無所根著而忘之耳。旣有以自信，其不容遺忘，又不覺因事而形於筆札之間，非先生之德盛仁熟，左右逢原，能及是耶？謝君名見張思叔所記師說，而崇觀間久官太學，未知果能若所聞否？其家尚藏此帖，因識其後，使覽者有以知夫學之有統，道之有歸，而不但爲文字之空言，以譁取世寵已也”。

## 宋哲宗元符二年己卯民前八一三年 西一〇九九年先生六十七歲

〔時事〕五月乙丑，進章惇官五等，曾布三等，許將、蔡卞、黃履、皆二等。據《宋史》卷十八。

正月庚申，撰《易傳》成，序曰：

“易，變易也。隨時變易以從道也。其爲書也，廣大悉備，將以順性命之理，通幽明之故，盡事物之情，而示開物成務之道也。聖人之憂患後世，可謂至矣。去古雖遠，遺經尚存。然而前儒失意以傳言，後學誦言而忘味。自秦而下，蓋無傳矣。予生千一有“餘”字載之後，悼斯文之湮晦，將俾後人沿一作泝流而求源，此傳所以作也。易有聖人之道四焉：以言者尚其辭，以動者尚其變，以制器者尚其象，以卜筮者尚其占。吉凶消長之理，進退存亡之道，備於辭。推辭考卦，可以知變，象與占在其中矣。君子居則觀其象而玩其辭，動則觀其變而玩其占。得於辭，不達其意者，有矣；未有不得於辭而能通其意者也。至微者理也，至著者象也。體用一源，顯微無間。觀惠通以行其典禮，則辭無所不備。故善學者求言必自近；易於近者，非知言者也。予所傳者辭也，由辭以得意則在一作存乎人焉”。見《周易程氏傳》。

又作《易序》曰：

“《易》之爲書，卦爻彖象之義備，而天地萬物之情見，聖人之憂天下來世，其至矣。先天下而開其物，後天下而成其務。是故極其數以定天下之象，著其象以定天下之吉凶，六十四卦，三百八十四爻，皆所以順性命之理，盡變化之道也。散之在理，則有萬殊；統之在道，則無二致。所以易有太極，是生兩儀。太極者，道也。兩儀者，陰陽也。陰陽，一道也。太極，無極也。萬物之生。負陰而抱陽，莫不有太極，莫不有兩儀，絪緼交感，變化不窮。形一受其生，神一發其智，情僞出焉，萬緒起焉。易，所以定吉凶而生大業。故易者，陰陽之道也。卦者，陰陽之物也。爻者，陰陽之動也。卦雖不同，所同者奇偶。爻雖不同，所同者九六。是以六十四卦爲其體，三百八十四爻互爲其用。遠在六合之外，近在一身之中，暫於瞬息，微於動靜，莫不有卦之象焉，莫不有爻之義焉。至哉易乎！其道至大而无不包，其用至神而无不有。時固未始有一，而卦亦未始有定象。事固未始有窮，而爻亦未始有定位。以一時以卦索，則拘於无變，非易也。以一事而明爻，則窒而不通，非易也。知所謂卦爻彖象之義，而不知有卦爻彖象之用，亦非易也。故得之於精神之運，心術之動，與天地合其德，與日月合其明，與四時合其序，與鬼神合其吉凶，然後可以謂之知易也。雖然，易之有卦，易之已形者也。卦之有爻，卦之已見者也。已形已見者，可以言知。未形未見者，不可以名求。則所謂易者果何如哉？此學者所當知也”。見《周易程氏傳》。

〔備考〕竇克勤曰：“周子《太極圖》原本於《易》，程子《易序》又原本於《太極圖》。熟讀《易序》，見得《程子》只看得《太極圖》通透，有心解神會之妙，故言言皆拍合耳”。

先是，涪陵人譙定少學《易》於郭曩氏，後至京，聞先生講道於洛，特潔衣往見，得聞精義，造詣深至，浩然而歸。及先生貶涪陵，相與游詠北山之巖。見邵氏《宏簡錄》。後，定以易學授劉勉之、胡憲。見宋儒學案。

范祖禹之喪，自化州歸葬華陽，先生爲之經理，掘地深數丈，不置一物。葬之日，招左近父老，犒以酒食，示之。其後發冢者相繼，而視禹墓獨完。見《外書》時紫芝集。

尹焞嘗問苑祖禹之爲人，先生曰：“其人如玉。”同上。

## 宋哲宗元符三年庚辰民前八一二年西一一〇〇年先生六十八歲

〔時事〕正月己卯，帝死，廟號哲宗。曾布、蔡卞、許將等擁皇弟佶卽帝位。四月甲辰，以韓忠彥爲右相。辛亥，大赦天下。丁巳，詔范純仁等復官宮觀。蘇軾等徙內郡居住。癸亥，罷編類臣僚章疏局。五月乙酉，蔡卞罷。九月甲子，詔修《哲宗實錄》。辛未章惇罷。丁丑，詔修《神宗史》。十月丙申，蔡京出知永興軍，貶章惇爲武昌軍節度副使。丁酉，韓忠彥爲左相。壬寅，曾布爲右相。己未，詔禁曲學偏見，妄意改作，以害國事者。十一月丁卯，詔修《六朝寶訓》，十二月甲辰，詔修《國朝會要》。據《宋史》卷十九。

正月，先生似曾被移送峽州編管。

〔考證〕朱譜原載：“三年正月，徽宗卽位，移峽州。”名達按：徽宗初立时，並未有詔移元祐黨人內郡居住，不知朱譜此條根據何書，考外書載汪端明記，祁寬記尹和靖語，《聞見錄》，《呂氏雜志》，《涪陵記善錄》，皆云："先生自涪州歸，未有提及峽州者。查《宋史》卷十九，大赦天下，詔元祐黨人蘇軾等徙內郡居住，乃四月間事。因此可知先生以赦歸洛，其時爲四月，地點爲涪州。而朱譜所載"移峽州"一語，恐是並無其事。

四月，先生奉到大赦令："復宣德郎，任便居住。"制見曲阜集。自涪州歸。順流而下，峽江峻急，風作浪湧，舟人皆失色，而先生端坐不動。據《邵氏聞見錄》。過襄州，知州楊畏此人反覆無常，當時目爲'楊三變'。待之甚厚。先生曰："頤罪戾之餘，安敢當此？"畏曰："今時事已變。"先生曰："時事雖變，頤安敢變？"據《外書》汪端明記。又祁寬記尹和靖語亦有楊子安（即畏問易一段，不錄。）還洛陽。氣貌、容色、髭髮，皆勝平昔。門人問何以得此？先生曰："學之力也。大凡學者學處患難貧賤若富貴榮達，不須學也。"據《外書·涪陵記善錄》。

先生謫居涪州時，註《周易》，與門弟子講學，不以爲憂。遇赦得歸，不以爲喜。《邵氏聞見錄》。

先生家居壽安。從學者漸衆。張繹字思叔始見先生，穎悟疏通，長於爲文，又善辨事，先生亦便喜之。每云："張繹朴茂"，自此從遊數年。先生以族女妻之。甚相敬待。一日，尹焞侍坐，稟先生曰："張繹每聞先生語，往往言下解悟。焞聞先生語，須再三尋思，或更請問，然後解悟。然他日持守先生之學，恐繹不及焞。"先生曰："各中其病！"其後先生亦嘗言："晚得二士。"又曰："尹焞魯，張繹俊，俊恐他日過之，魯者終有守也。"又曰："尹焞他時必有用於世。"據《外書》時紫芝集，《呂氏雜志》，祁寬記尹和靖語，《涪陵記善錄》。

李邦直、范彝叟奏請皇帝恢復先生官職，見劉忠肅公家私記。十月二十日，先生接到官誥，復通直郎，權判西京國子監。《文集》卷六《謝復官表》。先生既受命，卽謁告，欲遷延爲尋醫計。旣而供職。尹焞深疑之。先生曰："上初卽位，首被大恩，不如是，則何以仰承德意？然吾之不能仕，蓋已決矣。受一月之俸焉，然後惟吾所欲耳。"據《遺書》楊遵道錄。

十二月，提舉京西路常平公事方宙，奏請還先年所奪先生田上。此奏雖未實行，士論韙之。據《道命錄》。

冬，太學生周孚先過洛陽，游先生之門，預弟子之列，親炙模範，時聞誨語，越明年暮春始去。據《程氏文集》卷九，答周孚先問之跋，但此跋說是"建中靖國庚辰冬"事，考《宋史》。建中靖國元年，歲次辛巳，而庚辰應是元符三年。

馮理謂先生曰："二十年聞先生教誨，今有一奇特事。"先生曰："何如？"理曰："夜間宴坐，室中有光。"先生曰："頤亦有奇特事。"理請問之，先生曰："每食必飽。"見《外書》時紫芝集。

孟厚敦夫來從先生，又爲王氏學，舉業特精；獨處一室，糞穢不治。嘗獻書於先生，先生曰："孟厚初時說得也似，其後須沒事失事。"又嘗謂學者曰："孟厚不治一室，亦何益？學不在此，假使洒掃得潔淨，莫更快人意否？"見《外書》祁寬記尹和靖語。

暇日靜坐，尹焞、張繹、孟厚侍，先生指面前水盆，語曰："清靜中一物不可著。才著物，便搖動。"見《涪陵記善錄》。

尹焞偶學虞書，先生曰："賢那得許多工夫？"同上。

張繹詬詈僕夫，先生曰："何不動心忍性？"繹慚謝。同上。

繹曰："鄒浩以極諫得罪，世疑其賣直也。"先生曰："君子之於人也，當於有過中求無過，不當於無過中求有過。"《遺書》張思叔錄。

先生與侯仲良語及牛李事，因言："溫公在朝，欲盡去元豐間人。先生曰：'作新人才，難；變化人才易。今諸人之才皆可用，且人豈肯甘爲小人？在君相變化如何耳。若宰相用之爲君子，孰不爲君子？此等事教他們自做，未必不勝如吾曹'"。仲良曰："若然，則無紹聖間事也。”見《外書》卷七。

〔備考〕尹焞親註云：“此段可疑”黄東發則云：“未可以爲可疑也。”名達按：此種調和之論，出之明道之口則無可疑。以先生之剛嚴，決不爲此言。殆因明道曾對韓宗師發此論而重嫁諸先生耳。

羅從彦從楊時學講《易》，至乾九四爻，時曰：“伊川説甚善！”從彦卽鬻田走洛陽，見先生，先生反復以告，從産謝曰：“聞之龜山，具是矣。”歸而卒業。見《宋史·羅從彦傳》。

## 宋徽宗建中靖國元年辛巳民前八一一年 西一一〇一年先生六十九歲

〔時事〕二月丁巳，貶章惇爲雷州司戸參軍。據《宋史》卷十九。

五月，先生奉詔：“追所復官，依舊致仕。”

〔考證〕朱譜原註：“前此未嘗致仕，而云‘依舊致仕’，疑西監供職不久，即嘗致仕也。未詳。”名達按：朱譜此事原作“建中靖國二年五月”，考《宋史》建中靖國並無二年，不知朱譜緣何而誤。但若證以《周孚先跋》：“建中靖國庚辰冬”，則庚辰既係建中靖國元年，辛巳當然係建中靖國二年。疑莫能明。殆庚辰卽巳改元，而《宋史》失記歟。又按元祐無九年，而朱譜引《范太史家傳》，有元祐九年奏。其參差之理與此處同。

先生自涪陵歸，復官半年，不曾請俸。糧料院吏人忽來索請券狀子，先生云：“自來不會寫狀子。”受事人不去，只令弟子錄與受官日月。見《遺書》楊遵道錄。

謝良佐上殿召對，不稱旨，先生聞之喜，已而聞已就西京竹木場監門之職，陳經正問良佐如何人？先生：“由求之徒耳。”見《外書》時紫芝集。或謂建中年號與唐德宗同，不佳。良佐曰：“恐亦不免一播遷。”坐口語下獄，廢爲民。《宋元學案》卷二十四。

良佐來洛中，再親炙先生，久之，先生謂尹焞張繹曰："可同去見謝良佐問之，此回見吾有何所得？"焞繹如所戒，良佐答曰："此會方會得先生說話也。"繹以告，先生然之。見《外書》祁寬記尹和靖語。

良佐言："二十年前往見先生，先生曰'近日事如何'？良佐對曰'天下何思何慮'？先生曰：'是則是有此理！賢卻發得太早。'在先生直是會鍛鍊得人，說了又恰道恰好著工夫也。"見《上蔡語錄》。

先生自涪歸後，見學者凋落，多從佛學，獨楊時謝良佐不變。因歎曰："學者皆流於夷狄矣，惟有楊謝二君長進。"見《龜山語錄》。名達按：此語可疑，事實上楊謝二人皆染了禪理。

良佐見先生，辭而歸，尹焞送焉，問曰："何以教我？"良佐曰："吾徒朝夕從先生，見行則學，聞言則識。譬如有人服烏頭者，方其服也，顏色悅懌，筋力強盛。一旦烏頭力去將如之何？"焞反，以告，先生曰："可謂益友矣。"見《上蔡語錄》。

〔備考〕朱熹曰："上蔡爲人，英果明決，強力不倦。先生嘗稱其有切問近思之功。如以生意論仁，以實理論誠，以常惺論敬，以求是論窮理，其命理，皆精當。而直指窮理居敬爲入德之門，則於先生教人之法，又最得其綱領。建中靖國中，詔對不合，得官書局，後復轉徙州縣，沈淪卑宂，以沒其身，而處之浩然，未嘗少挫。其沒也，游定夫實誌其墓；而喪亂之餘，兩家文字皆不可見！熹少時妄意爲學，卽賴其言以發其趣。而生平行事，又皆高邁卓絕，使人起興。"

黃東發曰："象山之學原於上蔡。"

黃宗羲曰："程門高弟子，竊以上蔡爲第一。"

先生自涪歸後，《易傳》已成，未嘗示人。門弟子請益。有及易書者，方命小奴取書篋以出，身自發之，以示門弟子，非听請，不敢多閱。一日，出《易傳序》，示門弟子，尹焞受之，歸，伏讀數日後，見先生，先生問所見。焞曰：“焞固欲有所問，然不敢發。”先生曰：“何事也？”焞曰：“‘至微者理也，至著者象也，體用一源，顯微無間’，似太露天機也。”先生歎美曰：“近日學者，何嘗及此？頤亦不得已而言焉耳。”見《外書》，呂堅中記尹和靖語。

焞後嘗言：“先生教人，只是專令用敬以直內。若用此理，則爲事不敢輕爲，不敢妄作，不愧屋漏矣。習之既久，自然有所得也。因説往年先生歸自涪陵，日日見之，一日，因讀《易》至‘敬以直內’處，因問先生：‘不習無不利時，則更無睹，當更無計較也耶？’先生深以爲然，且曰：‘不易見得如此，且更涵養，不要輕説’。”見《外書·呂氏雜誌》。

〔備考〕朱熹曰：“程子有言：‘涵養須用敬，進學則在致知’。二書者，所以教人造道入德之大端，而不可以偏廢也。若和靖者，其學而有得於敬之云乎？何其説之約而居之安也？其門人記其緒言，各爲一書，嘗得而伏讀之，所以收放心而伐邪氣者，幾微之際，所助深矣。”

郭忠孝議《易傳序》曰：“易卽道也，又何從道？”或以問先生，先生曰：“人隨時變易，爲何爲從道也？”《外書》時紫芝集。

門弟子請問《易傳》事，雖有一字之疑，先生必再三喻之。蓋其潛心甚久，未嘗容易下一字也。《外書》呂堅中記尹和靖語。

晁以道嘗以書問先生曰：“以道平生所願學者，康節先生邵雍也。康節先生沒，不可見。康節之友，惟先生在。願因先生問康節之學。”先生答書曰：“頤與堯夫同里巷居三十年餘，世間事無所不論，惟未嘗一字及‘數’耳。”見《外書·呂氏雜志》。

周孚先記先生語數則。見《遺書》卷二十。不錄。

## 宋徽宗崇寧元年壬午民前八一〇年 西一一〇二年先生七十歲

〔時事〕五月庚申，韓忠彥罷。丙子，詔勿復言元祐諸巨。庚辰，以許將爲門下侍郎，溫益爲中書侍郎。蔡京、趙梃之爲尚書左右丞。七月戊子，以蔡京爲右相。己丑，焚元祐法。九月乙未，詔中書籍元符三年臣僚章疏姓名爲正上、正中、正下三等，邪上、邪中、邪下三等。丁酉，降韓忠彥、曾布、李清臣、黃履官。己亥，籍元祐及元符末宰相文彥博等，侍從蘇軾等，餘官秦觀等，內臣張士良，武臣王獻可等，凡百有二十人，御書刻石於端禮門。此即元祐黨人碑。十二月丁丑，詔諸邪說詖行，非先聖賢之書，及元祐學術政事，並勿施用。據《宋史》卷十九。

三月六日，先生答楊時書："頤如常，自去冬來，多在伊川，見謀居伊，力薄，未能遽成耳。……兩小子，大者項城尉，小者鄢陵尉。……此獨與諸孫處處，計稔則自餘無足道。……"見《文集》卷九。

周孚先復從先生學，以所疑爲書，請質於先生，皆得親筆開諭。見《文集》卷九《答周孚先問》。此不錄。

楊迪記先生語，摘錄數則於此：

問："格物是外物，是性分中物？"曰："不拘。凡眼前物無非是物，物物皆有理，如火之所以熱，水之所以寒，至於君臣父子問，皆是理。"又問："只窮一物，見此一物，還便見得諸理否？"曰："須是徧求。雖顏子亦只能聞一知十。若到後來達理了，雖億萬亦可通。"又問："荊公窮物一部字解，多是推五行生成，如今窮理，亦只如此著工夫，如何？"曰："荊公舊年說話煞得，後來卻自以爲不是，晚年盡支離之。"

"性出於天，才出於氣，氣清則才清，氣濁則才濁。譬猶木馬，曲直者性也；可爲棟梁，可以爲榱桷者，才也。才則有善有不善，性則無不善。'惟上智與下愚不移'，非謂不可移也，而有不移之理，所以不移者，只有兩般，爲自暴自棄，不肯學也。使其肯學，不自暴自棄，安不可移哉？"

"先生每讀史，到一半，便掩卷思量，料其成敗，然後却看。有不合處，又更精思。其間多有幸而成，不幸而敗。今人只見成者便以爲是，敗者便以爲非；不知成者煞有不是，敗者煞有是底。"

"讀史須見聖賢所存治亂之機。賢人君子，出處進退，便是格物。今人只將他見成底事，便做是使，不知煞有誤人處。"見《遺書》卷十九。

夏，答楊迪書：

"……前書所問心迹之說，固知未能无疑也，若以心迹有判，則'象憂亦憂'，乃僞矣。是宜精索，未易曉也。又云：'有道又有易，何如？'此語全未是。更將傳序詳思，當自通矣。變易而後合道，易字與道字不相合也。大率所論，辭與意太多。孔孟之門人，豈能盡與孔孟同？唯其不敢信己，而信其師之說，是以能思而卒同也？若紛然致疑，終亦必亡而已！……"見《文集》卷九。

先生嘗答門人書曰：

"孔孟之門，豈皆賢哲？固多衆人。以衆人觀聖賢，弗識者多矣。惟其不敢信也，而信其師，是故求而後得。今諸君於頤言，纔不合，則置不復思，所以終異也。不可便放下，更且思之。致知之方也。姑求自曉，無庸他恤。深尤不知者，甚無謂也。"見《文集》卷九。

唐棣彥思記先生語，多周伯溫等問語，當係此時所記。摘錄數條於後：

棣初見先生，問初學如何？曰："入德之門無如《大學》。今之學者，賴有此一篇存。其他莫如《論》《孟》。"

先生曰：“凡看《論》《孟》且須熟玩味，將聖人之言語，切己，不可只作一場話說。人只看得此二書切己，終身儘多也。”

伯溫問學者如何可以有所得？曰：“但將聖人言說，玩味久，則自有所得。當深求於《論語》，將諸弟子問處，便作己問；將聖人答處，便作今日耳問；自然有得。孔孟復生，不過以此教人耳。若能於《論》《孟》中深求，玩味，將來涵養成，甚生氣質”。

享仲問如何是近思？曰：“以類而推。”

伯溫問：‘回也三月不違仁’，如何？曰：“不違處只是無纖毫私意，有少私意，便是不仁。”

“昔有朱定，亦嘗來問學，但非信道篤者。曾在泗州守官，值城中火，定遂使兵士舁僧伽避火。頤後語定曰：‘何不舁僧伽在火中？若爲火所焚，卽是無靈驗，遂可辨天下之惑。若火遂滅，因使天下人尊敬可也。此時不做事，待何時耶？’惜乎定識不至此。”

“凡看文字，如七年一世百年之事，皆當思其如何作爲乃有益。”

“凡看文字，先須曉其文義，然後可求其意。未有文義而曉而見意者也。學者看一部《論語》，見聖人所以與弟子許多議論，而無所得，是不易得也。讀書雖多，亦奚以爲？”

謂伯溫曰：“從來覺有所得否？學者要自得。《六經》浩渺，乍來難盡曉。且見得路逕後，各自立得一箇門庭，歸而求之可矣。”以上見《遺書》卷二十二上。

問：孀婦於理似不可取，如何？曰：“然。凡取，以配身也。若取失節者以配身，是已失節也。”又問：或有孤孀貧窮無託者，可再嫁否？曰：“只是後世怕寒餓死，故有是說。然餓死事極小，失節事極大。”此下二條見《遺書》卷二十二下附雜錄後。

“學者不可不通世務。天下事譬如一家，非我爲則彼爲，非甲爲則乙爲。”同上。

答張閎中書曰：

“《易傳》未傳，自量精力未衰，尚冀有少進耳。然亦不必直待身後，覺耄則傳矣，書雖未出，學未嘗不傳也。第患無受之者耳。”

“來書云：‘《易》之義本起於數’，謂義起於數，則非也。有理而後有象，有象而後有數。因象以明理，由象而知數。得其義，則象數在其中矣，必欲窮象之隱微，盡數之毫忽，乃尋流逐末，術家之所尚，非儒者之所務也。管輅、郭璞之徒是也。……理無形也，故因象以明理。理既見乎辭矣，則可由辭以觀象。故曰：得其義，則象數在其中矣。”見《文集》卷九，又見《遺書》張思叔錄。

五月十日，答鮑若雨書，并答問見《文集》卷九若雨嘗記先生語，茲不錄。見遺書卷二十三。

九月，先生姓名亦被列入元祐姦黨碑。《道命錄》誤作五月。

崇寧初，呂切問以黨人子弟補外官，知鞏縣，至洛見先生，問：“當今新法初行，當如何做？”先生曰：“只有義命二字。當行不當行者，義也。得失禍福，命也。君子所處，只說義如何耳。”切問問事甚衆，先生一一酬答。臨行又請教，語甚詳。先生微笑曰：“只被公家學佛。”據《外書·呂氏雜志》。

蘇昞以上章得罪，貶饒州，過洛，見先生。既行，先生謂：“季明殊以遷貶爲意。”尹焞曰：“然也。焞嘗問季明：‘當明上書，爲國家計耶？爲身計耶？若爲國家計，自當欣然赴饒州。若爲進取計，則饒州之貶，猶爲輕典’。季明以焞言爲然。”先生曰：“名言名言。”見《涪陵記善錄》。

謝湜自蜀之京師，過洛而見先生，先生曰：“汝將何之？”曰：“將試教官。”先生弗答。湜曰：“何如？”先生曰：“吾嘗買婢，欲試之，其母怒而弗許，曰：‘吾女非可試者也。’今汝求爲人師，而試之，必爲此媪笑也？”湜遂不行。見《遺書》張思叔錄。

〔備考〕一本作“湜不能用”，又云：“謝湜求見者三，不許，因陳經正以請，先生曰：‘聞其來問《易》，遂爲說以獻貴人’”。註云：“獻蔡卞，如用說桎梏之類”。

## 宋徽宗崇寧二年癸未民前八〇九年 西一一〇三年先生七十一歲

〔時事〕三月乙酉，詔黨人子弟毋得擅到闕下。四月，丁卯，詔毁呂公著、司馬光等西京繪像。乙亥，詔毁刊行《唐鑑》并三蘇秦、黃等文集。七月丁巳，以收復湟州功，進蔡京官三等，蔡卞以下二等。九月辛巳，詔宗室不得與元祐姦黨子孫爲婚姻。辛丑，令天下監司長吏廳各立元祐姦黨碑。十一月庚辰，詔以元祐學術政事聚徒傳授者，委監司舉察，必罰無赦。據《宋史》卷十九。《道命錄》誤作七月。

二月丁卯，先生作《印銘》。見《文集》卷八。

先生自涪陵歸後，方下筆傳《春秋》，竟不能成書。據《外書》祁寬記尹和靖語。

四月乙亥，撰《春秋傳序》：

“天之生民，必有出類之才，而君長之，治之而爭奪息，導之而生養遂，教之而倫理明，然後人道立，天道成，地道平。二帝而上，聖賢世出，隨時有作，順乎風氣之宜，不先天一作時以開人，各因時而立政。暨乎三王迭興，三重既備，子丑寅之建正，忠質文之更尚，人道備矣，天運周矣。聖王既不復作，有天下者雖欲仿古之跡，亦私意妄爲而已。事之謬，秦至以建亥爲正；道之悖，漢專以智力持世：豈復知先王之道也？夫子當周之末，以聖人不復作也，順天應時之治不復有也，於是作《春秋》，爲百王不易之大法。所謂考諸三王而不謬，建諸天地而不悖，質諸鬼神而無疑，百世以俟聖人而不惑者也。先儒之傳曰：‘游夏不能贊一辭’。辭不待贊也，言不能與於斯耳。斯道也，惟顏子嘗聞之矣：‘行夏之時，乘殷之輅，服周之冕，樂則韶舞’，此其準的也。後世以史視《春秋》，謂褒善貶惡而已，至於經世之大法則不知也。《春秋》大義數十，其義雖大，炳如日星，乃易見也。惟其微辭隱義，時措從宜者，爲難知也。或抑或縱，或與或奪，或進或退，或微或顯。而得乎義理之安，文質之中，寬猛之宜，是非之公，乃制事之權衡，揆道之模範也。夫觀百物，然後識化工之神；聚衆材，然後知作室之用。於一事一義，而欲窺聖人之用心，一無心字。非上智不能也。故學《春秋》者，必優游涵泳，默識心通，然後能造其微也。後王知《春秋》之義，則雖德非禹湯，尚可以法三代之治。自秦而下，其學不傳。予悼夫聖人之志不明於後世也，故作傳以明之，俾後之人通其文而求其義，得其意而法其用，則三代可復也。是傳也，雖未能極聖人之蘊奥，庶幾學者得其門而入矣。”見《文集》卷八及程氏經說。

[備考] 後來，陳亮跋此序曰：“伊川先生之序此書也，蓋年七十有一矣。四年而先生歿！今其書之可見者，纔二十年，世咸惜其缺也。予以爲不然。……先生於是二十年之間，其義甚精，其類例博矣。學者苟精考其書，優游饜飫，自得於言意之外，而達之。其餘，則精義之切在我矣。較之終日讀其全書而於我無與者，其得失何如也？”

昔劉絢字質夫作《春秋傳》未成，每有人問先生，先生必曰：“已令劉絢爲之，自不須頤費工夫也。”及劉《傳》已成，送呈先生，門人請觀，先生卻曰：“卻須頤親作。”竟不以劉《傳》示人。直至先生死後，自傳之本始出。只解至魯閔公。據《外書》祁寬記尹和靖語。

又有蜀人謝湜解《春秋》成，送呈先生，先生曰：“更二十年，子方可作。”湜久從先生學，其傳竟不敢問世。同上。此二條非是年之事。

時蔡京得勢，言官阿其意旨，奏論：“程頤本因姦黨論薦得官，雖嘗明正罪罰，而敍復過優。今復著書非毀朝政。”據《伊洛淵源錄》卷四，朱譜。朱熹按：“已追所復官，又云：‘敍復過優’，亦未詳”。四月戊寅，詔：“追毀程頤出身以來文字。其所著書，令監司覺察。”據《宋史》卷十九，朱譜，《伊洛淵源錄》。

七月乙巳，吏部言：“程頤子端彥見任鄢陵縣尉，係在京府界，宜放罷。”詔從之。據《河南志》。

九月，頒元祐姦黨碑，下監司長吏廳刻石，凡九十有八。先生姓名列在餘官第二十三。池譜引《宋史》誤爲八月。

十一月四日，范致虛奏言：“程頤以邪說詖行，惑亂衆聽。尹焞、張繹爲之羽翼。乞禁絕。”詔下河南府體究，盡逐學徒。後四日，致虛知河南府，奉行命令。據《外書》時紫芝集，《宋史》本傳。先生於是遷居龍門之南，止四方學者曰：“尊所聞，行所知，可矣。不必及吾門也。”學者往別，因言世故，先生曰：“三代之治，不可復也。有賢君作，能致小康則有之。”據《外書》時紫芝集。

先生門人原屬無幾。此時因黨禁甚嚴，雖從遊甚久之士亦有趨利叛去者。後數月，有馬伸字時舉方自吏部求爲西京司法曹事，銳然爲親依之計。因張繹以求見先生。先生辭之。伸執贄凡十反，愈恭。且欲先棄官而來。先生曰：“近日盡逐學徒，恐非公仕進所利。公能棄官，則官不必棄也。”伸曰：“使伸得聞道，雖死何憾！況不至於死者乎？”先生聞而歎曰：“此真有志者！”乃接見之。自此以後，出入凡三年，公暇雖風雨，必日一造焉。同僚相忌，至以飛語中傷之，不顧也。據《伊洛淵源錄》，《外書》時紫芝集。

## 宋徽宗崇寧三年甲申民前八〇八年 西一一〇四年先生七十二歲

〔時事〕二月己酉，詔自今御後殿，許起居郎，舍人，侍立。六月壬寅，圖熙寧元豐功臣於顯謨閣。癸酉，以王安石配饗孔子廟。戊午，詔重定元祐元符黨人及上書邪等者，合爲一籍，通三百九人，刻石朝堂，餘並出籍，自今毋得復彈奏。八月甲辰，蔡京上《神宗史》。十月丙辰，命官編類《六朝勳臣》。據《宋史》卷十九。

先生告門人張繹曰："我受氣很薄，三十而慚盛，四十、五十而後完。今生七十二年矣，校其筋骨，於盛年無損也。"又曰："人待年老而後求保生，是猶貧困而後蓄積，雖勤亦無補矣。"繹問曰："先生豈以受氣之薄而厚爲保生耶？"先生默然曰："吾以忘生徇欲爲深恥。"據《遺書》張思叔錄。又見《伊洛淵源錄》卷四，但作七十三歲

陳經正字貴一問："人壽數，可以力移否？"先生曰："蓋有之。"唐棣問："如今人有養形者，是否？"先生曰："然！但很難。世間有三件事至難，可以奪造化之力，爲國而至於祈天永命，養形而至於長生，學而至於聖人。此三事，功夫一般分明，人力可以勝造化。自是人不爲耳。"據《遺書》唐彥思錄。

先生曾作《詩序》二篇，昔人傳之不眞。一日，尹焞問曾作否？先生曰："有之，但不欲示人。"焞再三請，先生乃許。據《外書》祁寬記。尹和靖語。又嘗曰："《詩大序》孔子所爲。其文似《繫辭》，其義非子夏所能言也。《小序》是國史所爲，非後世所能知也。"據《遺書》鄒德久錄。

自崇寧以來，非王安石學術皆禁止。而士人罕言其學者，號伊川學，往往自相傳道舉子之得第者，亦有棄所學而從之者。建安尤盛。一日，先生對羣弟子，取《毛詩》讀一二篇，掩卷曰："詩之託興立言，引物連類，其義理炳然如此，其文章渾然如此。君尚何疑

耶？若勞苦旁求，謂我所自得，以眩惑後生，吾不忍也。非獨《詩》爲然，凡聖人書，熟讀之，其義自見。藏之於心，終身可行。患在信之不篤耳。”據《曲洧舊聞》。

## 宋徽宗崇寧四年乙酉民前八〇七年西一一〇五年先生七十三歲

〔時事〕正月丙申，玄武學法。二月乙卯，班方田法。三月甲辰，以趙挺之爲右相。六月戊子，挺之罷。九月乙巳，詔元祐黨人貶謫者，以次徙近地。十一月己未，章惇死。據《宋史》卷二十。

張繹作《商稅院題名記》，先生以爲得體。是年，李邦直死，先生委繹代作祭文，頗多溢美。先生顧繹曰：“《商稅院題名記》是公所爲乎？”繹解先生之意，別製祭文用之。事見《外書》時紫芝集，又見《文集》卷十二。

繹告先生曰：“前日見教授夏侯旄，甚歎服。”先生曰：“前時來相見，問後極說與他。既問，卻不管他好惡，須與他盡說與之。學之久，染習深，不是盡說力詆介甫，即王安石。無緣得他覺悟。亦曾說介甫不知事君道理，觀他意思，只是要樂子之無知，如上表言：‘秋水既至，知海若之無窮。大明既升，豈有爝火之不熄？’皆是意思常要己在人主上。自古主聖臣賢，乃常理，何至如此？又觀其說魯用天子禮樂云：‘周公有人臣所不能爲之功，故得用人臣所不得用之禮樂。’此乃大段不知事君。大凡人臣身上豈有過分之事？凡有所爲，皆是臣職所當爲之事也。介甫平居事親最孝，觀其言如此，其事親之際，想亦洋洋自得，以爲孝有餘也。臣子身上皆無過分事，惟是孟子知之。如說曾子，只言‘事親若曾子，可矣’。不言有餘，只言可矣。唐子方作一事，後無聞焉。亦自以爲報君足矣。當時所爲，蓋不誠意。”據《遺書》唐彥思錄。

李處遯字嘉仲曰：“陳瓘亦可謂難得矣。”先生曰：“陳瓘卻未見其已！”同上。

## 宋徽宗崇寧五年丙戌民前八〇六年 西一一〇六年先生七十四歲

〔時事〕正月戊戌，彗出西方，其長竟天。乙巳，帝以星變，詔毀元祐黨人碑，復謫者仕籍。自今言者勿復彈糾。丁未，太白晝見。詔赦天下。除黨人一切之禁。權罷方田。二月丙寅，蔡京罷爲開府儀同三司，中太一宮使。以趙挺之爲右相。據《宋史》卷二十。三月戊戌，詔黨人許到畿縣。據《道命錄》。

先生亦奉命復宣義郎致仕。據朱譜引《徽宗實錄》，但《道命錄》則記：“正月先生復承務郎致仕，四月先生尋以通直郎致仕。”

是年，先生得風痹疾。《外書》時紫芝集。

## 宋徽宗大觀元年丁亥民前八〇五年 西一一〇七年先生七十五歲

〔時事〕正月甲午，帝以蔡京爲左相。二月乙亥，復醫學。己卯，復行方田。三月甲辰，立八行取士科。五月己丑，貶呂惠卿爲祁州團練副使。癸卯，詔自今總一路及監司之任，勿以元祐學術及異意人充選。乙巳，皇子構即南宋高宗生。八月乙卯，曾布死。十二月庚寅，以蔡京爲太尉。據《宋史》卷二十。

去年，先生得風痹疾。服大承氣湯，則小愈。據《外書》時紫芝集。先是，《易傳》成書已久，學者莫得傳授。至是，寢疾，始以授尹焞、張繹據《伊洛淵源錄》卷二曰：“只說得七分，學者更須自體究。”《外書》時紫芝集。

尹焞嘗言：“先生踐履盡《易》，其作傳只是因而寫成，熟讀玩味，即可見矣。”又曰：“先生平生用意，惟在《易傳》求先生之學者，觀此足矣。語錄之類，出於學者所記。所見有淺深，故所記有工拙。蓋未能無失也。”見和靖語錄。

是年九月，每服大承氣湯即患腹瀉，醫生語家人曰：“侍講病不比常時。”十六日，尹焞來問安，先生以白夾被裹體，坐竹牀，舉手相揖。焞喜，以爲病去。先生卻曰：“疾去而氣復者，安候也。頤愈覺羸劣！”焞告辭而去。據《外書》時紫芝集。十七日，先生病革，瞑目而臥。一門人《遺書》師說附錄謂爲郭忠孝。但尹焞以爲非也：忠孝自黨事起，不與先生往來。及卒，亦不致奠”。前曰：“先生平日所學，正要此時用。”先生力疾。微視曰：“道著用便不是。”據《遺書》師說附錄。回顧長子端中曰：“立子！”蓋指其適子端彥也。語絕而沒。據《外書》卷七。

安葬時，洛人畏入黨籍，無敢送葬者。惟門人尹焞、張繹、范棫、一本作域。孟厚四人助理葬事，送到壙上。乙夜，有素衣白馬至者，視之，邵溥也。亦有所畏，故俟薄暮始出城。五人連名公祭先生，據《伊洛淵源錄》。讀張繹所撰祭文曰：

“嗚呼！利害生於身，禮義根於心。伊此心喪於利害，而禮義以爲虛也。故先生踽踽獨行斯世，而衆乃以爲迂也！惟尚德者以爲卓絕之行，而忠信者以爲孚也。立義者必爲不可犯，而達權者以爲不可拘也。在吾先生，曾何有意？心與道合，泯然無際。無欲可以係羈兮，自克者知其難也。不立意以爲言兮，知言者識其要也。德輶如毛，毛猶有倫。無聲無臭，夫何可親？嗚呼！先生之道，不可得而言也。伊言者反以爲病兮？此心終不得而形也。惟泰山以爲高兮，日月以爲明也。春風以爲和兮，嚴霜以爲清也。在昔諸儒，如行其志，或得於數，或觀於禮，學者趣之，世濟其美。獨吾先生，淡乎無味，得味之眞，死其乃已。”

“自某之見，七年於茲。含孕化育，以蓄以滋。天地其容我兮，父母其生之；君親其臨我兮，夫子其成之。欲報之心，何日忘之。先生有言：見於文字者，有七分之心；繪於丹青者，有七分之儀。七分之儀，固不可益；七分之心，猶或可推。而今而後，將築室於伊雒之濱，望先生之墓，以畢吾此生也。嗚呼！夫子沒而微言絕，則固不可得而聞也。然天不言而四時行，地不言而百物生，惟與二三子洗心去智，格物去意，期默契斯道，在先生爲未亡也。嗚呼！二三子之志，不待物而後見，先生之行，不待誄而後徵。然而山頽梁壞，何以寄情？淒風一奠，敂祖於庭。百年之恨，併此以傾。”見《伊洛淵源錄》卷四。據《北窗炙輠》云：“伊川祭文十許首，惟思叔之文理極精微，卓乎在諸公之上”。

是時，先生門人高弟，皆已先亡，無有能形容其德美者。據《文集》序。惟尹焞述曰：

“先生之學，本於至誠。其見於言動視爲之間，處中有常，疏通簡易，不爲矯異，不爲狷介，寬猛合宜，莊重有體。或説匍匐以弔喪，誦《孝經》以追薦，皆無此事。衣雖紬素，冠襟必正。食雖簡儉，蔬飯必潔。太中年老，左右致養無違。以家事自任，悉力營辦，細事必親。贍給內外親族八十餘口。先生於書無所不讀，於事無所不能。”據《外書》引尹和靖語。按最末二語，恭維得太過分。

楊時述曰：

“天下之習，不能蔽先生一人而已。只一個是自然不墮流俗。”見《龜山語錄》。

謝良佐述曰：

“先生才大，以之處大事，必不動聲色，指顧而集矣。或謂：‘先生守正則盡，通變不足。子之言若是，何也’？謝子曰：陝右錢以鐵，舊矣。有議更以銅者，已而會所鑄，子不踰母，謂無利也，遂止之。先生聞之曰：‘此乃國家之大利也。利多費省，私鑄者衆。費多利少，盜鑄者息。民不敢盜鑄，則權歸公上。非國家之大利乎’？又有議增鹽之直者，先生曰：‘價卑則鹽易洩，人人得食，無積而不售者，歲入必倍矣。增價則反是’。已而果然。司馬公既相，薦先生而起之。先生曰：‘將累人矣。使韓富當國，吾猶可以有行也’。及司馬公大變熙豐，復祖宗之舊，先生曰：‘役法當討論，未可輕改也’。公不然之。既而數年紛紛不能定。由是觀之，亦可以見其梗概矣。”見《上蔡語錄》。

先生常服繭袍，高帽簷劣半寸。一本云：帽桶八寸，簷半寸，四直。繫絛。曰：此野人之服也。深衣，紳帶，青緣，篆文，非禮勿視，非禮勿聽，非禮勿言，非禮勿動。見程氏《外書》。

尹焞則云：伊川當愛衣皂或博褐紬襖，其袖如常人。所戴紗巾，背後望之如鐘形。其製乃似今道士謂之仙桃巾者。不知今人謂之習伊川學者，大袖，方頂，何謂。見《外書》祁寬記尹和靖語。

# 後編

## 宋徽宗大觀二年戊子（民前八〇四年 西一一〇八年）先生卒後一年

三月、六月，兩詔赦韓維等一百四十三人出元祐黨籍。（《宋元學案》卷九十七。）

先生門人劉安上劾蔡京十大罪，石公弼、張克公繼之，京竟罷相。（《宋元學案》卷三十二。）

## 宋徽宗大觀三年己丑（民前八〇三年 西一一〇九年）先生卒後二年

七月，詔謫籍人除元祐姦黨及得罪宗廟外，餘並錄用。（同上。）

## 宋徽宗政和元年辛卯（民前八〇一年 西一一一一年）先生卒後四年

十一月，詔上書邪等及曾經入籍人並不許試學官。（同上。）

## 宋徽宗政和二年壬辰（民前八〇〇年 西一一一二年）先生卒後五年

正月，制上書邪等人並不除監司。（《宋元學案》卷九十。）

七月，先生長子端中使姪昺編次先生之遺文，自作序曰：

"道之在天下，民日用之。聖人慮後世不足以知之，載之《六經》，丁寧教告，纖悉具備，宜若人人見而知之。然自秦漢以下，汩沒無傳。惟伊川先生以出類之才，獨立乎百世之後，天下學士大夫翕然宗師之。聖人之道，蔽噎千四百年，至先生而復明。昔之論者謂，孟子之功，可同於禹，以其辨異端、闢邪說也。當是時，去聖人未遠，異端之害教也未深；豈若後世沉深固結，雖豪傑之士，亦無以自脫？先生獨能如醉之醒，如夢之覺，其功豈不優於孟子哉？……”見《文集》卷首，下略。

## 宋徽宗政和六年丙申民前七九六年西一一一六年先生卒後九年

五月，門人劉安節卒。

安節字元承，溫州人。少與從弟安上皆以文行稱。好學深思，夜以繼日，必至於有得而後已。元符三年，中進士第。調越州諸暨主簿，改河東提舉學事。召對便殿，稱旨，擢監察御史。自學禁起，先生弟子無顯者，至安節與許景衡始見用，既而除起居郎，遷太常少卿。責守饒州。移知宣州。卒年四十九。安節嘗從先生游，記有語錄，甚得其意。始以致知格物發其材，沈涵熟復，存心養性，久之於是有得。其恬靜弗校，宜若易與者。至於有所立，則挺然不可回奪。鄒浩以右正言得罪，安節與友人追路勞勉之；朝廷震怒，追逮甚急；人皆惴恐，安節獨泰然如平時。族居逾百口，上下愛信，雖臧獲無閒言。常曰：“堯舜之道，不過孝弟。天下之理，有一無二。迺若異端，則有間斷矣。”樂善隱過，遇事不擇劇易，治民專以仁義教化，其所施量，常在於公天下；以爲不如是，則非所謂合內外、通彼我也。據《伊洛淵源錄》卷十一。或有問安節於先生者，先生曰：“未見他進處！只他守得定不變，亦是好手。”所著有《劉左史集》。《宋元學案》卷三十二。

## 宋徽宗宣和元年己亥民前七九三年西一一一九年先生卒後十二年

十二月，詔召楊時爲祕書郎。《宋元學案》卷九十七。

## 宋徽宗宣和五年癸卯民前七八九年 西一一二三年先生死後十六年

五月二十三日，門人游酢卒於歷陽。

酢字定夫，建陽人。游京師，先生一見，謂其資可與適道。召往扶溝職學事。元豐六年，登進士第，調蕭山尉。召爲太學錄，改宣德郎，除博士。知河清縣。先生謂楊時曰："游君德器粹然，問學日進，政事亦絕人遠甚。"范純仁判河南，待以國士。移守潁昌，辟爲府學教授。入秉鈞軸，除太學博士。純仁罷政，酢亦請外。歷仕州縣。徽宗初，爲監察御史，後出知相、漢陽、舒、濠、和州。卒年七十一。其爲人敦重威嚴，論者以爲氣象甚類先生。但晚年更爲禪學。著有《中庸義》、《詩二南義》、《論語孟子雜解》、《易說》、《文集》。見《伊洛淵源錄》卷九，《宋元學案》二十六，《學統》卷四十上。《上蔡語錄》。

五月，詔以楊時爲崇政殿說書。《宋元學案》卷九十七。

七月，詔禁元祐學術，凡舉人傳習元祐學術者，以違制論。同上。

## 宋徽宗宣和七年乙巳民前七八七年 西一一二五年先生卒後十八年

四月，太師領三省事蔡京罷。十二月，皇帝禪位與太子桓。《宋元學案》卷九十七。

## 宋欽宗靖康元年丙午民前七八六年 西一一二六年先生卒後十九年

正月，金兵渡河，圍京師。詔以楊時爲右諫議大夫兼侍講。二月壬寅，詔元祐學術政事及元祐黨籍指揮更不施行。太學生陳東等及市民數萬人請復用李綱及种師道，詔復綱右丞，充京城防禦使。又以楊時兼國子祭酒。七月，除元符上書邪等之禁。种師道薦尹焞學行可備勸講，召至京城，焞不欲仕，賜號和靖處士而歸。《宋元學案》卷九十七，《宋史》卷二十三。

## 宋高宗建炎元年民前七八五年 西一一二七年先生卒後二十年

四月，欽宗爲金兵所虜。五月，高宗即位於南京。《宋史》卷二十四。

十月，永平簿陳淵見臨川縣丞劉諴，問其父安節所錄伊川先生語，得之，因乞傳以歸。見《遺書》卷十八。

十二月，帝擢楊時爲工部侍郎，兼內殿侍講。正誣謗宣仁太后之罪，追貶蔡確、蔡卞、邢恕等官。《宋史》，《宋元學案》卷九十六。

## 宋高宗建炎中

靖康之難，先生諸孫徙寓池州。長子端中，建炎中知六安軍。金兵入寇，固守不降，城破，被殺。池州都統制程全收其骨，葬於池州。據一統志，《道命錄》。

## 宋高宗建炎四年民前七八二年 西一一三〇年先生卒後二十三年

九月十五日，朱熹生於建州尤溪。據王懋竑《朱子年譜》。

## 宋高宗紹興元年辛亥民前七八一年 西一一三一年先生卒後二十四年

八月，秦檜相。詔贈先生直龍圖閣，召其孫將仕郎晟赴行在。《宋元學案》卷九十六。

先生之孫易，端彥子，紹興初，爲分寧令。見元祐黨籍碑。另一孫晟，是年被召赴行在。見元祐黨案表。另一孫暐，後爲桐廬令，娶尹焞之女。見《宋元學案》。

## 宋高宗紹興四年甲寅民前七七八年 西一一三四年先生死後二十七年

胡安國著《春秋傳》成。安國研究《春秋》已三十年，及得先生所作《春秋傳》，其間精義十餘條，若合符節，益以自信，探索愈勤。至是年六十有一而書始就。見《伊洛淵源錄》卷十三。

四月，范沖直史館。五月，薦尹焞。詔授焞右宣教郎，充崇政殿說書。《宋元學案》卷九十六。

九月，趙鼎相。十一月，邵伯溫卒。同上。

## 宋高宗紹興五年民前七七七年 西一一三五年先生卒後二十八年

四月二十四日，門人楊時卒於將樂。

時字中立，將樂人。熙寧九年中進士第。杜門積學，久之乃赴調，歷仕州縣。嘗知杭州餘杭縣、越州蕭山縣。欽宗初年幾七十，召爲祕書郎，除邇英殿說書，上書極論時事，力主用兵抗敵。會太學生伏闕乞留李綱、种師道，軍民從之者數萬人。執政恐爲鼓亂，乃以時兼國子祭酒。時遂力言王安石學說之非，乞毀去孔廟配享之像。紹興四年，告老。卒年八十三。呂本中狀其行，胡安國誌其墓。時著有《三經義辯》。初從明道游，卒業於先生。其天資夷曠，濟以問學，充養有道，德器早成。積於中者純粹而閎深，見於外者簡易而平淡。閒居和樂，色笑可親。臨事裁處，不動聲氣。推本孟子性善之說，發明《中庸》《大學》之道。當時公卿大夫之賢者，莫不尊信之。見《伊洛淵源錄》卷十。南渡後，傳先生之學者，以時爲魁。再傳而得朱熹。《宋元學案》。

## 宋高宗紹興六年丙辰民前七七六年 西一一三六年先生卒後二十九年

內翰朱震論孔孟之學傳於二程。

十二月，趙鼎罷相。陳公輔論伊川之學惑亂天下，乞屏絕。詔從之。自崇寧後，伊川之學爲世大禁者二十有五年。靖康初，乃罷之。至是，僅十年而復禁。並《宋元學案卷》九十六。

## 宋高宗紹興七年丁巳民前七七五年 西一一三七年先生卒後三十年

三月，胡安國奏曰：

“伏見元祐之初，宰臣司馬光、呂公著秉政當國，急於得人，首薦河南處士程頤，乞加召命，擢以不次，遂起韋布，超居講筵。自司勸講，不爲辯辭解釋文義，所以積其誠意，感通聖心者，固不可得而聞也。及當官而行，舉動必由乎禮；奉身而去，進退必合乎義；其修身行法，規矩準繩，獨出諸儒之表；門人高弟，莫獲繼焉。雖崇寧間，曲加防禁；學者向之，私相傳習，不可遏也！其後頤之門人，如楊時、劉安節、許景衡、馬伸、吳給等，稍稍進用；於是士大夫爭相淬礪，而其間志於利祿者，託其說以自售，學者莫能別其真僞，而河洛之學幾絕矣。壬子年，臣嘗至行闕，有仲并者，言：‘伊川之學，近日盛行。’臣語之曰：‘伊川之學，不絕如綫，可謂孤立；而以爲盛行，何也？豈以其說滿門，人人傳寫，耳納口出，而以爲盛乎？’自是服儒冠者，以伊川門人妄自標榜，無以屈服士人之心；故眾論洶洶，深加詆誚。夫有爲伊洛之學者，皆欲屏絕其徒，而乃上及於伊川，臣竊以爲過矣！”

“夫聖人之道，所以垂訓萬世，無非中庸，非有甚高難行之說，此誠不可易之至論也。然中庸之義，不明久矣。自頤兄弟始發明之，然後其義可思而得。不然，則或謂高明所以處己，中庸所以接物，本末上下，析爲二途，而其義愈不明矣。士大夫之學，宜以孔孟爲師，庶幾言行相稱，可濟時用，此亦不可易之至論也。然孔孟之道，不傳久矣。自頤兄弟始發明之，而後其道可學而至也。不然，則或以《六經》《語》《孟》之書，資口耳，取世資，而干利祿，愈不得其門而入矣。今欲使學者蹈中庸，師孔孟，而禁使不得從頤之學，是入室而不由户也，不亦誤乎？”

“夫頤之文，於《易》則因理以明象，而知體用之一；源於《春秋》則見諸行事，而知聖人之大用；於諸經《語》《孟》，則發其微旨，而知求仁之方，進德之序。然則狂言怪語，淫說鄙論，豈其文也哉？頤之行，其行己接物，則忠誠動於州里；其事親從兄，則孝悌著於家庭；其辭受取舍，非其道義，則一介不以取與諸人，雖祿之以天下，必不顧也。其餘則亦與人同爾。然則幅巾大袖，高視闊步，豈其行也哉？”

“昔者伯夷柳下惠之賢，微仲尼，則西山之餓夫，東國之黜臣爾。本朝自嘉祐以來，西都有邵雍程顥及弟頤，關中有張載，此四人者，皆道學德行，名於當世。會王安石當路，重以蔡京得政，曲加排抑，故有西山東國之阨，其道不行，深可惜也！今雍所著有《皇極經世書》，載有《正蒙書》，頤有《易》《春秋傳》；顥雖未及著述，而門弟子質疑請益，答問之語，存於世者甚多；又有書疏銘詩並行於世，而傳者多失其真。臣愚伏望陛下特降指揮，下禮官討論故事，以此四人，加之封號，載在祀典，以見聖世雖當禁暴詠亂奉詞伐罪之時，猶有崇儒重道尊德樂義之意。仍詔館閣裒集四人之遺書，委官校正，取旨施行，便於學者傳習，羽翼《六經》，以推尊仲尼、孟子之道，使邪說者不得乘間而作，而天下之道術定，豈曰小補之哉？”見《伊洛淵源錄》卷四。

左相張浚奏入報聞。陳公輔、周祕、石公揆共劾安國學術頗僻，行義不修。詔改安國提舉太平觀。《宋元學案》卷九十六。

四月，尹焞以師先生辭經筵後，入臨安，詔以爲祕書郎兼說書，力辭不受。同上。

## 宋高宗紹興八年戊午民前七七四年西一一三八年先生卒後三十一年

二月，除尹焞祕書少監，進除太常少卿。《宋元學案》卷九十七。

四月十三日，私淑弟子胡安國卒於衡山。

安國字康侯，建州崇安人。生於熙寧甲寅九月二十二日。長入太學，同舍有潁昌靳裁之，嘗聞先生之學，相與論經史大義。安國以是學問益強，識致日明。私淑先生，終身不背其說。紹聖四年，登進士第，除荊南教授，遷太學錄，擢博士，除提舉湖北路學事。改使湖南。時相蔡京惡其不爲己用，藉故除其名。安國退居荊門，五薦，稱疾不復出。靖康元年，除太常少卿，再除起居郎，三辭，不允，乃至京入對。奏以務學正心爲急，忤時相何㮚等，出知通州，而金兵薄京師矣。建炎初，召爲給事中，不行二年，以張浚薦，再召，帝手詔其子修起居注，寅催促，乃行。行次池州，以帝逃吳越，引疾而返。紹興元年，除中書舍人兼侍講。獻《時政論》二十一篇。復除給事中。帝以《左氏傳》付安國點句正音。除兼侍講，專以《春秋》進講。左相呂頤浩引朱勝非以傾右相秦檜，毀安國於帝，遂落職，提舉建昌軍仙都觀，檜上章乞留安國，不報，遂解相印。勝非遂爲右相。安國西行，定居於衡嶽之下。初王安石盡屏先儒經解，獨用己意，著《三經新說》，離析字畫偏旁，謂之道德性命之學；於《春秋》聖人行事之實，漫不能曉，則詆以爲斷爛朝報，直廢棄之，不列於學宮。下逮崇寧，防禁益甚。故家遺俗，或存三傳舊本，見者撫歎，或遂指爲《春秋》！安國自壯年卽喜讀《春秋》，曰："六籍惟此書出於先聖之手；乃使人主不得聞講說，學士不得相傳習，亂倫滅理，用夷變夏，始由此乎？"於是潛心刻意；裒古今諸儒所著述，無慮百家；片言之善，采拾靡遺，害義切深，必加辨正；或去或取，無一毫好惡之偏；蓋準則之以五經，證據之以歷代之史；窮研玩味，游泳沈酣者三十年。及得伊川先生所作傳，其間精義十餘條，若合符節，益以自信，探索愈勤。至是年六十有一，而書始就。慨然歎曰："此傳心之要典也。蓋於克己修德之方，尊君父、討亂賊、攘夷狄、存天理、正人心之術，未嘗不屢書而致詳焉。"其後屢除官皆不就。居山下五年而卒。年六十有五。安國見善必爲，知惡必去，嚴於取舍，寡於言動。《語》《孟》《五經》諸史，周而復始，至老未嘗釋手。又著有《資治通鑑舉要補遺》一百卷。士子有自遠來學者，隨其資性而接之。大抵以立志爲先，忠信爲本，以致知爲窮理之漸，以敬爲持養之要。壯年嘗觀釋氏書，後遂屏絕。嘗答贛州曾幾書曰："窮理盡性，乃聖門事業。物物而察，知之始也。一以貫之，知之至也。……四端固有，非外鑠；五典天敍，不可違。充四端，惇五典，則性成而倫盡矣，釋氏雖有了心之說，然知其未了者，爲其不先窮理，反以理爲障，而於用處不復究竟也。故其說流遁，莫可致詰，接物應事，顚倒差謬，不堪點檢。聖門之學，則以致知爲始，窮理爲要，知至，理得，不迷本心；如日方中，萬象畢見，則不疑所行而內外合也。故自修身至於天下國家，無所處而不當矣……”安國從先生門人游酢、楊時、謝良佐三人游，三人皆以斯文之任期之。良佐嘗語朱震曰：“胡康侯正如大冬嚴雪，百草萎死，而松柏挺然獨秀也。使其困厄如此，乃天將降大任焉耳。”安國亦曰：“吾於謝、游、楊三公，皆義兼師友，實偉信之。若論其傳授，卻自有來歷。據龜山所見在《中庸》，自明道先生所授。吾所聞在《春秋》，自伊川先生所發。”安國自登第逮致仕，凡四十年；其在實歷之日，不登六載，數以罪去，宦情如寄。先生門人侯忠良館於安國荊門之家逾年，潛察其言笑動止之間，歎曰：“視不義富貴如浮雲者，當今天下，惟公一人耳。”見《伊洛淵源錄》卷十四。

安國有子：寅、宏、寧。寅字明仲，建炎三年，爲起居郎，官至禮部侍郎，以忤秦檜乞致仕。紹興二十一年卒，年五十九。著有《論語詳說》《讀史管見》《斐然集》。專以臆見苛論古人，開史論一派。見《宋史》卷四三五。

宏字仁仲，幼事楊時、侯仲良，傳其父之學。優游衡山下，餘二十年。張栻師事之。著有《知言》《皇王大紀》《詩文集》同上。

寧字和仲。安國之傳《春秋》，修纂檢討，益出寧手，寧又著有《春秋通旨》，以羽翼其書。同上。

六月，以呂本中直學士院。《宋元學案》卷九十六。

十月，趙鼎罷相，秦檜專政。十一月，對金和議起。尹焞等抗疏反對。同上。

## 宋高宗紹興九年己未民前七七三年 西一一三九年先生卒後三十二年

正月，尹焞辭免侍制侍講，差提舉江州太平觀。同上。

## 宋高宗紹興十年庚申民前七七二年 西一一四〇年先生卒後三十三年

四月，先生次子端彦之子暘，敕補將仕郎。據《道命錄》,《宋元學案》卷九十六。

## 宋高宗紹興十二年壬戌民前七七〇年 西一一四二年先生卒後三十五年

十一月五日，門人尹焞卒。《宋元學案》卷二十七，卷九十六。

焞字德充，一字彦明，洛人。祖洙，字師魯，是謂河南先生。焞年二十，卽師事先生，應舉，不對非毀元祐政學之問，不復應舉。大觀中，新學日興，有言者曰：“程頤倡爲異端，尹焞、張繹爲之左右。”焞遂不仕，聲聞益盛，同門皆尊畏之。先生嘗曰：“我死而不失其正者，尹氏子也。”靖康元年，朝廷初辨忠邪，以种師道薦，召入京，焞謝不用，授以和靖處士而歸。呂好問、邵溥、胡安國奏請擢焞要職，以金兵犯闕，不果。明年，金兵陷洛陽，焞家死於賊，焞既死而復蘇，竄於長安山中，轉徙四五年。劉豫僭位，厚禮召焞，焞星夜徒步逃去，入川，止於涪州。紹興五年，史館修撰兼侍讀范沖薦焞於皇帝以自代，帝曰：“昔者之召程頤，蓋自布衣除崇政殿說書。”六月十五日，遂以左宣教郎崇政殿說書召之，焞力辭十數。帝敕有司加禮敦遣不已！六年九月，焞辭官而赴召，以文祭告於先生之祠曰：“焞甲寅孟秋始居涪陵，己卯孟冬誤辱召命，繼下除書，實嗣講事，人微望輕，敢紹前躅，辭不獲命，勉赴行在，有補於世，則未有也，不辱其門則有之。今兹啟行，惟先生有以鑒之。”七年二月，至江州，以病少留。四月上第八狀云：“竊見臣寮上言：程頤之學惑亂天下，有爲此學鼓扇士類者，皆屏絕之，明詔天下。焞實師程頤之學，生事之二十年，今又二十年矣。學之既專，自信益篤，自壯至老，居之甚安。使焞濫列經帷，其所敷釋辟陋之學，亦不過聞於師者，不惟無必發明經旨，又且仰惑聖聰。焞雖甚愚，敢偷一時之顯榮，不顧四方之公議，捨其所學，上欺君父？加以疾病日增，精神衰耗，决不能支持前進。乞令自便訪藥求醫，免令道塗填委講壑。”右相張浚力言其賢，請令江州守臣疾速以禮敦遣。焞又辭不得，乃至臨安；病不能入對。辭至二十狀不允，乃受命入對，時年六十七矣。又除祕書郎。八年二月，除祕書少監，月餘以病求去，不許。改除直徽猷閣，主管萬壽觀崇政殿說書。八月二十九日，講筵初開。九月，除太常少卿，兼說書。十一月，除權禮部侍郎，兼侍講。進官左通直郎。焞病日作，不能朝。十二月，除徽猷閣待制，提舉萬壽觀，兼侍講。焞上章十餘，辭謝不已。九年二月，乃以待制提舉江州太平觀而去。焞去之平江虎丘。十年正月，年七十，致仕。十二月，如紹興，居二年而歿，年七十二。門人呂稽中誌其墓，論之曰：“先生之學，學聖人者也。曰：‘聖人必可以學而至也，而不可以爲也，玩味以索之，踐履以身之，涵養以成之，有敍，於是乎下學上達，窮理盡性，而無贅無外者，學之正也。’故先生莊敬仁實，不過於心，不欺闇室，自誠而明。以之開物成務，推而放諸四海而準，其於聖人六經之言，耳順心得，如出諸己。見於容貌聲音之間，聖之儼然也，即之則溫，言則厲。天下知道者必宗之，不知者必慕之，小人見之必革面，後有聖人，不易先生之道矣。然而先生進不得施之天下，退未嘗筆之於書，與羣弟子言，據六經發明問答，不爲講解文書。獨嘗奉詔撰《論語解》，今行於世。”其門人呂堅中，以文祭之。今俱見《伊洛淵源錄》卷十一。稽中、堅中，皆本中從兄弟也。本中從遊尤久。《宋元學案》卷二十七。

## 宋高宗紹興十四年甲子民前七六八年 西一一四四年 先生卒後三十八年

五月，相秦檜請禁野史，詔從之。《宋元學案》卷九十六。

十月甲午，從右正言何若言，申戒內外師儒之官，黜程氏、張氏之學。見《宋史》卷三十。自是又設專門之禁者十有餘年，至秦檜死乃已。《宋元學案》卷九十六。

## 宋高宗紹興二十五年乙亥民前七五七年 西一一五五年 先生卒後四十九年

十月，秦檜死。士大夫之攻伊川者自是少息。《宋元學案》卷九十六。

## 宋高宗紹興二十六年丙子民前七五六年 西一一五六年 先生卒後五十年

六月，葉謙論程學不當一切擯棄。詔取士毋拘程頤、王安石一家之說。自秦檜專政，程學爲世大禁者凡十有二年，至是始解。《宋元學案》卷九十六。

## 宋高宗紹興二十九年己卯民前七五三年 西一一五九年 先生卒後五十三年

三月，朱熹校定謝良佐《上蔡語錄》，削去五十餘章。見《朱子年譜》。

## 宋高宗紹興三十年庚辰民前七五二年 西一一六〇年 先生卒後五十四年

冬，朱熹始受學於李侗。侗從羅從彥游，從彥則楊時高弟也。侗講誦之餘，危坐終日，以驗夫喜怒哀樂未發之前氣象爲何如，而求所謂中者。嘗曰："吾儒之學，所以異於異端者，理一分殊也，理不患其不一，所難者分殊耳。""若以理一而不察其分之殊，此學者所以流於疑似亂真之說而不自知也。"熹始知前此空言無實，全不濟事，自此讀書益加詳細。見《朱子年譜》。

## 宋孝宗乾道二年丙戌民前七四六年 西一一六八年先生卒後六十年

正月十八日，張栻序《河南程氏粹言》曰："河南夫子書，變語錄而文之者也。余得諸子高子，其家傳以爲是書成於龜山先生……余始見之，卷次不分，編類不別，因離爲十篇，篇標以目。"

## 宋孝宗乾道三年丁亥民前七四五年 西一一六七年先生卒後六十一年

八月，朱熹訪張栻於潭州，相與講明道學。《朱子年譜》。

## 宋孝宗乾道四年戊子民前七四四年 西一一六八年先生卒後六十二年

朱熹編二先生語錄爲《程氏遺書》。其後序云：

"右《程氏遺書》二十五篇，二先生門人記其所見聞答問之書也。始諸公各自爲書，先生歿而其傳寖廢；然散出并行，無所統一；傳者頗以己意私竊竄易；歷時既久，殆無全編。熹家有先人舊藏數篇，皆著當時記錄主名；語意相承，首尾通貫；蓋未更後人之手，故其書最爲精善。後益以類訪，求得凡二十五篇；因稍以所聞歲月先後，第爲此書。篇目皆因其舊，而又別爲之錄，如此，以見分別次序之所以然者……"見《遺書》及《朱子年譜》。

熹因先生行事本末，當時無所論著，乃取實錄所書，文集內外書所載，與凡他書之可證者，次其後先，以爲年譜，於每事之下，各系其所從得者。合明道行狀之屬，附錄於遺書之後。《遺書》。

## 宋孝宗乾道五年己丑民前七四三年 西一一六九年 先生卒後六十三年

朱熹撰《已發未發說》，否認其前此“目心爲已發，而以性爲未發之中”之說。《朱子年譜》。

太學錄魏掞之請罷王安石父子從祀，而追爵二程。宰相陳俊卿不可。《宋元學案》卷九十七。

## 宋孝宗乾道八年壬辰民前七四〇年 西一一七二年 先生卒後六十六年

朱熹撰《資治通鑑綱目》《八朝名臣言行錄》《西銘講義》成。《朱子年譜》。

## 宋孝宗乾道九年癸巳民前七三九年 西一一七三年 先生卒後六十七年

四月朱熹撰《太極圖說解》《通書解》成。六月，編《程氏外書》成。撰《伊洛淵源錄》成。《朱子年譜》。

## 宋孝宗淳熙二年乙未民前七三七年 西一一七五年 先生卒後六十九年

夏，呂祖謙訪朱熹，相與讀周敦頤、張載及二先生之書，掇取其關於大體而切於日用者，纂爲《近思錄》。

祖謙邀熹及陸九齡、九淵會於信州鵝湖寺，論及教人之法。熹欲令人泛觀博覽而後歸之於約。二陸欲先發明人之本心而後使之博覽。朱以陸之教人爲太簡，陸以朱之教人爲支離。迄不能合。據《朱子年譜》引象山年譜。

## 宋孝宗淳熙六年己亥民前七三三年西一一七九年先生卒後七十三年

朱熹立周敦頤祠於南康軍學宮，以二程先生配。復建白鹿洞書院。《朱子年譜》。

## 宋孝宗淳熙十年民前七二九年西一一八三年先生卒後七十七年

陳賈、鄭可爲論道學欺世盜名，乞擯斥。《宋元學案》卷九十六。

## 宋光宗紹熙元年庚戌民前七二二年西一一九〇年先生卒後八十四年

朱熹刊《四經》《易》《書》《詩》《春秋》《四子書》《大學》《論語》《中庸》《孟子》於漳州。《朱子年譜》。

二月，劉光祖論道學非程氏之私言。復論罷陳、賈、黃論（皆攻道學者）。《宋元學案》卷九十六。

## 宋寧宗慶元元年乙卯民前七一七年西一一九五年先生卒後八十九年

宰相留正罷職，呂祖儉等疏留之，韓侂胄怒，逐去多，次年遂立僞學之禁。《宋元學案》卷九十六。

## 宋寧宗慶元六年庚申民前七一二年西一二〇〇年先生卒後九十四年

三月甲子，朱熹卒，年七十一歲。《朱子年譜》。

## 宋寧宗嘉定四年辛未民前七〇一年 西一二一一年先生卒後百零五年

十二月，李道傳乞下除學禁之詔，頒朱熹《四子書》，定周、程、邵、張五先生從祀。未行。《宋元學案》卷九十七。

## 宋寧宗嘉定十三年庚辰民前六九二年 西一二二〇年先生卒後百十四年

皇帝賜先生謚曰正。明道謚曰純。《宋元學案》卷九十六七。

## 宋寧宗嘉定十七年甲申民前六八六年 西一二二四年先生卒後百十八年

正月，錄用先生後人。補曾孫觀之登仕郎。六月，補元孫源迪功郎。《宋元學案》卷九十七。

李心傳，取先生入經筵以後百四十年間道學興廢之故，萃爲一書，謂之《道命錄》。《宋元學案》卷三十。

## 宋理宗端平二年乙未民前六七七年 西一二三五年先生卒後百二十九年

正月，詔議胡瑗、孫復、邵雍、歐陽修、周敦頤、司馬光、蘇軾、張載、程顥、程頤等十人從祀孔廟。《宋元學案》卷九十七。

## 宋理宗淳祐元年辛丑民前六七一年 西一二四一年先生卒後百三十五年

正月，詔封先生爲伊陽伯，明道爲河南伯，與周敦頤、張載、朱熹及明道並從祀孔廟，黜王安石從祀。《宋元學案》卷九十七。

程門弟子籍 （以姓名筆畫之簡繁爲次序）

| 姓名 | 字 | 籍貫 | 與程伊川先生之關係 | 其人之略歷 | 史料之出處 |
|---|---|---|---|---|---|
| 尹 焞 | 德充<br>和靖<br>處士 | 洛陽 | 先生嘗言“晚得二士”，一張繹，一即焞。焞嘗謂先生曰：“張繹每聞先生語，往往言下便解悟。焞聞先生語，須再三尋思或更請問然後解悟，然他日持守恐繹不及焞。”先生以爲然 | 事詳本年譜中，著有《論語解》，南宋初提倡先生之學最力 | 《伊洛淵源錄》卷十一、卷十二《宋史》卷四二八、宋元學案》卷二十七 |
| 方元寀 | 道輔 | 莆田 | 元寀少與先生游，書問往來積數十帖，嘉祐二年一帖尚存 | 元祐三年以特科出身，終威武軍節度推官 | 《宋元學案·道南原委》 |
| 王 蘋 | 信伯 | 福清移吳 | 楊時曰：“同門後來成就莫踰吾信伯。”全祖望以爲陸九淵之學兼出於蘋 | 南宋初官至著作郎 | 《伊洛淵源錄》卷十二、《宋元學案》卷二十九 |
| 王巖叟 | 彦霖 | 大名 | 程氏《遺書》前篇有其問答，其集中亦記先生語。先生入朝時，巖叟上兩疏推薦祭明道，文有“聞道於正叔”語，但未必在先生弟子之列也 | 元祐中爲臺諫官，登政府，正直不撓 | 《伊洛淵源錄》卷十四、《宋史》卷三四二 |
| 田述古 | 明之 | 安邱 | 初師胡瑗，隱居講學，又從司馬光、邵雍及二先生游 | — | 《宋元學案》卷一 |

續　表

| 姓名 | 字 | 籍貫 | 與程伊川先生之關係 | 其人之略歷 | 史料之出處 |
| --- | --- | --- | --- | --- | --- |
| 朱光庭 | 公掞 | 偃師 | 初受學於胡瑗，後又從二先生游於洛陽，其所聞以格物致知爲正道之門、正心誠意爲入德之方。服膺師說，造次不忘，力排異端以扶聖道 | 嘉祐二年進士任州縣官，有異績，入爲諫官敢直言 | 《伊洛淵源錄》卷七、《宋史》卷三三三、《宋元學案》卷三十 |
| 呂希純 | 子進 | 公著子，原籍壽州，寄寓洛陽 | — | — | 《宋元學案》卷二十三 |
| 呂希哲 | 原明 | 公著子，原籍壽州，寄寓洛陽 | 始從胡瑗於太學，後從孫復。石介、李覯、王安石等學。少先生一二歲，首以師禮事之。又與張載等游不主一說，不私一門，一意涵養，略去枝葉。晚從僧圓照證悟游，盡究其道。子本中問："二程先生所見如此高遠，何以卻佛學？"曰："只爲見得太近。" | 元祐中爲講官，紹聖中出知大平州，坐黨謫居 | 《伊洛淵源錄》卷七《宋史》卷三三六《宋元學案》卷二十三 |
| 呂切問 | 舜從 | 希哲子 | 崇寧元年至洛陽，請見先生語次，先生微笑曰："卻只被公家學佛。" | 會稽令 | 《宋元學案》卷二十三《伊洛淵源錄》卷七 |

續 表

| 姓名 | 字 | 籍貫 | 與程伊川先生之關係 | 其人之略歷 | 史料之出處 |
|---|---|---|---|---|---|
| 呂大忠 | 進伯 | 藍田 | 老而好學，先生謂“老喜學者尤可愛。”上蔡語錄有與大忠討論語，似亦曾從兩先生遊，但未必在弟子之列 | 元符末卒，曾爲陜帥，官至寶文閣學士 | 《伊洛淵源錄》卷八、《宋元學案》卷三十一 |
| 呂大鈞 | 和叔 | 藍田 | 與張載爲同年友，卻事以師禮，亦從兩先生遊 | 嘉祐二年進士，歷仕州縣，元豐五年卒 | 《宋元學案》卷三十一、《伊洛淵源錄》卷八遺書東見錄 |
| 呂大臨 | 與叔 | 藍田 | 學於張載之門，載卒乃東見兩先生而受業。先生嘗曰：“與叔守橫渠學甚固，每橫渠無說處，皆相從纔有，說了更不肯回。” | 元祐中爲太學博士、祕書省正字，著有易詩禮中庸說文集 | 《伊洛淵源錄》卷八、《宋元學案》卷三十一 |
| 呂義山 | 子居 | 大鈞子 | — | — | 《宋元學案》卷三十一 |
| 沈躬行 | 彬老 | 永嘉 | 從伊川兼師同門藍田呂氏 | 手摹石經《春秋》，私藏之 | 《宋元學案》卷三十二 |
| 李 籲 | 端伯 | 緱氏 | 嘗記兩先生語一編號《師說》先生稱之。祭文云：“自予兄弟倡明道學，世方驚疑，能使學者視傚而信從，子與劉質夫爲有力焉……予謂二子可以大受期之遠到。” | 元祐中爲校書郎，二年卒 | 《伊洛淵源錄》卷八、《宋元學案》卷三十 |
| 李 參 | | 籲弟 | 學於伊川嘗集程氏春秋說 | — | 《宋元學案》卷三十 |

續 表

| 姓名 | 字 | 籍貫 | 與程伊川先生之關係 | 其人之略歷 | 史料之出處 |
|---|---|---|---|---|---|
| 李處遯 | 嘉仲 | 洛陽 | — | 官至中書舍人溺死於維揚 | 唐彥思錄《伊洛淵源錄》卷十四 |
| 李處廉 | — | — | 永嘉令，紹興七年以贓敗，論者以之攻伊川 | — | 《宋元學案》卷三十 |
| 李 樸 | 先之 | 興國 | 與周行已皆從先生學問，又從蘇軾學文詞，世多譏之者。先生獨器許之，然謂其太直，以洛中風波爲戒，樸笑曰：‘不意此言發于先生之口。’先生爲之改容愧謝 | 紹聖進士，調臨江軍司法參軍，移西京國子監教授。高宗初卒，著有《章貢集》 | 《呂氏雜誌》《伊洛淵源錄》卷十四、《宋元學案》卷十九 |
| 邢 恕 | 和叔 | 陽武 | 初從明道游，後從先生。先生被編管於涪州時，恕不肯救，士論薄之 | 其爲人明辯有才，曉練世事，初論新法不便，後返與蔡確、章惇、蔡京結納，厚誣元祐諸臣，反覆無常，官至吏部尚書 | 《宋元學案》卷三十、《宋史》卷四七一邵伯溫辯誣、《伊洛淵源錄》卷十四 |
| 孟 厚 | 敦夫 | 洛陽 | 曾獻書於先生先生，論曰：“初時說得也似其後須沒事生事。”獨處一室，糞穢不治，先生曰：“不治一室亦何益。”但先生葬時，獨不畏黨禍送焉 | — | 《伊洛淵源錄》卷十四、《宋元學案》卷三十 |

續 表

| 姓名 | 字 | 籍貫 | 與程伊川先生之關係 | 其人之略歷 | 史料之出處 |
|---|---|---|---|---|---|
| 林大節 | — | — | 先生嘗曰：“林大節雖差魯，然所問便能躬行” | — | 《伊洛淵源錄》 |
| 林志寧 | — | — | — | — | 語錄 |
| 邵伯溫 | 子文 | 雍子 | — | 紹興四年卒著有《辯誣》《易學辨惑》《河南集》《見聞錄》《皇極系述》《皇經經世序》《觀物內外篇》❶ | 《邵氏聞見錄》、《學統》卷四十上 |
| 邵 溥 | 澤民 | 雍孫 | 嘗及伊川之門 | 有邵氏集 | 《宋史》卷四三三、《宋元學案》卷三十、《伊洛淵源錄》卷十四 |
| 周純明 | 全伯 | 澶淵 | 在洛得聞緒論，卒業於伊川 | 邵雍撫純明爲子，因求婚於伊川先生，娶殿丞女，後登進士第 | 《邵氏聞見錄》、《宋元學案》卷三十 |
| 周孚先 | 伯忱 | 毗陵 | 《程氏遺書》卷二十是孚先所記，先生曰：“周孚先兄弟氣質純明可以入道。” | 嘗爲臨安教官 | 《伊洛淵源錄》卷十四、《宋元學案》卷三十 |
| 周恭先 | 伯溫 | 毗陵 | — | 終坑冶官 | — |
| 周行己 | 恭叔 | 永嘉 | 有人謂《程氏遺書》卷十七為行己所記，年未三十郎見先生，持身嚴苦，先生說他“其進鋭者其退速”，後果然 | 胡安國論行己：“搞識明，初年甚好，後來只緣累太重。”謝良佐則謂：“不是擺脫得開只為立不住便放了。” | 《宋史》卷四二八、《伊洛淵源錄》卷十四、《宋元学案》卷三十二 |

❶ 《皇經經世序》一書當爲《皇極經世序》。——編者註

續　表

| 姓名 | 字 | 籍貫 | 與程伊川先生之關係 | 其人之略歷 | 史料之出處 |
| --- | --- | --- | --- | --- | --- |
| 吳給 | 敦仁 | — | — | 嘗為左司郎官 | 《宋元學案》卷三十 |
| 胡安國 | 康侯 | 崇安 | 因同學靳裁之得聞先生之學，雖私，未及門，但實先生春秋之學。楊時、謝良佐、游酢皆推重之，南宋初，表章先生最力 | 自北宋末至南宋初歷任中外要職 | 《宋史》卷四三五、《伊洛淵源錄》卷十三、《宋元學案》卷三十四 |
| 范域（一作棫） | — | 洛陽 | 不畏黨過，送先生葬 | 官止待制 | 《伊洛淵源錄》卷十四、《宋元學案》卷三十 |
| 范祖禹 | 淳夫 | 華陽 | 嘗與先生論唐事及作《唐鑑》盡用先生之論。元祐中，客有見先生的几案無他書，惟印行《唐鑑》一部，先生謂客曰："近方見此書，自三代以後無此議論。"他日又曰："其人如玉。" | 從司馬光編《資治通鑑》，在洛十五年。元祐中，為給諫，以先生薦，除侍講，入翰林，為學士。後坐黨論，貶死。著有《論語說》《唐鑑》 | 《伊洛淵源錄》卷七、《宋史》卷三三七 |
| 范 | 文甫 | — | — | — | 唐彥思錄 |
| 范 | 季平 | — | — | — | 唐彥思錄 |
| 范沖 | 元長 | 祖禹子 | — | 高宗時奉詔重《神宗實錄》著有《考異》又著《辨誣錄》《涑水記聞》 | 語錄《宋史》卷四三五 |

續 表

| 姓名 | 字 | 籍貫 | 與程伊川先生之關係 | 其人之略歷 | 史料之出處 |
|---|---|---|---|---|---|
| 馬 伸 | 時中 | 東平 | 崇寧間，朝廷下令盡逐去先生學徒，後數月，伸及門求見，先生恐其受累，拒絕不受。伸執贄十次，且欲辭官相從，先生乃收爲弟子，從學三年，每日必到 | 北宋末爲監察御史，首勸張邦昌迎康王復國，後以忤奸臣黃潛善貶官，陷敵死 | 《伊洛淵源錄》卷十二、《宋史》卷四五五、《宋元學案》卷三十 |
| 許景衡 | 少伊 | 瑞安 | 浙東之士從先生遊者，自景衡始 | 徽宗時仕至殿中侍御史，高宗初拜右丞，著《横塘集》 | 《宋元學案》卷三十二、《伊洛淵源錄》卷十四 |
| 高 | — | 宿州 | — | 朝奉 | 《呂氏童蒙訓》 |
| 晏敦復 | 景初 | 臨川 | 少學於先生 | 南宋初除給事中、吏部侍郎，反對和議甚力 | 《宋元學案》卷三十 |
| 侯仲良（一作忠良） | 師聖 | 河東 | 兩先生舅氏無可之孫，久居三川，熟觀兩先生的德行。先生說："侯子議論只好隔壁聽。"南宋初，走依胡安國講論經術 | 著有《論語說》及《雅言》一編 | 《伊洛淵源錄》卷十二十三、《宋元學案》卷三十 |
| 唐 棣 | 彥思 | 宜興 | 記先生語見程氏《遺書》卷二十二 | 官祕書丞 | 唐彥思錄《宋元學案》卷三十 |
| 張 | 閎中 | — | 先生有答書 | — | 《文集》卷九 |

續 表

| 姓名 | 字 | 籍貫 | 與程伊川先生之關係 | 其人之略歷 | 史料之出處 |
|---|---|---|---|---|---|
| 張 繹 | 思叔 | 壽安 | 先生歸自涪陵，繹因周行己指示始來見時，從學者頗多，先生獨嘉許之曰“張繹樸茂”，以族女妻之 | 未及仕，後先生一年而卒 | 《伊洛淵原錄》卷十二、《宋元學案》卷三十 |
| 張 輝 | 子充 | 永嘉 | 私淑洛學 | — | 《宋元學案》卷二十三 |
| 張 育 | 巽之 | 邠州 | — | — | 《東見錄》、《宋元學案》卷三十一 |
| 袁 溉 | 道潔 | 汝陰 | 少嘗學於先生，後不遠千里走王庶家，傳錄先生《遺書》 | 傳其學於薛季宣 | 《宋元學案》卷三十 |
| 陳 瓘 | 瑩中<br>了齋 | 南劍州 | 先生語錄常述其語 | 仕至左司諫，忤蔡京，貶卒 | 《遺書》卷十九、《宋元學案》卷三十四 |
| 陳 淵（初名漸） | 知默<br>幾叟 | 沙縣 | 早年從學先生，後學於楊時 | 南京初除監察御史，著有《默堂集》 | 《宋元學案》卷三十八 |
| 陳經正 | 貴一 | 平陽 | 與弟經邦等從伊川遊 | — | 《宋元學案》卷三十二唐彥思錄 |
| 陳經邦 | 貴新 | 平陽 | — | 大觀進士 | 同上 |
| 陳經德 | — | 平陽 | — | — | 同上 |
| 陳經郛 | — | 平陽 | — | — | 同上 |

續 表

| 姓名 | 字 | 籍貫 | 與程伊川先生之關係 | 其人之略歷 | 史料之出處 |
| --- | --- | --- | --- | --- | --- |
| 游 酢 | 定夫 | 建陽 | 元豐中，先生一見即謂其資可與適道，召之到扶溝助教。嘗曰：“酢德器粹然，問學日進，政事亦絕人遠甚。”酢後爲禪學說：“佛書所說，世儒亦未深考，往年嘗見伊川先生云‘吾之所攻者迹也’，然迹安所從出哉？要之此事須親至此地，方能辨其同異，不然難以口舌爭也。” | 元豐六年進士，歷仕州縣，宣和五年卒於歷陽。著有《中庸義》《易說》《詩二南義》《論語孟子雜解》《文集》 | 《伊洛淵源錄》卷九、《宋元學案》卷二十六宋元卷四六 |
| 馮 理 | 聖先<br>東皋居士 | 汝州 | — | 其子忠恕從尹焞學，著《涪陵記善錄》 | 《伊洛淵源錄》卷十四、《宋元學案》卷三十 |
| 郭忠孝 | 立之 | 洛陽 | 每見先生必問《論語》，先生每不答。尹焞云：“忠孝自黨事起，不與先生往來，及卒，亦不致奠。”他所著易書專論互體卦變，與先生《易傳》殊不同 | — | 《伊川先生年譜》、《伊洛淵源錄》卷十四 |

續　表

| 姓名 | 字 | 籍貫 | 與程伊川先生之關係 | 其人之略歷 | 史料之出處 |
|---|---|---|---|---|---|
| 焦　瑗 | 公路 | 山東 | 嘗遊伊川之門 | 南宋初避地至鄞，浙東洛學遂日盛 | 《宋元學案》卷三十 |
| 楊　時 | 中立<br>龜山 | 將樂 | 元豐四年，以師禮見明道於潁昌[1]。程門高第在南方，以游酢謝良佐與時爲最。胡安國曰：“龜山所見在中庸自明道先生所授。”呂本中説：“明道先生溫然純粹，終身無疾言遽色，龜山實似之。” | 熙寧九年進士，由州縣官入任祕書郎，遷著作郎，除邇英殿説書兼國子祭酒。紹興五年卒於杭州，年八十三。著有《三經義辨》 | 《伊洛淵源錄》卷十楊龜山集《宋史》卷四二八 |
| 楊安止 | — | 時子 | 力學通經，亦嘗師事程子 | 官判院 | 《宋史》卷四二八 |
| 楊　迪 | 遵道 | 時子 | 在程門年紀最少，先生答楊時書曰：“令子名迪者，好學質美，當成遠器。”記先生語，見《遺書》卷十九 | 崇寧三年卒年僅二十三 | 《伊洛淵源錄》卷十 |

❶“穎昌”當爲“潁昌”，宋代設置此名，本書多次出現穎昌，均爲“潁昌”，不另作註。——編者註

續　表

| 姓名 | 字 | 籍貫 | 與程伊川先生之關係 | 其人之略歷 | 史料之出處 |
| --- | --- | --- | --- | --- | --- |
| 楊國寶 | 應之 | — | 年輩與先生相若，邂逅於江南，言契氣合，遂從先生遊。先生稱其。“英氣偉度過絕於人，未見其比，可望以託吾道者”，但相從僅三年卽卒 | — | 《程氏文集》卷十一有祭文《伊洛淵源錄》卷七 |
| 靳 | 裁之 | 穎昌 | 在太學嘗聞先生之學，與同舍胡安國論經史大義，玉成其學 | — | 《伊洛淵源錄》卷十三引《胡文定公行狀》 |
| 劉絢 | 質夫 | 洛陽 | 兩先生外兄弟，結髮即事兩先生受學，才氣相類志尚，如一受。先生命作，《春秋傳》未成，每有人間，先生必曰：“已令劉絢作，自不須頤費工夫也。”及成，門人請觀，先生卻曰：“卻須著頤親作。”竟不以示人，先生歿後，人方見之。絢記先生語見《遺書》卷十一、十二、十三、十四 | 以祖廕得官，召爲博士 | 《伊洛淵源錄》卷八、《宋元學案》卷二十九 |

續表

| 姓名 | 字 | 籍貫 | 與程伊川先生之關係 | 其人之略歷 | 史料之出處 |
|---|---|---|---|---|---|
| 劉安節 | 元承 | 永嘉 | 嘗從先生游，始以致知格物發其材沈涵熟復存心養性，久之於是有得記先生語見《遺書》卷十八，又卷十七亦有，云係安節所記者 | 元符三年進士，後歷任至起居郎 | 《伊洛淵源錄》卷十一、《宋元學案》卷三十二 |
| 劉立之 | 宗禮 | 河間 | 早孤，數歲卽養於先生家，娶先生叔父朝奉之女，登門最早 | 精於吏事 | 《伊洛淵源錄》卷十四、《宋元學案》卷三十 |
| 劉安上 | 元禮 | 安節從弟 | 與兄同受業伊川之門 | 紹聖進士，仕至監察御史，大觀二年面奏蔡京罪狀數十，京竟罷相。建炎二年卒，所著有《劉給事集》 | 《宋元學案》卷三十二 |
| 劉子翬 | 彥沖 | 崇安 | 私淑洛學，朱熹其弟子也 | — | 《宋元學案》卷四十三 |
| 潘閔（一作旻） | 子文 | 瑞安 | 與鮑若雨等入洛，從先生遊，退而有得 | 隱居不仕 | 《宋元學案》卷三十二唐彥思錄 |
| 潘安固 | 仲碩 | 平陽 | 私淑洛學 | — | 《宋元學案》卷二十三 |
| 蔣元中 | — | 永嘉 | 私淑洛學 | — | 《宋元學案》卷二十三 |
| 翟　霖 | — | — | 先生之徒，嘗送先生西遷 | — | 《龜山語錄》、《宋元學案》卷三十 |
| 鄒　浩 | 志完 | 晉陵 | 私淑伊洛，而特嗜禪理 | 徽宗初遷左司諫，貶卒，著有《道鄉集》 | 《宋元學案》卷三十五 |

續表

| 姓名 | 字 | 籍貫 | 與程伊川先生之關係 | 其人之略歷 | 史料之出處 |
|---|---|---|---|---|---|
| 鄒柄 | 德元 | 浩子 | 未嘗親見先生，而記有先生語，不知其所傳授 | — | 《遺書》卷二十四 |
| 趙彥道 | 景平 | — | — | — | 遺書卷十六己巳冬所聞《宋元學案》卷三十 |
| 趙霄 | 彥昭 | 瑞安 | 入太學，與許景衡等九人爲洛學 | 成崇寧進士，官濟州教授 | 《宋元學案》卷三十二 |
| 暢大隱 | 潛道 | 洛陽 | 記先生語見程氏《遺書》卷二十五，頗有失原意者，後學禪，於先生之學未有所得 | — | 《伊洛淵源錄》卷十四 |
| 暢 | 中伯 | — | — | — | 唐彥思錄 |
| 蔡元康 | 君濟 | 平陽 | 私淑洛學 | — | 《宋元學案》卷二十三 |
| 飽若雨[1] | 商霖一作汝霖 | 永嘉 | 記先生語見程氏《遺書》卷二十三從學伊川，勤苦自勵，早夜不息，爲同門之畏友 | 所著有《伊川問答錄》《敬亭集》 | 《伊洛淵源錄》卷十四、《宋元學案》卷三十二 |
| 謝湜 | 持正 | 金堂 | 以所著《春秋》請正於先生，先生答以更二十年方可講此 | 元豐進士，官至國子博士，著有《易記》 | 《宋元學案》卷三十 |

❶“飽若雨”當爲“鮑若雨”，見前“潘閔”条中。鮑若雨，永嘉人，被稱為敬亭先生。——編者註

續 表

| 姓名 | 字 | 籍貫 | 與程伊川先生之關係 | 其人之略歷 | 史料之出處 |
|---|---|---|---|---|---|
| 謝良佐 | 顯道 | 上蔡 | 元豐中與游酢楊時同時受學於兩先生，從游最久，胡安國師事之。有《上蔡語錄》黃宗羲推爲程門高第第一 | 元豐八年中進士。第，歷仕州縣，建中召對，除書局官。後復去爲筦庫，以飛詔坐繫詔獄，褫官，著有《論語說》 | 《伊洛淵源錄》卷九、《宋史》卷四二八、《宋元學案》卷二十四 |
| 謝天申 | 用休 | 瑞安 | — | 尹焞雅重之 | 唐彥思錄《宋元學案》卷三十二 |
| 譙　定 | 天授 | 涪陵 | 學易於先生，授之於胡憲。劉勉之 | 靖康初以呂好問薦，召爲崇政殿說書，不就 | 學統卷四十上《宋元學案》卷三十 |
| 蕭　楚 | 子荊 | 廬陵 | — | 建炎四年卒，著《春秋經辯》 | 《宋元學案》 |
| 戴　述 | 明仲 | 永嘉 | 興內兄劉安上同遊於程門，求爲己之學，弟迅字幾仲，私淑洛學於兄 | 元符進士臨江教授兄弟，文集曰《二戴集》，迅別有《晉史屬辭》三卷 | 《宋元學案》卷三十二 |
| 羅從彥 | 仲素 | 南劍 | 初從楊時遊，聞先生說《易》甚善，鬻田走洛求教，時爲元符二三年間，歸而卒業於時 | 紹興五年卒，學者稱爲豫章先生，朱熹其再傳弟子也 | 學統卷四十《宋元學案》卷三十九 |
| 蘇　昞 | 季明 | 武功 | 張載門人，卒業於先生，記二先生語見《遺書》卷十 | 元祐末因呂大忠薦，自布衣召爲博士，後坐黨貶竄 | 《伊洛淵源錄》卷九 |

程學流派圖

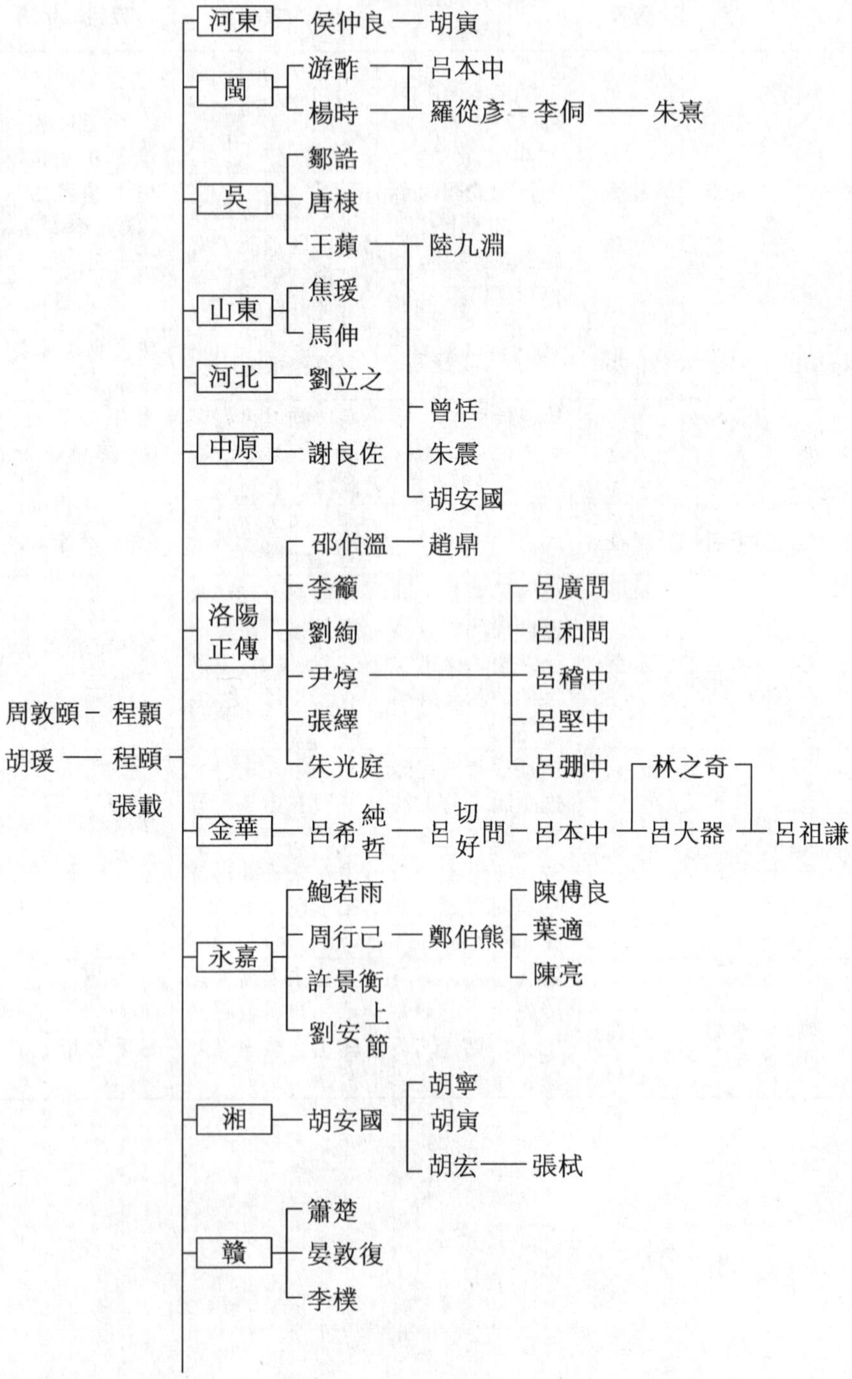
周敦頤
胡瑗
程顥
程頤
張載
河東
侯仲良
胡寅
閩
游酢
楊時
吕本中
羅從彥
李侗
朱熹
吳
鄒詯
唐棣
王蘋
陸九淵
山東
焦瑗
馬伸
河北
劉立之
中原
謝良佐
曾恬
朱震
胡安國
洛陽正傳
邵伯溫
趙鼎
李籲
劉絢
尹焞
張繹
朱光庭
呂廣問
呂和問
呂稽中
呂堅中
呂弸中
金華
呂希純
呂希哲
呂切問
呂好問
呂本中
林之奇
呂大器
呂祖謙
永嘉
鮑若雨
周行己
鄭伯熊
許景衡
劉安上
劉安節
陳傅良
葉適
陳亮
湘
胡安國
胡寧
胡寅
胡宏
張栻
贛
籥楚
晏敦復
李樸

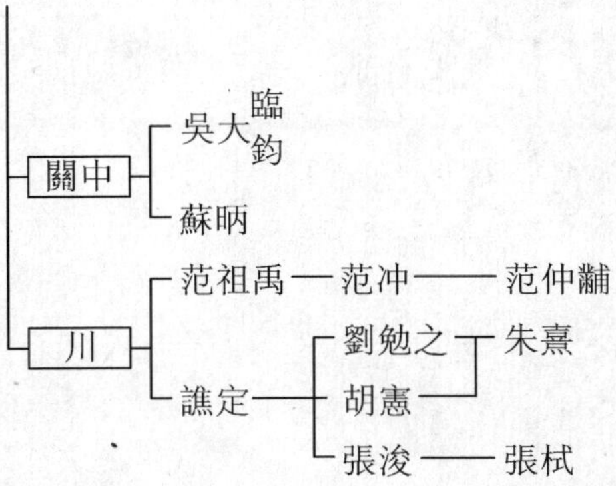
關中
吳大臨
吳大鈞
蘇昞
川
范祖禹
范冲
范仲黼
譙定
劉勉之
胡憲
張浚
朱熹
張栻

# 參考書目

[1] 《河南程氏全書》(同治十年六安求我齋刊本),包括下列六書:
《河南程氏文集》十二卷。(《明道先生文》四卷,《伊川先生文》八卷,遺文一卷)(本書簡稱《文集》)。
《河南程氏遺書》二十五卷(《二先生語》十卷,《明道先生語》四卷,《伊川先生語》十一卷)(本書簡稱《遺書》)(又有《萬有文庫》本)(《叢書集成》本則名《二程語錄》)。
《河南程氏外書》十二卷(本書簡稱《外書》)。
《周易程氏傳》(原名《易傳》,本書亦稱《易傳》)四卷。
《河南程氏經說》八卷:(《易說》《繫辭》,《書解》〔改正《武成》〕,《詩解》,《春秋傳》,《禮記》〔改正《大學》〕,《論語解》,《孟子解》,《中庸解》)。
《二程粹言》二卷(又有福州正誼書局刊本。《叢書集成本》)。
[2] 楊時,《楊龜山先生集》四十二卷(一名《宋楊文靖公全集》,康熙丁亥雕版,光緒已卯重修本)。
[3] 尹焞,《尹和靖先生集》,不分卷(福州正誼書局刊本)。
[4] 邵雍,《擊壤集》(《叢書集成本》)。
[5] 朱熹,《朱子大全文集》卷九八《伊川先生年譜》(本書簡稱《朱譜》)(《四部叢刊》本)。
[6] 池生春、諸星杓,《程子年譜》(卷首一卷,明道五卷,伊川七卷,卷終一卷)(本書簡稱《池譜》)(諸氏家刻本)。
[7] 黃宗羲等,《宋元學案》一百卷(《萬有文庫》本,此本多訛字,已校別本改正)。
[8] 王懋竑,《朱子年譜》四卷,《考異》四卷,《附錄》四卷(武昌書局刊本)。
[9] 朱熹,《伊洛淵源錄》十四卷(同治五年福州正誼書局刊本,又《叢書集成》本)。
[10] 胡渭,《易圖明辨》(《叢書集成》本)。
[11] 朱衡、張伯行,《道南原委》(正誼書院本)。
[12] 熊賜履,《學統》五十三卷(《叢書集成》本)。
[13] 俞琰,《席上腐談》(《叢書集成》本)。

[14] 宋史（開明二十五史本）（此書卷四二七《程頤傳》，本書簡稱爲《本傳》）。
[15] 王偁，《東都事略》（浙江圖書館藏本）。
[16] 梁廷燦，《歷代名人生卒年表》（《萬有文庫》本）。

# 編後記

宋明理學，指盛行於宋、元、明，延續至清的儒學形態，雖然它有多種稱法，如北宋初道學、兩宋之間的理學、明代心學，但是理學因程朱而得以大彰，有時用程朱理學囊括這一時期的主要儒學思想。

程顥、程頤，史稱“二程”，在宋明理學史上開創了洛學的流派，以天理爲最高綱領，以格物、致知、窮理爲其中心宗旨，向萬物追尋理之所在。程頤且認爲人性之善者，是天理所在；而人性之惡者，乃人欲所爲。南宋朱熹發展這一思想，提倡“存天理，滅人欲”，影響頗大，遭人詬病甚多，實是理學走向極端而導致的盲目。程頤的生徒頗多，本書末所附“程門弟子籍”收集了部分名單。事實上，程頤先後在開封、嵩陽、扶溝、洛陽講學，得文彥博之莊園，建立伊臯書院，講學幾十年，史冊留名者只是少數。其弟子游酢與楊時程門立雪的故事，更被傳爲佳話。本書以程頤一生的學問、爲人、交遊與從政爲主綫，結合史書、文集、書信與筆記，詳盡地展示他追求“理”的思考與執著，同時對他的學問溯源清流，使洛學一派的脈絡精晰呈現。

作者姚名達，字達人，號顯微，1905年生於江西興國縣。家傳世學，他的父親是一個學問淵博的縣學庠生，其對經、史、子、集的愛好，無不熏染着姚名達。1925年，姚名達考上清華國學研究院，師從梁啟超，修學史學與目錄學，與同學周傳儒等整理梁啟超的筆記付諸出版。3年之後，經梁啟超、陳寅恪、李濟等審查，他從清華畢業。1934～1937年，他在復旦大學任史學教授，在史學研究之餘，主要研究目錄學，爲我國現代目錄學的學科建設作出了巨大貢獻，寫成《目錄學》《中國目錄學史》，不僅概括近現代目錄學的各方面，且介紹西方圖書館的目錄編次等。他在清華時主修章學誠的史學成就，後以章學誠爲出發點，向上追溯其學問之源泉，陸續編成宋濂、劉宗周、黃宗羲、邵廷采、朱筠、章學誠諸人年譜，宋濂與黃宗羲之譜毀於"一·二八"淞滬會戰時。1936年他再撰成《程伊川年譜》。1940年10月，江西創辦國立正中大學，他被聘爲教授，主要研究史學。1942年7月，因日本侵犯江西，他組織"戰地服務團"，在新干縣赤手空拳地與日軍打鬥，英勇犧牲，成爲"抗日捐軀教授第一人"（雷潔瓊題詞）。

本次整理以上海商務印書館1937年第一版爲底本。以真實保留原書內容爲宗旨，只改變原書版式，對原文存在的錯誤，以"編者註"的方式進行說明，原文仍作保留。此外，需要向讀者說明的有：第一，版式方面的調動，系考慮今人閱讀習慣而致，將文字豎排改爲橫排，方便讀者的翻閱。第二，原書正文有標點，存在一些不規范的現象，此次整理，採用現代標點規範予以標點。第三，民國時代的文字語言正處於古今變化之中，存在繁簡混用現象，如"強"與"强"皆有出现，鑒於民國圖書中語言學上的參考價值，本次整理並未改動，所以，書稿中存在部分簡體文字。限於整理者的水平，書稿不免有遺漏與不妥之處，請讀者予以批評指正。

羅慧

2012年7月

# 《民國文存》第一輯書目

| | |
|---|---|
| 紅樓夢附集十二種 | 徐復初 |
| 萬國博覽會遊記 | 屠坤華 |
| 國學必讀（上） | 錢基博 |
| 國學必讀（下） | 錢基博 |
| 中國寓言與神話 | 胡懷琛 |
| 文選學 | 駱鴻凱 |
| 中國書史 | 查猛濟、陳彬龢 |
| 林紓筆記及選評兩種 | 林紓 |
| 程伊川年譜 | 姚名達 |
| 左宗棠家書 | 胡嘯天 |
| 積微居文錄 | 楊樹達 |
| 中國文字與書法 | 陳彬龢 |
| 中國六大文豪 | 謝無量 |
| 中國學術大綱 | 蔡尚思 |
| 中國僧伽之詩生活 | 張長弓 |
| 中國近三百年哲學史 | 蔣維喬 |
| 段硯齋雜文 | 沈兼士 |
| 清代學者整理舊學之總成績 | 梁啟超 |
| 墨子綜釋 | 支偉成 |
| 讀淮南子 | 盧錫烴 |

| | |
|---|---|
| 國外考察記兩種 | 傅芸子、程硯秋 |
| 古文筆法百篇 | 胡懷琛 |
| 中國文學史 | 劉大白 |
| 紅樓夢研究兩種 | 李辰冬、壽鵬飛 |
| 閒話上海 | 馬健行 |
| 老學蛻語 | 范禕 |
| 中國文學史 | 林傳甲 |
| 墨子閒詁箋 | 張純一 |
| 中國國文法 | 吳瀛 |
| 錢基博著作三種 | 錢基博 |
| 老莊研究兩種 | 陳柱、顧實 |
| 清初五大師集（卷一）·黃梨洲集 | 許嘯天 |
| 清初五大師集（卷二）·顧亭林集 | 許嘯天 |
| 清初五大師集（卷三）·王船山集 | 許嘯天 |
| 清初五大師集（卷四）·朱舜水集 | 許嘯天 |
| 清初五大師集（卷五）·顏習齋集 | 許嘯天 |
| 文學論 | 夏目漱石、張我軍 |
| 經學史論 | 本田成之、江俠庵 |
| 經史子集要略 | 羅止園 |
| 古代詩詞研究三種 | 胡樸安、賀楊靈、徐珂 |
| 古代文學研究三種 | 張西堂、羅常培、呂思勉 |
| 巴拿馬太平洋萬國博覽會要覽 | 李宣龔 |
| 國史通略 | 張震南 |
| 先秦經濟思想史 | 甘乃光、熊夢 |
| 三國晉初史略 | 王鍾麒 |
| 清史講義（上） | 汪榮寶、許國英 |
| 清史講義（下） | 汪榮寶、許國英 |

| | |
|---|---|
| 清史要略 | 陳懷 |
| 中國近百年史要 | 陳懷 |
| 中國近百年史（上） | 孟世傑 |
| 中國近百年史（下） | 孟世傑 |
| 中國近世史 | 魏野疇 |
| 中國歷代黨爭史 | 王桐齡 |
| 古書源流（上） | 李繼煌 |
| 古書源流（下） | 李繼煌 |
| 史學叢書 | 呂思勉 |
| 中華幣制史 | 張家驤 |
| 中國貨幣研究二種 | 徐滄水、章宗元 |
| 歷代屯田考（上） | 張君約 |
| 歷代屯田考（下） | 張君約 |
| 東方研究史 | 莫東寅 |
| 近世歐洲史 | 何炳松 |
| 西洋教育思想史（上） | 蔣徑三 |
| 西洋教育思想史（下） | 蔣徑三 |
| 西洋教育史大綱 | 姜琦 |